Spezielle Betriebswirtschaftslehre für Reiseverkehrs- und Tourismusunternehmen

von
Dipl.-Kfm. (F), Dipl.-Hdl. Günter Füth, Oberstudiendirektor

unter Mitarbeit von
Jutta Füth, M.A. (Magister Artium)

2. Auflage 2001

DRV

Verlag DRV Service GmbH · 60329 Frankfurt am Main

Spezielle Betriebswirtschaftslehre
für Reiseverkehrs- und Tourismusunternehmen
ISBN 3-929835-20-7

© Copyright 2001 by DRV Service GmbH
Mannheimer Straße 15, 60329 Frankfurt
Gesamtherstellung: Ferdinand Keip GmbH & Co. KG, Frankfurter Straße 135, 63303 Dreieich
Inhalt gedruckt auf umweltfreundlichem chlorfreiem mattgestrichenem Offsetpapier
Printed in Germany

Inhaltsverzeichnis

Seite

1	**Motive, Rahmenbedingungen und Entwicklung des Reisens erfassen und die Bedeutung des Tourismus für Völkerverständigung und Erhalt der Umwelt beurteilen sowie Information über Leistungsanbieter erhalten**	**9**
1.1	**Reisemotive, Tourismusarten- und formen, Geschichte des Tourismus (inkl. Nachfrageseite)**	**9**
1.1.1	Reisemotive und Tourismusarten	9
1.1.2	Einflußfaktoren der Nachfrage	11
1.1.3	Nachfragetypologisierung	16
1.1.4	Urlaubs- und Geschäftsreisende	18
1.1.5	Geschichte des Tourismus	20
1.2	**Rahmenbedingungen für die Tourismusentwicklung sowie Erscheinungsformen des Tourismus**	**23**
1.2.1	Rahmenbedingungen für die Tourismusentwicklung	23
1.2.2	Erscheinungsformen des Tourismus	26
1.3	**Daten aus aktuellen Statistiken und anderen Informationsquellen**	**28**
1.3.1	Reisestatistik	28
1.3.2	Reiseanalyse	34
1.3.3	Europäischer Reise-Monitor	41
1.3.4	Andere Informationsquellen	45
1.4	**Leistungsanbieter auf dem deutschen Markt**	**46**
1.4.1	Tourismusangebot	46
1.4.2	Reiseveranstalter	51
1.4.3	Reisemittler	60
1.4.4	Abgrenzung Reisebüro und Reiseveranstalter, Vertragsbeziehungen	65
1.4.5	Verkehrsträger	81
1.4.6	Fremdenverkehrsdestinationen	85
1.4.7	Beherbergungsindustrie	90
1.4.8	Sonstige Anbieter	92

Inhaltsverzeichnis

Seite

2	Situations- und fachgerechte Beratungsgespräche planen und unter Anwendung von Kommunikations- und Präsentationstechniken führen	96
2.1	Phasen des Verkaufsgespräches mit intensiver Kundenberatung	96
2.1.1	Vorbereitung, Begrüßung und Kontaktphase	97
2.1.2	Bedarfsermittlungsphase	98
2.1.3	Angebots- und Beratungsphase	99
2.2	Verkaufs- und Abschlußphase, Reisevertrag, Nachbereitung von Kundenkontakten und Reklamationsmanagement	103
2.2.1	Verkaufsphase	103
2.2.2	Abschlußphase	105
2.2.3	Reisevertrag	105
2.2.4	Nachbereitung von Kundenkontakten und Reklamationsmanagement	107
2.3	Kundenbindungskontakte, Direktmarketing des Ausbildungsunternehmens	109
2.3.1	Kundenbindungskonzepte	109
2.3.2	Direktmarketing im Ausbildungsbetrieb	110
3	Ganzheitliche, dienstleistungsgerechte und prozeßorientierte Anbieter-Marketingplanung sowie Leitbildentwicklung unter Einbeziehung der Interessen von Anbietern, Arbeitnehmern und Marktpartnern sowie von Gesellschaft und Umwelt	112
3.1	Marktanalyse	113
3.1.1	Informationsbeschaffung durch Marktforschung	113
3.1.2	Methoden der Informationsauswertung	116
3.2	Marketingstrategie	117
3.2.1	Diagnose-Methoden	117
3.2.2	Von der Analyse zu den strategischen Zielen	120
3.3	Marketinginstrumente, strategisches Marketing-Mix	122
3.3.1	Produktpolitik im Tourismus	124
3.3.2	Preispolitik	128
3.3.3	Vertriebswegepolitik	129
3.3.4	Kommunikationspolitik	130

Inhaltsverzeichnis

Seite

3.4	**Erscheinungsbild des Anbieters** (Corporate-Identity, -Design, -Behaviour and -Communication)	**137**
3.4.1	Corporate Identity (CI)	137
3.4.2	Elemente der Corporate Identity: Corporate Design, Corporate Behaviour und Corporate Communication	138
4	**Veränderungen und Branchentrends bei Tourismusunternehmen aufgrund von Änderungen in Wirtschaft, Technik und Gesellschaft**	**141**
4.1	**Wirtschaftliche Zusammenschlüsse von Tourismusunternehmen**	**141**
4.1.1	Kooperationen	142
4.1.2	Ketten	146
4.1.3	Franchising	146
4.1.4	Konzentrationen	147
4.2	**Einsatzmöglichkeiten moderner Kommunikationsmittel**	**156**
4.2.1	Computer-Reservierungs-Systeme (CRS)	156
4.2.2	Online Dienste / Internet usw.	157
4.3	**Wandel der Kaufgewohnheiten und Reaktionsmöglichkeiten der Reisemittler**	**158**
4.3.1	Wandel der Kaufgewohnheiten / Kaufangebote	159
4.3.2	Reaktionen der Mittler	159

Sachwortregister **161**

Inhaltsverzeichnis und Lernfelder

Kapitel 1 → Teile von Lernfeld 2
Kapitel 2 → Lernfeld 3
Kapitel 3 → Lernfeld 10
Kapitel 4 → Teile von Lernfeld 7 und Exkurs

Nur, wenn Sie schon länger in der Tourismusbranche arbeiten, oder bereits eine Tourismusschule besucht haben, könnten Sie Teile des Stoffs kennen. Den Auszubildenden, die von Allgemeinbildenden Schulen oder Berufskollegs kommen, müßte alles neu vorkommen, da es sich um branchenspezifische Themen handelt.

Da Sie sich für einen Tourismusberuf entschieden haben, müßte Ihnen insbesondere dieses Buch gefallen, denn hierin werden Inhalte vermittelt, die genau auf die Tourismuspraxis zugeschnitten sind.

Vorwort zur 1. Auflage

Die „Spezielle Betriebswirtschaftslehre für Reiseverkehrs- und Tourismusunternehmen" richtet sich nach dem neuen Lehrplan für Reiseverkehrskaufleute, und zwar deckt sie die Lernfelder 2 (teilweise), 3, 7 (teilweise) und 10 ab.

Ging es im Rahmen der „Allgemeinen Wirtschaftslehre" u. a. um allgemeine betriebswirtschaftliche Themen, so geht dieser Band auf die speziellen tourismusbezogenen Themenkreise ein.

Alle vier Kapitel sind so praxisnah wie irgend möglich gestaltet und berücksichtigen zugleich die verbreitetsten tourismuswissenschaftlichen Erkenntnisse.

Obwohl das Buch auf alle Arten von Reiseverkehrs- und Tourismusunternehmen eingeht, werden überwiegend Beispiele aus dem Reisemittler- und Reiseveranstalterbereich gewählt.

Das vorliegende Buch versteht sich als Lehr- und Lernbuch sowie als Aufgabensammlung, mit deren Hilfe eine Lernerfolgskontrolle durchgeführt werden kann.

Die Veränderungen und Branchentrends in Kapitel 4 unterliegen einer ständigen Anpassung an die Entwicklungen in der dynamischen Tourismusbranche.

Sie sind freundlich aufgefordert, uns durch konstruktive Kritik bei künftigen Überarbeitungen zu unterstützen.

Wir wünschen Ihnen viel Erfolg bei der Arbeit mit diesem Buch!

Düsseldorf, im Winter 1998

Die Herausgeber

Vorwort zur 2. Auflage

Die nun vorliegende Ausgabe ist umfangreich überarbeitet worden. Insbesondere sind die statistischen Daten und das gesamte Kapitel 4 den neuesten Erkenntnissen angepaßt worden. Die Währungsangaben wurden auf EUR umgestellt.

Wir wünschen Ihnen weiterhin viel Erfolg und Freude bei der Arbeit mit diesem Buch!

Düsseldorf, im Winter 2000

Die Herausgeber

1 Motive, Rahmenbedingungen und Entwicklung des Reisens erfassen und die Bedeutung des Tourismus für Völkerverständigung und Erhalt der Umwelt beurteilen sowie Information über Leistungsanbieter erhalten

1.1 Reisemotive, Tourismusarten- und formen, Geschichte des Tourismus (inkl. Nachfrageseite)

Wenn wir zunächst die Reisemotive untersuchen, so haben wir uns damit bereits für den individualistischen Erklärungsansatz entschieden.

Gesellschaftliche Phänomene werden hierbei aus der Blickrichtung des Individualismus zu erklären versucht, indem insbesondere auf Bedürfnisse, Motive und psychologische Erklärungen Wert gelegt wird. Der gesellschaftlich-historische Ansatz erklärt das Individuum als Produkt gesellschaftlicher Entwicklungstendenzen, wie z. B. durch Klassengegensätze, spezielle Produktionsbedingungen oder historische Entwicklungstendenzen.

1.1.1 Reisemotive und Tourismusarten

In der Volkswirtschaftslehre[1] haben Sie gelernt, daß das **Bedürfnis** ein Gefühl des Mangels ist, **mit dem Bestreben, diesem Gefühl abzuhelfen**.

In der Wirtschaftstheorie spielen Bedürfnisse also insofern eine wichtige Rolle, als zu ihrer Befriedigung eine gewisse **Nachfrage nach wirtschaftlichen Gütern** entsteht, zu denen man **Sachgüter** und **Dienstleistungen** zählt.

Im Tourismusbereich hört man öfter von sogenannten Erholungs-, Heilungs- und Reisebedürfnissen sowie von Bedürfnissen nach Geselligkeit oder sportlicher Betätigung.

Gemäß Kaspar[2] geht die neuere Forschung dagegen immer mehr von den Motiven und der Motivation aus, um das Verhalten und die Aktivität des Touristen zu erklären. Es wird also weniger nach den Bedürfnissen selbst als nach deren Beweggründen – den Motiven – gefragt. Somit geht es um die **Zielvorstellung**, durch die ein entsprechendes Verhalten ausgelöst wird.

---

[1] Vgl. Füth und Partner. Allgemeine Wirtschaftslehre für Reiseverkehrs- und Tourismusunternehmen. DRV-Service GmbH, Frankfurt/M., 1998/2001.
[2] Vgl. Kaspar, Claude. Die Fremdenverkehrslehre im Grundriß. Verlag P. Haupt, Bern-Stuttgart, 1996.

Kaspar hat in Anlehnung an andere Wissenschaftler **fünf Motivationsgruppen** herausgestellt, denen er zugleich die **entsprechenden Tourismusarten** zuordnete. (Vgl. Übersicht auf dieser Seite)

Natürlich ist es **schwierig**, zwischen den einzelnen Motivationen **genaue Grenzen zu ziehen**, da ja der Tourist oft gleichzeitig verschiedene Beweggründe für seinen touristischen Ortswechsel hat.

Aus der Psychologie wissen wir überdies, daß **Motivationen bewußten** und **unbewußten Ursprungs** sein können und insbesondere **äußeren Einflüssen** unterliegen. Dabei müssen keineswegs nur materielle Interessen im Vordergrund stehen, denn es zeigt sich – wie auch bei Krippendorf[3] beschrieben – bei den Touristen ein zunehmendes Verständnis für **immaterielle Werte** wie Gesundheit, Umwelt, Natur, Wissen und Bildung.

Motivationsgruppen bzw. Motivationen	Entsprechende Fremdenverkehrsartengruppen bzw. Fremdenverkehrsarten
Physische Motivationen	
• Erholung (physische Regeneration der Kräfte)	• Erholungstourismus
• Heilung (Herstellung der körperlichen Gesundheit)	• Kurtourismus
• Sport (körperliche Betätigung)	• Sporttourismus (auch im passiven Sinne verstanden)
Psychische Motivationen	
• Ausbruch aus der alltäglichen Isolierung	eigentlicher Erlebnistourismus, wie er im Bildungs-, Erholungs- und Clubtourismus vorkommt
• Zerstreuung	
• Erlebnisdrang	
Interpersonelle Motivationen	
• Besuch von Freunden und Bekannten	• Verwandtentourismus
• Geselligkeit, soziale Kontakte	• Clubtourismus (vgl. auch Erlebnistourismus)
• Eskapismus (weg vom allzu zivilisierten Alltag und Rückkehr zur Natur)	• z. B. Campingtourismus
Kulturelle Motivationen	
• Kennenlernen anderer Länder, ihrer Sitten, Gebräuche und Sprachen	• Bildungstourismus
• Kunstinteresse	• Bildungstourismus
• Reisen aus religiösen Gründen	• Bildungstourismus
Status- und Prestigemotivationen	
• Persönliche Entfaltung (Aus- und Weiterbildung)	• Geschäfts- und Kongreßtourismus
• Wunsch nach Anerkennung und Wertschätzung (Renommierreisen)	• z. B. Erlebnistourismus aber auch Kongreßtourismus

---

[3] Krippendorf, Jost. Die Landschaftsfresser. Bern, 1975.

In der Allgemeinen Wirtschaftslehre für Reiseverkehrs- und Tourismusunternehmen[4] wurde der Grundzusammenhang unserer sozialen Marktwirtschaft bereits dargestellt, nämlich das Zusammentreffen von Angebot und Nachfrage auf dem Markt.

1.1.2 Einflußfaktoren der Nachfrage

Während die Angebotsseite insbesondere in Abschnitt 1.4.1 und in Kapitel 3 dargestellt werden wird, soll es nachfolgend zunächst um die eine Seite des touristischen Marktes gehen, und zwar die Darstellung der Tourismusnachfrage.

Eigentlich wird die touristische Nachfrage **aus allen Bereichen des gesellschaftlichen Lebens** und somit auch von verschiedenen wissenschaftlichen Disziplinen **beeinflußt**.

Zu den bereits genannten Bereichen Ökonomie und Psychologie kommen natürlich auch noch Einflüsse aus Soziologie, Politologie, Geographie, Ökologie etc.

Insbesondere aber wird die touristische Nachfrage beeinflußt durch:

- das Individuum,
- den Staat,
- den Anbieter,
- die Wirtschaft,
- die Umwelt
- und die Gesellschaft

Freyer[5] verdeutlicht dies in nachfolgender Graphik.

---

[4] Füth & Partner. Allgemeine Wirtschaftslehre. a.a.O.
[5] Freyer, Walter. Tourismus, Einführung in die Fremdenverkehrsökonomie. Verlag Oldenbourg, München, 1998.

Einflußfaktoren auf die Tourismusnachfrage nach Freyer:

Individuum

- Wandertrieb?
- Grundbedürfnis?
- Neugier, Forscherdrang
- Einsamkeit, Kontakt
- Vergnügen, Aktivitäten
- Erholung, Regeneration
- Geschäfte
- Kommunikation

⇩

Gesellschaft

- Werte und Normen
- Gesellschaftsordnung
- Sozialstruktur
- Freizeit (verhalten)
- Mobilität

⇘

NACHFRAGE nach

⇙ **Staat**

- Gesetzgebung
- Devisen-, Paß-, Zollvorschriften
- Politische Beziehungen

- Beherbergung
- Verpflegung
- Beförderung
- Vermittlungsleistung
- Reiseleitung
- ergänzenden Produkten und Dienstleistungen

Umwelt

- Klima
- Landschaft
- Ökologie
- Verstädterung
- Wohnumfeld

⇗

⇖ **Anbieter**

- Leistung, Produkte
- Preis
- Absatzwege
- Werbung

⇧

Wirtschaft

- Gesamtwirtschaftliche Entwicklung
- Handelsbeziehungen
- Einkommenssituation
- Verteilung
- Preise und Wechselkurse
- Arbeitsplatz und Produktionsbedingungen
- Transportkosten

Die vorstehende Graphik sieht zunächst etwas verwirrend aus. Aber lassen wir uns nicht abschrecken und versuchen einmal, uns mit den einzelnen Einflüssen (entgegen dem Uhrzeigersinn) zu befassen:

(1) Individuum

Unter den individuellen Einflüssen versteht man die bereits unter 1.1.1 ausgeführten Motive. Dazu kommt allerdings unter Berücksichtigung der Maslow'schen Bedürfnishierarchie[6] noch die **Einordnung des Tourismus in die Bedürfnisskala** „Existenzbedürfnisse, Kulturbedürfnisse und Luxusbedürfnisse"[7].

Verwirrenderweise war „**Reisen**" früher aus ökonomischer Sicht ein **Luxusbedürfnis**, sofern es sich um **Fernreisen** handelte, und ein **Existenzbedürfnis**, sofern **Wege zur täglichen Bedarfsdeckung** bezüglich Nahrung, Kleidung und Wohnung zu überbrücken waren.

Für die meisten Menschen in den Industrie- und Dienstleistungsnationen sind mittlerweile auch Fernreisen erschwinglich geworden, weswegen man für die Einordnung von Reisen in die „Existenzbedürfnisse" sein könnte, aber bezüglich der Anerkennung, des Prestiges, der Selbstverwirklichung und des Glücks, das mit Reisen verbunden sein kann, müßte man sie möglichst hoch in die Maslow'sche Bedürfnishierarchie einordnen – ein **Widerspruch**, der hier nicht gelöst werden kann.

Merksatz: <mark>Reisen haben also ökonomisch gesehen etwas von einem Grundbedürfnis und psychologisch gesehen etwas von einem Luxusbedürfnis.</mark>

(2) Gesellschaft

Bezüglich der **gesellschaftlichen Einflüsse** kann gesagt werden, daß in den Industrie- und Dienstleistungsnationen eine **hohe gesellschaftliche Erwartung an das Freizeitverhalten** besteht, so daß Reisen im Urlaub beinahe zu einer gesellschaftlichen „Notwendigkeit" geworden ist.

Zudem unterliegt es **Modeeinflüssen** – z. B. Zeigen der gebräunten Haut –, denen sich viele Menschen nicht entziehen können.

Darüber hinaus sind die Menschen in sozialer und technischer Hinsicht **mobiler** geworden.

---

[6] Die Grundlage sind die Grundbedürfnisse, darauf folgen die Sicherheitsbedürfnisse, die sozialen Bedürfnisse, die Wertschätzungsbedürfnisse und schließlich die Entwicklungsbedürfnisse - eine Art von Selbstverwirklichung. Maslow, A. M.. „A Theory of Human Motivation". *Psychological Review*, 1943.

[7] Siehe auch Füth & Partner. Allgemeine Wirtschaftslehre. a.a.O.

(3) Umwelt

Die **Umwelteinflüsse** werden deswegen besonders herausgestellt, weil sie in der heutigen Tourismusdiskussion weltweit eine große Rolle spielen.

Ökologie, Verstädterung und Wohnumfeldprobleme werden immer mehr zu Faktoren, die als **Antriebe zum Reisen** verstanden werden können.

Flucht vor Lärm, Schmutz und anderen Umweltschäden, aber auch topographische Gegebenheiten wie Wetter, Landschaft und Lage der Wohngebiete können Anlässe zum Reisen sein; so haben Bewohner kälterer und regnerischer Gebiete beispielsweise vermehrt Reisewünsche in sonnige – d. h. wärmere – Gebiete.

(4) Wirtschaft

Besonders wichtig sind selbstverständlich die **wirtschaftlichen Einflüsse**, da die **Nachfrage nach Tourismusleistungen** stets **abhängig von der industriellen und gesamtwirtschaftlichen Situation** ist.

Ökonomisch relevante Einflüsse industrieller Art auf die touristische Nachfrage sind gemäß Freyer vor allem **Einnahmen** und **ökonomische Umweltbedingungen** wie Lebensstandard der Gesellschaft, Urlaubszeiten, Verbrauchsgewohnheiten, Kosten des Reisens, allgemeine Konjunkturlage, Arbeitszeiten, Allokation (Einkommensverteilung), Wechselkurse und Preise.

Bei der **Untersuchung gesamtwirtschaftlicher Zusammenhänge** bildet die **Messung der Entwicklung der Reisetätigkeit** ein **Problem**, da in der volkswirtschaftlichen Gesamtrechnung keine Abgrenzung eines Tourismussektors vorhanden ist, mit dem die Erfassung der touristischen Leistung als Teil des Bruttosozialproduktes exakt meßbar wäre.

Somit bleibt nur, die touristische Entwicklung **nachfrageorientiert** aufzuzeigen, indem **Reisen** als **privater Konsum** dargestellt werden. Hierbei muß festgestellt werden, daß der Preis zwar als mögliche Einflußvariable stets miterwähnt wird, aber überwiegend die Reaktion der touristischen Nachfrage auf **Einkommensänderungen** Darstellung findet. Danach kann die **Reisenachfrage abhängig** sein von:

- **der absoluten Höhe des Einkommens**
  Keynes[8] sagte 1936 in vereinfachter Form, daß von einem bestimmten Einkommen ab sich der **private Konsum in Abhängigkeit vom Einkommen** verändert; wobei vermehrte Konsumausgaben mit steigendem Einkommen abnehmen, weil vermehrt – anteilig gesehen – gespart wird.

---

[8] John Maynard Keynes (1883-1946), britischer Nationalökonom

- **der relativen Einkommenshöhe**
  Konsumeffekte werden weniger durch das absolute Einkommen beeinflußt, sondern durch das relative – im Vergleich zu Mitmenschen oder früheren Einkommen – d. h. die **Stellung der Konsumenten in der Einkommenspyramide**. Danach kann man, auch in Anlehnung an Friedman[9] (1957) sagen, daß die Reisegewohnheiten längerfristig gesehen nur gering auf häufig wechselnde Einkommensänderungen reagieren, da sich die Konsumausgaben an einem normalen, durchschnittlichen, „permanenten" Einkommen orientieren. Kurzfristige Engpässe werden durch Rückgriffe auf Ersparnisse ausgeglichen.

- **der zukünftigen Einkommenserwartung**
  Es wird hierbei zwischen **Konsumfähigkeit** und **Konsumwillen** unterschieden, und es werden dabei vermehrt **psychologische** und **soziologische Einflußgrößen** berücksichtigt. Ermittelbar durch **Meinungsbefragungen** wie z.B. durch die Reiseanalyse des StfT bzw. der F.U.R[10].

In diesem Zusammenhang sollten wir uns auch noch einmal an den vorletzten Satz der Einleitung erinnern.

Allerdings kann die **Reisenachfrage** darüber hinaus als **investiver Faktor** betrachtet werden, und zwar als **Vorleistung für die Produktion**, wie dies für Geschäftsreisen (incl. Tagungs- und Kongreßreisen) charakteristisch ist.

(5) Anbieter

Unter **Anbieter-Einflüssen** versteht man den Versuch von Unternehmen, mit bestimmten Mitteln **Einfluß auf die Nachfrage** zu nehmen (vgl. auch Kapitel 3).

Solche **Mittel der Einflußnahme** können sein:

- **Produktpolitik**,
- **Preispolitik**,
- **Vertriebspolitik** und
- **Kommunikationspolitik**.

Das moderne Marketing versucht natürlich, die Touristenströme zu steuern, wobei aber nicht jeder Reisende gleichermaßen auf die Angebote der Reiseindustrie reagiert.

---

[9] Milton Friedman (geb. 1912), amerikanischer Nationalökonom (Chicagoer Schule)
[10] Näheres vgl. Kapitel 1.3

(6) Staat

Schließlich bleiben die **staatlichen Einflüsse**, bei denen es insbesondere darum geht, bestimmten Nachfragegruppen (z.B. kinderreichen Familien, organisierten Jugendlichen etc.) **Zuschüsse** zu ihren Reisen zu gewähren.

Darüber hinaus werden Reiseströme durch den Staat gelenkt, und zwar durch Paß-, Gesundheits- und Devisenvorschriften.

Allerdings kann der Staat auch auf **inländische Zielgebiete** aufmerksam machen und so das „Incoming" im eigenen Land fördern.

1.1.3 Nachfragetypologisierung

Nachdem wir nun etwas über Bedürfnisse, Motive und Einflußfaktoren der Nachfrage erfahren haben, wollen wir uns nun der Nachfragetypologisierung widmen.

Bevor wir uns in diesem Zusammenhang insbesondere mit den Urlaubsreisen und den Geschäftsreisen beschäftigen, sollten wir uns zunächst einmal klar machen, was „**Tourismus**" eigentlich ist.

Claude Kaspar **definiert** Tourismus folgendermaßen:

Merksatz:
> „Tourismus ist die Gesamtheit der Beziehungen und Erscheinungen, die sich aus der Reise und dem Aufenthalt von Personen ergeben, für die der Aufenthaltsort weder hauptsächlicher und dauernder Wohn- noch Arbeitsort ist"[11].

Dieser sogenannte Tourismus wird allerdings in Arten und Formen untergliedert, die wir genauer unterscheiden sollten.

Nehmen wir die **Motivation** als Entscheidungskriterium für Reisen, so sprechen wir von **Tourismusarten**[12], gehen wir dagegen von **äußeren Ursachen und Wirkungen** aus, so sprechen wir von **Tourismusformen**.

Merksatz:
> Motivation → Tourismusarten
> äußere Ursachen und Wirkungen → Tourismusformen

Da wir den Tourismusarten in Kapitel 1.1.1 bereits entsprechenden Raum gewidmet haben, beschäftigen wir uns nachfolgend mit den Tourismusformen[13], und zwar gegliedert nach äußeren Ursachen und Einflüssen.

---

[11] Kaspar, Claude. Die Fremdenverkehrslehre im Grundriß. a.a.O.
[12] Vgl. Kapitel 1.1.1
[13] Vgl. Kaspar, Claude. Die Fremdenverkehrslehre im Grundriß. a.a.O.

Bestimmungsmerkmal ausgehend vom Fremdenverkehrssubjekt	Entsprechende Fremdenverkehrsform
Herkunft	• Inlands(Binnen)tourismus • Auslandstourismus

Zahl der Fremdenverkehrsteilnehmer	• Individualtourismus (individuelle Gestaltung von Reise und Aufenthalt)
	• Kollektivtourismus
	  – Gruppen- oder Gesellschaftstourismus (kollektive Abwicklung des Reisevorganges und/oder des Aufenthaltes)
	  – Clubtourismus (Reise vorwiegend, Aufenthalt vollständig im Kollektiv, wobei die Integration des Feriengastes in eine Feriengruppe bewußt gefördert wird)
	  – Massentourismus (massiertes Auftreten von Touristen, wobei negative Begleiterscheinungen je nach Art und Umwelt bereits bei einer Kleinzahl oder erst bei einer Vielzahl von Touristen auftreten können)
	  – Familientourismus

Alter der Fremdenverkehrsteilnehmer	• Jugendtourismus (Fremdenverkehr der etwa 15-24jährigen, die nicht mehr gemeinsam mit ihren Eltern und noch nicht mit ihrer eigenen, noch zu gründenden Familie in die Ferien fahren) • Seniorentourismus (Fremdenverkehr der nicht mehr im aktiven Erwerbsleben stehenden, über 60jährigen Personen → Rentner)

Dauer des Aufenthalts	• Kurzfristiger Fremdenverkehr / Kurzzeittourismus
	  – Durchreise- oder Passantentourismus (ohne Rückkehr zum Aufenthaltsort)
	  – eigentlicher Kurzzeittourismus, insbesondere Geschäftstourismus während der Woche
	  – Tagesausflugstourismus (ohne Übernachtung)
	  – Wochenendtourismus (1-3 Übernachtungen)
	• Langfristiger Fremdenverkehr / Langzeittourismus
	  – Ferien(Urlaubs)tourismus mit mehr als 4 Übernachtungen
	  – Kurtourismus (in der Regel 3 Wochen)

Jahreszeit	• Sommertourismus • Wintertourismus • Hochsaisontourismus • Zwischensaisontourismus

Beherbergungsform	• Hoteltourismus
	• Tourismus der Parahotellerie
	  – Chalet- und Appartementtourismus
	  – Zweitwohnungstourismus
	  – Camping- und Wohnwagentourismus

Bestimmungsmerkmal ausgehend vom Fremdenverkehrssubjekt	Entsprechende Fremdenverkehrsform
Verwendetes Verkehrsmittel	• Eisenbahntourismus • Autotourismus (PKW und Bus) • Schiffstourismus • Flugtourismus
Auswirkungen auf die Zahlungsbilanz	• Aktiver Fremdenverkehr (Incomingtourismus, Ausländertourismus im Inland) • Passiver Fremdenverkehr (Outgoingtourismus, Fremdenverkehr der Inländer im Ausland)
Finanzierungsart	• Sozialtourismus (Beteiligung kaufkraftschwacher Bevölkerungsschichten am Tourismus, der durch besondere Vorkehrungen ermöglicht oder erleichtert wird) • Fremdenverkehr durch Vor- und Nachfinanzierung (Kreditkarten)
Soziologischer Inhalt	• Luxus- und Exklusivtourismus • Traditioneller Fremdenverkehr (entsprechend der touristischen Ausprägung von Individualreise/-aufenthalt im Hotel der Anfangsjahre des modernen Tourismus) • Jugendtourismus • Seniorentourismus • Sozialtourismus • Sanfter Tourismus
Reiseform (Art der Organisation der Reise)	• Individualtourismus (mit und ohne Reisebüronutzung) • Pauschaltourismus (vom Reiseveranstalter angebotenes Paket von Reise- und Aufenthaltsleistungen zu einem Pauschalpreis: Voll- und Teilpauschalreisen bzw. Veranstalterreisen)

Diese Gliederung von Kaspar ist noch heute **Grundlage für alle entsprechenden Betrachtungen**. Allerdings wir das eine oder andere Bestimmungsmerkmal ab und zu geändert. So bleibt es beispielsweise zwar beim Seniorentourismus, jedoch beginnt dieser erst ab 70; zuvor spricht man derzeit von den „jungen Alten", der „55+"-Generation.

Nun erschöpft sich die **Typologisierung** nicht allein bezüglich der Tourismusarten und -formen, sondern bezieht sich **auch auf den Reisenden selbst**.

1.1.4 Urlaubs- und Geschäftsreisende

Natürlich können wir hier nicht alle Arten von Reisenden beschreiben, weswegen wir **zwei wichtige Gruppen** herausgreifen, nämlich Urlaubs- und Geschäftsreisende.

Die Tourismuswirtschaft beschäftigt sich vornehmlich mit den **Urlaubsreisenden**, den sogenannten **Touristen im engeren Sinne**. Denn Kur- und Bäderreisen sowie private Besuchsreisen von Verwandten und Bekannten und der sogenannte Ausflugsverkehr müssen nicht unbedingt im Zusammenhang mit dem Urlaub gesehen werden. **Urlaubsreisen** sind Teil der **privaten Freizeitgestaltung** und des **privaten Konsums** und werden **um ihrer selbst Willen** durchgeführt.

Die nachfolgende Graphik – immer noch aktuell – unterscheidet nach Hahn[14] sechs Urlauber-Typen und kennzeichnet dieselben durch entsprechende Charakteristika:

Urlauber-Typ	Kenn-Wort	Kennzeichen
S -Typ	Erholungsurlauber	• Sonne, Strand, See • Alltagsstreß entfliehen • geruhsamer, behaglicher Urlaub • nicht zuviel Fremdartiges • nicht zuviel Ferienrummel
F -Typ	Erlebnisurlauber	• Ferne, Flirt • unternehmungslustig • Abwechslung • Vergnügen • mondäne Atmosphäre
W_1 -Typ	Bewegungsurlauber	• Wald, Wandern • Gesundheit aktiv fördern • naturliebend • Kur-Urlaub
W_2 -Typ	Sporturlauber	• Wald, Wettkampf • Hobby wichtig • Anstrengungen zugetan
A -Typ	Abenteuerurlauber	• nur begrenzt echter Abenteurer und Einzelgänger • eher: einmaliges Erlebnis mit kalkuliertem Risiko • persönliche Bewährung • Schwärmer, Träumer
B -Typ	Bildungs- und Besichtigungsurlauber	Bildung, Besichtigung B_1 -Typ: sammelt Sehenswürdigkeiten und Orte laut Baedeker B_2 -Typ: sammelt Gefühle, Stimmungen der fremden Welt, des Neuen B_3 -Typ: natur-, kultur- und sozialwissenschaftliche Interessen

---

[14] Hahn, Heinz. „Urlaub 74: Wissen Sie eigentlich, was für ein Urlaubstyp Sie sind?". *Für Sie*, 25.01.1974.

Daneben gibt es verschiedene weitere Typologien von Touristen, die sich mit der vorstehenden Graphik mehr oder weniger kritisch auseinandersetzen.

Bezüglich der **Geschäftsreisenden** ist zunächst anzunehmen, daß ihre Reisen in der Regel **produktionsbedingt** erfolgen und nicht der Freizeit- und Konsumsphäre zuzuordnen sind. Man unterscheidet gemäß Freyer[15] folgende **Geschäftsreiseformen**:

- **Geschäftsreisen aufgrund wirtschaftlicher Beziehungen** zwischen Unternehmen und sonstigen Organisationen mit unterschiedlichem Standort („klassische Geschäftsreise")
- **Messe-** und **Ausstellungsreisen**
- **Kongreß-, Tagungs-** und **Seminartouristik**
- **Incentiv-Reisen** (aus Sicht des Unternehmens, da sie einen Kostenfaktor darstellen; Einordnung umstritten)

1.1.5 Geschichte des Tourismus

Eine ausführliche Darstellung der älteren Geschichte halten wir für entbehrlich, weswegen hier nur ein kurzer Abriß erfolgen soll. Kaspar[16] beginnt mit den Olympiaden 770 v. Chr., wegen derer bereits damals ein Ortswechsel zur aktiven und passiven Teilnahme an Sportveranstaltungen einsetzte.

Der griechische Geograph und Historiker Herodot um 480 bis 421 v. Chr. reiste, um Sitten und Gebräuche kennenzulernen. Seine Reisebeschreibungen zeugen auch von Fahrten zu Heilzwecken (Epidarus mit dem Aeskulap-Tempel) sowie von Wallfahrten zu den Göttertempeln (wie Delphi zum Orakel im Apollotempel), eine Motivation, die insbesondere im Mittelalter den Fremdenverkehr beherrschen sollte.

Die Römer, Erbauer eines kontinentalen Straßennetzes aus militärischen Gründen, förderten damit gleichzeitig die Ortsveränderung zu anderen Zwecken. Die Verhältnisse in der übervölkerten Stadt Rom z.B. führten zu einem Domizilwechsel im Sommer: Die Vorläuferbewegung der heutigen Zweitwohnungen in landschaftlich reizvoller Lage setze ein. Mit dem Verfall des römischen Reiches verfielen auch die Straßenzüge. Das Reisen wurde nicht nur beschwerlicher, sondern auch gefährlicher.

Neben den Beamten und Studenten waren es im Mittelalter nur die Wallfahrer, welche die physischen und finanziellen Opfer der Ortsveränderung auf sich nahmen. Mehr als die Landschaft verursachte der Glaube diese Erscheinung kollektiven Reisens zu kirchlichen Zentren wie Rom, Santiago de Compostela und Jerusalem zu fördern.

---

[15] Freyer, Walter. Tourismus. a.a.O.
[16] Kaspar, Claude. Die Fremdenverkehrslehre im Grundriß. a.a.O.

Zu einem Umbruch in der touristischen Entwicklung gestaltete sich das Zeitalter der Aufklärung. Nachhaltig wirkte der Ruf J. J. Rousseaus nach Rückkehr zur Natur in seinem Werk „Nouvelle Héloise" (1756). Das Gedicht „Die Alpen" von Albrecht von Haller (1732) und die Werke der Dichter und Schriftsteller wie Byron, Ruskin und J. W. v. Goethe sorgten dafür, daß sich die Naturbegeisterung fortsetzte und einen wachsenden Strom von „Touristen" in Richtung Alpen auslöste.

Einen entscheidenden Auftrieb erhielt der Fremdenverkehr allerdings erst als mit der einsetzenden Industrialisierung auch das europäische Verkehrssystem verbessert wurde. Dampfschiffahrt und Eisenbahnen ermöglichten dann in der ersten Hälfte des 19. Jahrhunderts auch breiteren Volksschichten, am Reisen teilzunehmen.

Das Signal hierzu gab nicht zuletzt Thomas Cook als Organisator von weltumspannenden Gruppenreisen. Seine erste Pauschalreise wurde am 05.07.1841 als Bahnreise in England von Leicester ins 10 Meilen entfernte Loughborough veranstaltet. Es handelte sich um Hin- und Rückfahrt mit Tee, Rosinenbrötchen und Blasmusik für 1 Schilling.

Freyer[17] bringt die geschichtliche Entwicklung des Reisens in die Form einer überblickhaften Systematik, die vier Epochen des Reisens unterscheidet, und zwar geprägt durch folgende Unterschiede:

- durch die Wahl des vorherrschenden **Transportmittels**: von den Beinen über das Pferd zu Dampflok und Dampfschiff, dann über die Auto-Straße ab in die Lüfte
- durch die **Reisemotivation**: von der Reise - Notwendigkeit hin zum Selbstzweck (Bildung, Kur, Erholung, Regeneration), vom Luxus- zum Grundbedürfnis
- durch die **Teilnehmerzahl** und **-schicht**: von der Elite über die Neue Mittelklasse des Industriezeitalters und die Wohlhabenden des beginnenden 20. Jahrhunderts hin zur Masse.

Diese Epochen sind in der folgenden Graphik näher erläutert:

---

[17] Freyer, Walter. Tourismus. a.a.O.

Epoche	Zeit	Transportmittel	Motivation	Teilnehmer
Vorphase	bis 1850	zu Fuß Zu Pferd Kutsche z.T. Schiff	Nomaden Pilgerreise Kriegszüge Geschäft Entdeckung Bildung	Elite: Adel, Gebildete Geschäftsleute
Anfangs- phase	1850-1914	Bahn (Inland) Dampfschiff (Ausland)	Erholung	Neue Mittelklasse
Entwick- lungs- phase	1914-1945	Bahn Auto, Bus Flug(Linie)	Kur, Erholung Kommerz	Wohlhabende, Arbeiter (KdF)
Hoch- phase	ab 1945	Auto Flug (Charter)	Regeneration Erholung Freizeit	Alle Schichten (der Industrieländer)

In Deutschland entwickelte sich der Tourismus etwas später als beispielsweise in England, jedoch bereits mit eigenständigen Formen in der Anfangsphase:

- Um 1800 wurden die ersten deutschen Seebadeanstalten in Heiligendamm, Norderney und Travemünde eröffnet.
- 1801 wurde als erstes Großhotel der „Badische Hof" in Baden-Baden eröffnet.
- 1857 Gründung des Norddeutschen Lloyd.
- 1863 wurde das erste deutsche Reisebüro in Breslau eröffnet: Reisebüro Stangen, das später nach Berlin verlegt wurde. Stangen veranstaltete 1869 eine Gesellschaftsreise zur Eröffnung des Suezkanals und
- 1878 die erste Weltreise.
- Um 1900 Vergnügungsreisen per Schiff.

Es bildete sich vor allem die sogenannte Sommerfrische als typische Reiseform in Deutschland heraus. Sie lag meist nicht weit von der Stadtwohnung entfernt, häufig in den deutschen Mittelgebirgen. Man fuhr mit der Bahn stets an den gleichen Ort in die gleiche Unterkunft. In der Entwicklungsphase kam es zur organisierten Urlaubs- und Freizeitgestaltung mit Hilfe der nationalsozialistischen Organisation „Kraft durch Freude" (KdF). Es wurden erstmals staatlich organisierte Reisen zu niedrigen Preisen angeboten. Von 2,3 Mio. Reisen 1934 stiegen die Zahlen bis 1938 auf 10,3 Mio an.

Die heutige Form des Reisens – in der Hochphase ab 1945 – wird üblicherweise als Massentourismus oder besser als organisierter oder institutionalisierter Tourismus bezeichnet.

Wichtige Stationen des modernen Tourismus:

- 1947 DER – Deutsche Reisebüro GmbH gegründet (als Nachfolger der früheren MER – Mitteleuropäische Reisebüro GmbH)
- 1955 erste deutsche Charterfluggesellschaft gegründet: die Deutsche Flugdienst GmbH
- 1956 erster Touropa-Prospekt: Destinationen Mallorca (1.600 Fluggäste von insgesamt 1.800 im Jahr 1956), Teneriffa, Ägypten, Israel; Fluggerät: Vickers Viking (36 Plätze)
- 1962 der „Kaufhaustourismus" beginnt:
  - 1962 Touristikabteilung von Quelle-Reisen,
  - 1964 NUR – Neckermann und Reisen
- 1967/1968 TUI – Touristik Union International

(Zur Wiederholung, siehe auch Kapitel 1.2.)

In der Allgemeinen Wirtschaftslehre[18] haben wir bereits kennengelernt, daß „Wirtschaften" die planvolle Tätigkeit des Menschen bedeutet, die erforderlich ist, um die Knappheit der Güter zu verringern.

Fremdenverkehrs- oder Tourismuspolitik findet demnach in unserem Land in der Form statt, daß der Staat die Rahmenbedingungen für eine (privatwirtschaftliche) Ausgestaltung der Tourismusindustrie gewährleistet.

1.2 Rahmenbedingungen für die Tourismusentwicklung sowie Erscheinungsformen des Tourismus

1.2.1 Rahmenbedingungen für die Tourismusentwicklung[19]

Zu den **wichtigsten Rahmenbedingungen** zählen:

- Freier Handel, keine oder möglichst wenig Devisen-, Zoll- und Paßvorschriften
- Freie Entfaltung der Individuen (was allerdings Konflikte enthält zwischen dem Anspruch der einheimischen Bevölkerung auf Ruhe, Unversehrtheit der Natur usw., dem Anspruch der Reisenden auf unbegrenztes Reisen und „Konsum" anderer Länder und Regionen sowie den unternehmerischen Aktivitäten in bezug auf die Errichtung einer Tourismusindustrie).
- Unbegrenztes und konfliktfreies Zusammentreffen aller Menschen
- Gewährleistung freien Wettbewerbs bzw. Schaffung von Markttransparenz einschließlich kartellrechtlicher Ziele (z. B. keine Preisabsprachen, Kartelle).

---

[18] Füth & Partner. Allgemeine Wirtschaftslehre. a.a.O.
[19] Vgl. Freyer, Walter. Tourismus. a.a.O.

Handelt es sich bei den soeben genannten Rahmenbedingungen eher um solche, die allgemeine Gültigkeit haben, so soll uns die folgende Graphik[20] veranschaulichen, wie die Sicherung der Rahmenbedingungen in den Zielen der Tourismuspolitik der Bundesrepublik Deutschland verankert sind.

Grundlegende Ziele der Tourismuspolitik	Realisierung / Maßnahmen

1. Sicherung der Rahmenbedingungen	• Einordnung der Tourismuspolitik, Koordinierung auf Bundesebene und mit den Ländern
	• Touristische Infrastruktur
	• Verkehrsinfrastruktur
	• Raumordnung und Städtebau
	• Verbesserung der Informationsbasis: Tourismusstatistik, Informations- und Reservierungssysteme, Tourismusbeirat
	• Ferienordnung
	• Rechtsschutz für den Touristen
	• Schutz und Hilfe für deutsche Touristen im Ausland
	  – Information und Aufklärung
	  – Sicherheitshinweise für Auslandsreisen
	  – Dialog mit den Regierungen der Reiseländer
	  – Schutz und Beistandsmaßnahmen

2. Steigerung der Leistungs- und Wettbewerbsfähigkeit der deutschen Tourismuswirtschaft	• Unterstützung der mittelständischen Unternehmen im Strukturwandel • Aus- und Fortbildung • Auslandswerbung
3. Verbesserung der Möglichkeiten für die Teilnahme breiter Bevölkerungsschichten am Tourismus	• Familien-Tourismus • Jugendreisen • Reisemöglichkeiten für Behinderte • Förderung besonderer Formen des Tourismus (Camping, Urlaub auf dem Lande; Kurtourismus)
4. Ausbau der internationalen Zusammenarbeit im Tourismus	• Tourismuspolitik auf europäischer Ebene • Organisation für wirtschaftliche Zusammenarbeit und Entwicklung (OECD) • Welt-Tourismus-Organisation (WTO) • Bilaterale Zusammenarbeit mit anderen Staaten • Tourismus im Rahmen der Entwicklungspolitik • Zusammenarbeit mit Staaten Mittel- und Osteuropas
5. Erhaltung von Umwelt, Natur und Landschaft als Grundlage des Tourismus	• Maßnahmen der Umweltpolitik mit Wirkung auf den Tourismus • Unterstützung der Umweltschutzaktivitäten der deutschen Tourismuswirtschaft • Internationale Aktivitäten

Ziele der Tourismuspolitik der Bundesrepublik Deutschland (Quelle: BMWi 1994)

---

[20] Vgl. Freyer, Walter. Tourismus. a.a.O.

Zu den Rahmenbedingungen zählen ohne Frage auch das verfügbare Einkommen, die verfügbare Freizeit, die verkehrstechnischen Möglichkeiten und die Kommunikationstechniken.

Bezüglich des **verfügbaren Einkommens** sei u.a. auf Kapitel 1.3.2 hingewiesen. Die Deutschen gaben – trotz Arbeitslosigkeit – 1997 insgesamt 45,3 Mrd. EUR (88,6 Mrd. DM) für Reisen aus; 1998 waren es sogar 46,7 Mrd. EUR (91,4 Mrd. DM) und 1999 immerhin 45,5 Mrd. EUR (89 Mrd. DM). Die Anzahl der Urlaubsreisen betrug 1997 ca. 62,2 Millionen, stieg dann 1998 auf 63,2 Millionen an und sank schließlich 1999 auf 62,6 Millionen, womit sie jedoch immer noch höher lag als 1997. Im selben Zeitraum stiegen die durchschnittlichen Urlaubsreiseausgaben (pro Person/pro Reise) von 728,60 EUR (1.425,- DM) 1997 auf 736,75 EUR (1.441,- DM) 1998 und sanken dann 1999 auf 727,60 EUR (1.423,- DM).

Was die **verfügbare Freizeit** angeht, gehören wir zu den Ländern mit den längsten Ferien und den meisten Feiertagen. Außerdem liegt die wöchentliche Arbeitszeit überall unter 40 Stunden – teilweise ist bereits die 35-Stunden-Woche eingeführt.

Die **verkehrstechnischen Möglichkeiten** sind fast nirgends so gut wie in Deutschland. Wir haben ein sehr gut ausgebautes Straßennetz mit Autobahnen, ein dichtes Eisenbahnnetz mit Hochgeschwindigkeitszügen und einen dichten Flugverkehr, der – zur Schonung der Umwelt – im Nahbereich auf die Bahn übergehen soll. Außerdem ist eine Magnetschnellbahn zwischen Flughafen München und München bzw. den Flughäfen Düsseldorf und Köln/Bonn sowie von Düsseldorf nach Dortmund geplant.

Schließlich spielen die Kommunikationstechniken zukünftig eine immer größere Rolle. Neben der Telekom und Mannesmann tummeln sich immer mehr Anbieter auf diesem Markt, der erst einen Bruchteil seiner Möglichkeiten entfaltet hat. Bezüglich des Angebots über Internet wird in Kapitel 1.4 bei den Anbietern noch ausführlicher berichtet werden.

Wenn auch die wichtigste Aufgabe der politischen Entscheidungsträger darin besteht, die Rahmenbedingungen für die Entwicklung des Tourismus zu gewährleisten, so ist dennoch nichts dagegen einzuwenden, daß die Regierung sich um tourismuspolitische Zielsetzungen kümmert und die verschiedenen fremdenverkehrspolitischen Institutionen sowie deren Maßnahmen koordiniert. – So z. B. durch den 1988 neu eingesetzten Staatssekretär für Tourismus im Wirtschaftsministerium und einen parlamentarischen (Unter) Ausschuß „Tourismus und Fremdenverkehr", durch die Erstellung eines touristischen Jahresgutachtens und durch die Förderung unabhängiger Tourismusstudien.

Nach dieser kurzen Darstellung der Rahmenbedingungen des Tourismus soll nun aus Kapitel 1.1 die Nachfrageseite noch einmal aufgegriffen werden, und zwar unter dem Aspekt der Erscheinungsformen (Tourismusarten- und formen).

1.2.2 Erscheinungsformen des Tourismus

Es gibt viele Versuche, die touristische Nachfrage zu unterteilen. Häufig findet man folgende Strukturierung:

a) Orientierung an äußeren Erscheinungen der Touristen (sichtbar)
b) Orientierung an Verhaltensweisen der Touristen (zum Teil sichtbar)
c) Orientierung an Motivationen der Touristen (nicht sichtbar)

Die nachfolgende Abbildung[21] „Erscheinungsformen des Tourismus" gibt uns eine weitere Hilfe zur Klassifizierung der Reisenden und des Tourismus. Im Rahmen des Marketing werden wir dann im 3. Kapitel noch einmal auf diese Erkenntnisse zurückgreifen.

Erscheinungsformen des Tourismus	
1. Demographische Kriterien (Auswahl)	Tourismusarten und -formen (auch Reise- oder Touristenarten und -formen)
Alter	Kinder-, Jugend-, Seniorentourismus
Geschlecht	Frauenreisen, Männertouren
Familienstand, Haushaltsgröße	Single-, Familientourismus (mit/ohne Kinder), speziell: Hochzeitsreisen/-tourismus
Einkommen	Sozial-, Luxustourismus
Ausbildung	Arbeiter-, Studenten-, Akademiker-, Arbeitslosentourismus
Beruf	Beamten-, Politiker-, Diplomaten-, Hausfrauentourismus
Wohnort	Inländer-, Ausländertourismus; Nah-, Ferntourismus; Stadt-, Landbewohnertourismus
2. Verhaltensorientierte Merkmale (Auswahl)	z. T. (nicht) sichtbar
Verkehrsmittel	PKW-, Flug-, Bahn-, Bus-, Rad-Tourismus
Buchungsverhalten	Individual-, Teilpauschal-, Vollpauschaltourismus
Reiseziele	Inlands-, Auslands-, Fernreise-, See-, Mittelgebirgs-, Bergtourismus
Reisedauer	Ausflugs-, Kurzreise-, Wochenend-, Urlaubs-, Langzeittourismus
Reisepreis	Billig-, Luxus-, Exklusivtourismus, „Massentourismus" (durchschnittlicher Preis)
Reiseklasse (z.T. auch Preis)	First-Class-, Normal(tarif)-, Spar(tarif)tourismus
Reisezeit	Sommer-, Winter-; Hochsaison-, Nebensaisontourismus
Reisegepäck	Rucksack-, Aktentaschen-, Koffertourismus
Unterkunft	Camping-, Bauernhof-, Pensions-, Hoteltourismus
Zahl der Reisenden	Einzel-, Single-, Familien-, Club-, Gruppentourismus
Aktivitäten	Sport-, Erholungs-, Besichtigungs-, Geschäfts-, Fortbildungs-Tourismus
Anlaß	Einladungs-, Besuchs-, Krankheitstourismus; Aussteiger-, Alternativ-Tourist
Motive	Erholungs-, Kur-, Gesundheits-, Kultur-, Bildungs-, Besuchsreisen-, Geschäfts-, Aktiv-, Politik-Tourismus

---

[21] Freyer, Walter. Tourismus. a.a.O.

Der preiswerte Familientourismus im Mittelmeerraum führt z. B. nach Tunesien, in die Türkei, nach Italien oder in bestimmte Zielgebiete Spaniens (Playa de Palma, Lloret de Mar, Benidorm etc.). Charakteristisch sind hierfür die sogenannten Bettenburgen, in deren Nähe sich Vergnügungsviertel (z. B. „Hofbräuhaus", „Kölner Altstadt") ansiedeln, in denen die Touristen unter sich sind, so daß von Völkerverständigung oder Sozialverträglichkeit keine Rede sein kann. Außerdem haben diese Siedlungselemente verheerende Auswirkungen auf die Umwelt.

Im mittleren Preissegment liegen u.a. sicher Winterurlaube in den Alpenländern (Österreich, Schweiz, Italien, Frankreich und Deutschland), in denen die Hotelbauten schon eher dem Landschaftsbild angepaßt werden. Auch kann hier in den kleineren Hotel- und Pensionseinheiten ein Gespräch mit Einheimischen aufkommen. Allerdings sind die Auswirkungen des Wintersports auf die Umwelt recht negativ.

Luxusreisen finden entweder auf Kreuzfahrtschiffen oder in exklusiven Destinationen statt, in denen Individualität ein gewolltes Ziel ist.

Sofern die Destinationen nicht in ärmeren Ländern abgeriegelt von der Bevölkerung angeboten werden, wird in entwickelten Tourismusländern sicherlich auf Völkerverständigung, Sozial- und Umweltverträglichkeit geachtet werden.

Da die hier charakterisierten Zielgebiete auf der ganzen Welt vorkommen können, werden hier keine Beispiele gegeben.

Zur Wiederholung:

1. Nennen Sie 5 Motivationsgruppen und ordnen Sie diesen je 2 Tourismusarten zu.

2. Führen Sie die Einflußfaktoren der touristischen Nachfrage auf, und nennen Sie dazu je 2 Beispiele.

3. Ist „Reisen" ein Grund- oder ein Luxusbedürfnis?

4. Geben Sie eine prägnante Definition für den Begriff „Tourismus".

5. Welche Epochen unterscheidet man in der Entwicklung des Tourismus, und zwar bezogen auf Transportmittel und Teilnehmer?

6. Charakterisieren Sie wichtige Stationen des modernen Tourismus nach dem 2. Weltkrieg.

7. Nennen Sie 4 wichtige Rahmenbedingungen für die Tourismusentwicklung.

8. Wer kümmert sich in unserem Land um grundlegende Ziele der Tourismuspolitik, und welche Ziele sind dies?

1.3 Daten aus aktuellen Statistiken und anderen Informationsquellen

Bei dem derzeit großen Interesse an Tourismusfragen gibt es natürlich eine Unzahl von Marktforschungsinstituten und anderen Organisationen, die sozialwissenschaftliche Untersuchungen zum Phänomen Tourismus anstellen. Verständlicherweise können wir uns mit dieser Vielzahl nicht beschäftigen, weswegen wir uns hier nur mit der amtlichen deutschen Tourismusstatistik, der Reiseanalyse und dem europäischen Reise-Monitor beschäftigen.

1.3.1 Reisestatistik[22]

Bevor wir zur deutschen Reisestatistik kommen, wollen wir kurz auf die Tourismusdefinition der Welttourismusorganisation (WTO) eingehen. Die zentrale Bezugskategorie für die Tourismusdefinition der WTO ist der Besucher (visitor). Ein Besucher ist nach der Definition WTO eine Person, die für die Dauer von nicht mehr als 12 Monaten ihre gewohnte Umgebung verläßt, um an einen anderen Ort oder in ein anderes Land zu reisen, und deren hauptsächlicher Reisezweck ein anderer ist als die Ausübung einer Tätigkeit, die von dem besuchten Ort/Land entgolten wird. Neben dieser grundlegenden Definition enthält die WTO-Empfeh-lung zur Tourismusstatistik auch Konzepte und Klassifikationen zur statistischen Erfassung von touristischen Aktivitäten. Mit Hilfe der folgenden **drei Arten von Reiseströmen**

1. Binnenreiseverkehr (domestic tourism) = Reisen von Inländern im Inland
2. Einreiseverkehr (inbound tourism) = Reisen von Ausländern ins Inland
3. Ausreiseverkehr (outbound tourism) = Reisen von Inländern ins Ausland

lassen sich **drei Grundformen des Tourismus** unterscheiden:

Merksatz:
1. Inlandstourismus (internal tourism) = Binnenreiseverkehr und Einreiseverkehr
2. Nationaler Tourismus (national tourism) = Binnenreiseverkehr und Ausreiseverkehr
3. Internationaler Tourismus (international tourism) = Einreiseverkehr und Ausreiseverkehr

Die Empfehlungen der WTO sind auch Grundlage für die Tourismusstatistik des Statistischen Bundesamtes.

---

[22] Vgl. auch Spörel, U.. „Die amtl. Deutsche Tourismusstatistik", in: *Tourismus-Management*. Verlag de Gruyter, Berlin, 1998.

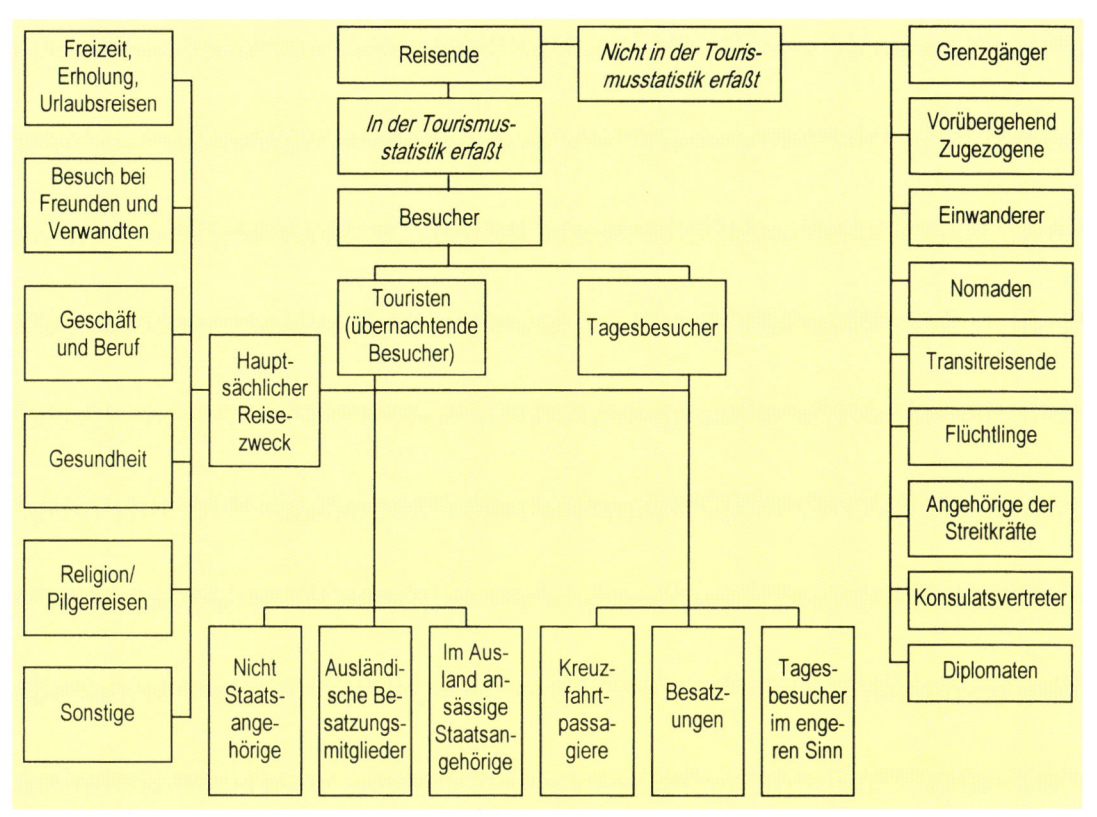

Die Tourismusdefinition der Welttourismusorganisation

Hauptsächlicher Reisezweck	In der Tourismusstatistik erfaßt (Reisende → Besucher)	Nicht in der Tourismusstatistik erfaßt
Freizeit, Erholung, Urlaubsreisen	Touristen (übernachtende Besucher): Nicht Staatsangehörige; Ausländische Besatzungsmitglieder; Im Ausland ansässige Staatsangehörige	Grenzgänger
Besuch bei Freunden und Verwandten		Vorübergehend Zugezogene
Geschäft und Beruf		Einwanderer
Gesundheit	Tagesbesucher: Kreuzfahrtpassagiere; Besatzungen; Tagesbesucher im engeren Sinn	Nomaden
Religion/Pilgerreisen		Transitreisende
Sonstige		Flüchtlinge
		Angehörige der Streitkräfte
		Konsulatsvertreter
		Diplomaten

Die Tourismusdefinition der Welttourismusorganisation (Quelle: WTO, o. Jg.)

Die zentrale Tourismusstatistik im Datenangebot des Statistischen Bundesamtes (Wiesbaden) ist heute die Statistik der Beherbergung im Reiseverkehr. Sie ist angebotsseitig ausgerichtet und erfaßt Betriebe im Inland. Sie gibt Auskunft über den Inlandstourismus, also über den Binnenreiseverkehr und den Einreiseverkehr nach den Bezeichnungen der WTO-Empfehlung.

Beherbergungsstätten, Gästebetten und Kapazitätsauslastung *)

Land / Betriebsart	1998				1999			
	Geöffnete Betriebe[1])	Angebotene Betten/Schlafgelegenheiten[1])	Durchschnittliche Auslastung		Geöffnete Betriebe[1])	Angebotene Betten/Schlafgelegenheiten[1])	Durchschnittliche Auslastung	
			aller[2])	der angebotenen			aller[2])	der angebotenen
			Betten/Schlafgelegenheiten				Betten/Schlafgelegenheiten	
	Anzahl		%		Anzahl		%	
Deutschland	54 247	2 404 688	32,2	35,2	54 040	2 430 699	33,3	36,1
			nach Ländern					
Baden-Württemberg	7 096	291 167	32,6	35,7	7 057	293 817	34,0	36,8
Bayern	14 220	551 355	32,7	34,8	14 172	552 816	34,0	35,7
Berlin	469	52 051	43,0	44,0	504	55 873	46,1	47,1
Brandenburg	1 326	71 510	27,2	30,9	1 394	73 040	28,0	31,6
Bremen	82	8 405	36,6	37,8	79	8 305	40,8	41,2
Hamburg	256	27 078	44,5	46,7	256	27 099	45,5	47,1
Hessen	3 339	177 748	31,8	36,0	3 299	177 909	33,5	37,5
Mecklenburg-Vorpommern	2 059	127 175	28,7	33,2	2 191	140 031	29,5	33,9
Niedersachsen	6 458	263 272	32,3	36,1	6 357	264 083	32,2	35,9
Nordrhein-Westfalen	5 362	257 595	35,3	37,7	5 269	258 510	36,0	38,5
Rheinland-Pfalz	3 768	152 276	30,2	31,5	3 750	153 721	31,5	32,7
Saarland	302	14 130	38,0	40,7	304	14 599	37,1	39,5
Sachsen	2 134	112 012	30,3	32,5	2 061	111 366	31,5	34,2
Sachsen-Anhalt	1 018	51 549	26,7	28,3	1 024	50 739	28,0	30,0
Schleswig-Holstein	4 904	177 321	30,5	35,9	4 827	177 277	30,6	35,7
Thüringen	1 454	70 044	27,2	31,4	1 496	71 514	31,7	34,2
Nachrichtlich:								
Früheres Bundesgebiet	46 151	1 956 607	32,9	35,8	45 744	1 965 999	33,9	36,6
Neue Länder und Berlin-Ost	8 096	448 081	28,8	32,2	8 296	464 700	30,5	33,8
			nach Betriebsarten					
Hotels	13 125	874 133	32,8	34,8	13 198	887 713	34,0	36,0
Gasthöfe	10 170	237 538	21,2	23,2	10 046	237 727	22,0	23,9
Pensionen	6 489	149 824	26,2	29,7	6 477	149 749	26,7	30,0
Hotels garnis	9 129	286 047	30,9	33,6	8 945	286 643	32,2	34,7
Zusammen	38 913	1 547 542	30,0	32,3	38 666	1 561 832	31,1	33,4
Sonstiges Beherbergungsgewerbe[3])	14 237	683 372	29,8	33,7	14 272	692 780	29,6	33,2
dar. Ferienhäuser, -wohnungen	10 010	314 934	24,9	28,4	10 048	321 551	24,5	27,8
Sanatorien, Kurkrankenhäuser	1 097	173 774	59,7	65,5	1 102	176 087	66,6	70,8

*) Beherbergungsstätten mit 9 Gästebetten und mehr.
[1]) Stand: Juli.
[2]) Angebotene und vorübergehend nicht verfügbare Gästebetten.
[3]) Ohne Campingplätze.

Quelle: Statistisches Jahrbuch für die Bundesrepublik Deutschland 2000

Neben diesen Angaben über die Beherbergungsstätten und deren Kapazitätsauslastung interessieren natürlich auch Ankünfte und Übernachtungen, und zwar nach Ländern und Betriebsarten aufgeschlüsselt:

Ankünfte und Übernachtungen in Beherbergungsstätten 1999 *)

11.14.1 Nach Ländern und Betriebsarten

Land / Betriebsart	Ankünfte insgesamt (1 000)	Veränderung zum Vorjahr (%)	Anteil (%)	Dar. von Auslandsgästen zusammen (1 000)	Veränderung zum Vorjahr (%)	Anteil (%)	Übernachtungen insgesamt (1 000)	Veränderung zum Vorjahr (%)	Anteil (%)	Dar. von Auslandsgästen zusammen (1 000)	Veränderung zum Vorjahr (%)	Anteil (%)
Deutschland	101 654,7	+ 5,6	100	16 137,1	+ 3,5	100	308 028,1	+ 4,6	100	35 730,1	+ 3,7	100
nach Ländern												
Baden-Württemberg	12 980,5	+ 4,9	12,8	2 252,2	+ 2,5	14,0	38 029,0	+ 4,6	12,3	4 888,0	+ 4,1	13,7
Bayern	21 453,4	+ 4,8	21,1	4 100,4	+ 3,8	25,4	70 882,1	+ 3,4	23,0	8 477,1	+ 3,8	23,7
Berlin	4 170,7	+ 15,8	4,1	982,2	+ 7,7	6,1	9 477,4	+ 14,6	3,1	2 553,3	+ 9,3	7,1
Brandenburg	2 780,5	+ 11,5	2,7	161,4	+ 5,9	1,0	7 856,6	+ 7,0	2,6	401,9	− 3,3	1,1
Bremen	660,7	+ 10,4	0,6	125,5	+ 2,0	0,8	1 249,3	+ 8,9	0,4	277,7	+ 6,5	0,8
Hamburg	2 611,9	+ 3,5	2,6	536,6	+ 1,3	3,3	4 654,8	+ 3,2	1,5	1 024,2	+ 2,7	2,9
Hessen	9 180,2	+ 4,9	9,0	2 300,6	+ 2,2	14,3	24 015,0	+ 5,0	7,8	4 445,9	+ 2,9	12,4
Mecklenburg-Vorpommern	3 764,5	+ 13,5	3,7	143,3	+ 11,8	0,9	15 615,9	+ 17,6	5,1	332,7	+ 11,6	0,9
Niedersachsen	9 238,4	+ 2,7	9,1	797,4	+ 3,5	4,9	32 637,1	+ 1,0	10,6	1 770,3	+ 1,2	5,0
Nordrhein-Westfalen	14 013,6	+ 3,9	13,8	2 454,9	+ 2,6	15,2	35 628,6	+ 2,5	11,6	5 649,2	+ 1,4	15,8
Rheinland-Pfalz	6 116,4	+ 6,7	6,0	1 251,2	+ 5,9	7,8	17 860,8	+ 5,5	5,8	3 535,7	+ 6,2	9,9
Saarland	625,1	+ 3,7	0,6	74,3	− 2,2	0,5	2 054,3	− 0,1	0,7	198,4	− 9,8	0,6
Sachsen	4 733,8	+ 4,4	4,7	312,2	+ 0,9	1,9	13 473,4	+ 5,3	4,4	740,4	+ 1,1	2,1
Sachsen-Anhalt	2 148,8	+ 4,4	2,1	117,7	− 5,1	0,7	5 397,2	+ 5,5	1,8	274,5	− 13,3	0,8
Schleswig-Holstein	4 207,6	+ 2,7	4,1	357,0	− 1,3	2,2	20 538,4	+ 0,3	6,7	729,0	+ 1,8	2,0
Thüringen	2 968,5	+ 12,9	2,9	170,2	+ 27,4	1,1	8 658,2	+ 11,8	2,8	431,8	+ 29,7	1,2
Nachrichtlich:												
Früheres Bundesgebiet	83 852,8	+ 4,6	82,5	14 897,0	+ 3,0	92,3	253 962,9	+ 3,3	82,4	32 719,2	+ 3,4	91,6
Neue Länder und Berlin-Ost	17 801,8	+ 10,3	17,5	1 240,1	+ 9,5	7,7	54 065,2	+ 10,9	17,6	3 010,9	+ 7,0	8,4
nach Betriebsarten												
Hotels	55 248,3	+ 6,0	54,4	10 940,9	+ 3,1	67,8	114 884,1	+ 5,5	37,3	21 588,4	+ 3,8	60,4
Gasthöfe	8 680,9	+ 4,1	8,5	1 022,3	+ 3,4	6,3	20 109,3	+ 3,6	6,5	2 192,1	+ 3,4	6,1
Pensionen	3 969,0	+ 4,8	3,9	294,4	+ 5,5	1,8	15 337,3	+ 1,7	5,0	927,4	+ 3,6	2,6
Hotels garnis	13 971,7	+ 6,1	13,8	2 706,4	+ 4,8	16,8	34 980,5	+ 4,1	11,4	6 195,9	+ 4,6	17,3
Zusammen	81 869,9	+ 5,7	80,6	14 964,0	+ 3,5	92,7	185 311,2	+ 4,7	60,2	30 903,7	+ 3,9	86,5
Sonstiges Beherbergungsgewerbe 1)	17 784,8	+ 4,2	17,5	1 159,6	+ 3,2	7,2	77 705,4	+ 1,6	25,2	4 663,4	+ 2,1	13,1
dar. Ferienhäuser, -wohnungen	3 994,4	+ 7,8	3,9	182,0	+ 7,7	1,1	29 971,3	+ 2,2	9,7	1 237,7	+ 1,3	3,5
Sanatorien, Kurkrankenhäuser	2 000,0	+ 12,2	2,0	13,6	+ 8,6	0,1	45 011,5	+ 9,8	14,6	162,9	− 0,5	0,5

*) Beherbergungsstätten mit 9 Gästebetten und mehr.   1) Ohne Campingplätze.

Statistisches Bundesamt, Stat. Jahrbuch 2000

Quelle: Statistisches Jahrbuch für die Bundesrepublik Deutschland 2000

Die Aufschlüsselung nach Ländern sagt selbstverständlich nichts über die Auslastung der einzelnen Reisegebiete aus, weswegen auch hier zur Veranschaulichung eine entsprechende Übersicht folgt:

Nach Reisegebieten

1 000

Reisegebiet	Ankünfte insgesamt	Ankünfte dar. von Auslandsgästen	Übernachtungen insgesamt	Übernachtungen dar. von Auslandsgästen	Reisegebiet	Ankünfte insgesamt	Ankünfte dar. von Auslandsgästen	Übernachtungen insgesamt	Übernachtungen dar. von Auslandsgästen
Baden-Württemberg	12 980,5	2 252,2	38 029,0	4 888,0	München mit Umgebung	4 097,8	1 583,4	8 429,6	3 336,4
Nördlicher Schwarzwald	1 675,7	252,6	5 811,6	605,3	Ammersee- und Würmsee-Gebiet	232,2	22,8	682,0	68,0
Mittlerer Schwarzwald	1 392,0	248,7	4 895,4	569,3	Bodensee-Gebiet	186,6	37,8	543,7	67,8
Südlicher Schwarzwald	1 994,9	346,4	7 324,0	816,5	Westallgäu	80,3	3,0	795,6	16,9
Weinland zwischen Rhein und Neckar	1 579,0	509,3	3 183,1	861,4	Allgäuer Alpenvorland	147,0	14,7	436,8	31,7
Neckartal – Odenwald – Madonnenländchen	249,1	19,1	921,4	45,6	Staffelsee mit Ammerhügelland	128,6	11,9	686,7	27,1
Taubertal	210,3	17,3	890,6	35,0	Inn-, Mangfallgebiet	256,8	55,6	899,9	90,4
Neckar – Hohenlohe – Schwäbischer Wald	625,1	60,8	1 465,3	133,1	Chiemsee mit Umgebung	189,2	17,3	1 164,9	50,0
Schwäbische Alb	1 645,2	206,3	3 719,0	465,7	Salzach-Hügelland	97,4	5,9	348,3	13,7
Mittlerer Neckar	2 245,3	445,7	4 372,4	1 030,6	Oberallgäu	767,9	48,3	5 107,9	243,5
Württembergisches Allgäu – Oberschwaben	462,9	41,7	2 391,6	81,3	Ostallgäu	394,4	131,9	1 915,7	201,0
Bodensee	816,8	95,8	2 735,2	228,5	Werdenfelser Land mit Ammergau	509,0	107,2	2 360,1	269,5
Hegau	84,1	8,5	319,3	15,7	Kochel- und Walchensee mit Umgebung	73,5	3,6	273,5	10,6
Bayern	21 453,4	4 100,4	70 882,1	8 477,1	Isarwinkel	129,3	8,0	782,1	24,1
Rhön	371,3	37,6	2 276,7	85,1	Tegernsee-Gebiet	213,7	12,5	1 377,5	49,8
Frankenwald	123,8	6,6	594,8	18,9	Schliersee-Gebiet	124,7	3,9	630,5	13,3
Spessart	214,4	26,6	536,2	41,4	Ober-Inntal	72,4	8,2	257,2	15,4
Würzburg mit Umgebung	428,7	75,9	696,4	119,4	Chiemgauer Alpen	373,8	20,3	2 500,4	95,9
Steigerwald	108,5	40,2	163,1	49,9	Berchtesgadener Alpen mit Reichenhaller Land	395,4	33,5	2 628,3	105,7
Fränkische Schweiz	133,2	2,5	450,7	9,1	Übriges Bayern	8 097,2	1 269,1	22 188,8	2 281,0
Fichtelgebirge mit Steinwald	201,4	8,4	796,2	22,9	**Berlin**	4 170,7	982,2	9 477,4	2 553,3
Nürnberg mit Umgebung	1 335,2	323,1	2 542,0	663,4	**Brandenburg**	2 780,5	161,4	7 856,6	401,9
Oberpfälzer Wald	172,8	6,4	745,8	15,1	Prignitz	90,9	3,8	287,5	8,6
Oberes Altmühltal	166,9	15,1	393,0	25,4	Ruppiner Land	296,5	15,2	820,1	30,7
Unteres Altmühltal	242,3	33,4	516,3	43,0	Uckermark	183,1	5,0	606,6	11,5
Bayerischer Wald	1 036,8	37,6	6 540,0	211,8	Barnim	198,7	5,7	739,6	15,8
Augsburg mit Umgebung	350,9	88,2	621,4	159,5	Märkische Schweiz – Oderbruch	182,5	18,4	667,4	43,0

*) Beherbergungsstätten mit 9 Gästebetten und mehr.
1) Veränderung zum Vorjahr.
2) Deutschland und Ausland: Anteil am »Insgesamt«; sonstige Länder: Anteil am »Ausland«.

Statistisches Bundesamt, Stat. Jahrbuch 2000

Quelle: Statistisches Jahrbuch für die Bundesrepublik Deutschland 2000

Schließlich ist noch interessant, woher die Gäste kommen:

Ankünfte und Übernachtungen in Beherbergungsstätten 1999 *)

Nach dem Herkunftsland der Gäste

Herkunftsland der Gäste (ständiger Wohnsitz, nicht Staatsangehörigkeit)	Deutschland Ankünfte 1 000	Deutschland Ankünfte % 1)	Deutschland Übernachtungen 1 000	Deutschland Übernachtungen % 1)	Deutschland Übernachtungen % 2)	Früheres Bundesgebiet Ankünfte 1 000	Früheres Bundesgebiet Übernachtungen 1 000	Früheres Bundesgebiet Übernachtungen % 2)	Neue Länder und Berlin-Ost Ankünfte 1 000	Neue Länder und Berlin-Ost Übernachtungen 1 000	Neue Länder und Berlin-Ost Übernachtungen % 2)
Deutschland	85 517,6	+ 6,0	272 298,0	+ 4,7	88,4	68 955,9	221 243,8	87,1	16 561,7	51 054,2	94,4
Ausland	16 137,1	+ 3,5	35 730,1	+ 3,7	11,6	14 897,0	32 719,2	12,9	1 240,1	3 010,9	5,6
Europa	11 446,3	+ 4,1	25 777,2	+ 4,0	72,1	10 497,2	23 466,9	71,7	949,1	2 310,4	76,7
darunter:											
Belgien	631,8	+ 2,7	1 509,1	+ 2,5	4,2	594,8	1 425,5	4,4	37,0	83,6	2,8
Dänemark	653,3	+ 4,4	1 219,3	+ 5,2	3,4	559,2	1 042,4	3,2	94,0	176,8	5,9
Frankreich	824,1	+ 2,5	1 649,3	+ 2,1	4,6	766,2	1 517,1	4,6	57,9	132,2	4,4
Griechenland	100,5	+ 4,1	268,9	+ 4,9	0,8	94,9	254,0	0,8	5,6	14,8	0,5
Großbritannien und Nordirland	1 598,8	+ 4,8	3 383,2	+ 4,8	9,5	1 517,3	3 186,6	9,7	81,5	196,7	6,5
Irland	55,7	+ 15,1	137,8	+ 16,8	0,4	52,3	128,5	0,4	3,4	9,4	0,3
Italien	998,6	+ 8,2	2 090,6	+ 9,2	5,9	935,5	1 930,3	5,9	63,1	160,2	5,3
Luxemburg	91,6	+ 7,6	244,8	+ 8,7	0,7	84,7	228,5	0,7	6,9	16,3	0,5
Niederlande	1 923,1	+ 5,4	5 269,3	+ 4,2	14,7	1 801,3	4 960,9	15,2	121,7	308,4	10,2
Norwegen	229,6	− 1,0	394,7	− 1,0	1,1	202,7	348,1	1,1	27,1	46,6	1,5
Österreich	723,5	+ 7,5	1 573,0	+ 8,3	4,4	657,3	1 395,2	4,3	66,2	177,7	5,9
Polen	311,1	+ 1,2	878,5	− 0,3	2,5	261,1	714,0	2,2	50,1	164,5	5,5
Portugal	77,9	+ 1,0	198,6	− 6,5	0,6	72,4	181,6	0,6	5,5	17,2	0,6
Russische Föderation	194,9	− 17,7	601,7	− 14,2	1,7	164,0	474,3	1,4	30,9	127,4	4,2
Schweden	684,3	+ 4,4	1 140,0	+ 4,3	3,2	587,7	976,5	3,0	96,6	163,4	5,4
Schweiz	954,9	+ 6,8	1 906,3	+ 6,1	5,3	880,6	1 730,7	5,3	74,3	175,6	5,8
Spanien	399,2	+ 5,0	850,8	+ 6,3	2,4	373,2	787,6	2,4	26,0	63,2	2,1
Tschechische Republik	188,0	+ 0,6	473,5	+ 6,2	1,3	163,5	404,9	1,2	24,5	68,6	2,3
Ungarn	143,1	+ 2,4	381,0	+ 5,0	1,1	132,1	349,9	1,1	10,9	31,2	1,0
Afrika	138,7	+ 3,7	393,4	+ 7,3	1,1	132,1	371,8	1,1	6,6	21,5	0,7
Amerika	2 386,9	+ 2,1	5 183,6	+ 4,2	14,5	2 260,4	4 857,2	14,8	126,5	326,4	10,8
darunter:											
Kanada	151,1	+ 3,6	325,7	+ 4,2	0,9	140,5	296,0	0,9	10,6	29,6	1,0
Vereinigte Staaten	2 016,5	+ 3,1	4 315,6	+ 6,1	12,1	1 913,5	4 051,4	12,4	103,0	264,2	8,8
Asien	1 616,4	+ 4,3	3 300,5	+ 3,3	9,2	1 525,1	3 091,9	9,4	91,3	208,6	6,9
dar. Japan	818,0	+ 0,5	1 346,2	+ 1,1	3,8	763,9	1 240,7	3,8	54,1	105,5	3,5
Australien und Ozeanien	137,8	− 8,6	298,2	− 4,6	0,8	126,7	269,2	0,8	11,1	28,9	1,0
Nicht näher bezeichnetes Ausland	411,0	− 3,6	777,2	− 5,5	2,2	355,5	662,2	2,0	55,5	115,0	3,8
Insgesamt	101 654,7	+ 5,6	308 028,1	+ 4,6	100	83 852,8	253 962,9	100	17 801,8	54 065,2	100

Quelle: Statistisches Jahrbuch für die Bundesrepublik Deutschland 2000

Darüber hinaus versorgt uns das Statistische Bundesamt noch mit den sogenannten Verkehrsstatistiken, und zwar zu folgenden Bereichen:

- Luftfahrtstatistik
- Statistiken des Straßenverkehrs
- Eisenbahnstatistik und
- Binnenschiffahrtsstatistik

Interessant für den Tourismus dürfte davon die Luftfahrtstatistik sein, von der wir hier zwei informative Beispiele bringen:

Verkehr auf Flugplätzen 1999

Flugplatz	Land	Gestartete Flugzeuge insgesamt[1]	dar. im gewerblichen Verkehr	Fluggäste[2] Zusteiger[3]	Aussteiger	Durchgang[4]	Fracht[2] Einladung[3]	Ausladung	Durchgang[4]	Post[2] Einladung[3]	Ausladung	Durchgang[4]
		1 000					t					
Stuttgart	BW	71	59	3 781	3 787	95	9 267	11 012	198	8 652	7 399	2 552
München	BY	148	138	10 507	10 476	231	62 392	52 496	9 082	11 951	11 332	105
Nürnberg	BY	42	31	1 352	1 327	82	8 681	8 995	3 011	3 747	3 519	1
Berlin-Tegel	BE	62	59	4 761	4 754	62	6 693	8 554	528	6 211	9 753	15
Berlin-Tempelhof	BE	23	17	417	420	3	77	66	–	–	0	–
Berlin-Schönefeld	BB	22	14	919	899	72	4 870	5 449	2 634	244	303	11
Bremen	HB	25	19	913	910	21	755	1 810	0	1 815	2 746	–
Hamburg	HH	79	65	4 682	4 658	79	16 797	18 659	191	8 630	8 418	11
Frankfurt am Main	HE	218	213	22 599	22 750	423	736 495	662 908	23 241	68 754	65 497	4 577
Hannover	NI	48	39	2 472	2 505	78	3 277	2 617	1 602	4 034	4 371	0
Düsseldorf	NW	95	89	7 908	7 906	68	34 723	26 138	886	105	168	1
Köln/Bonn	NW	74	65	2 933	2 949	78	195 219	191 889	5 249	11 297	8 376	102
Münster/Osnabrück	NW	26	18	743	724	70	142	492	6	1 442	1 907	0
Saarbrücken	SL	17	7	205	199	36	90	197	1	–	0	–
Dresden	SN	21	17	852	821	40	506	660	4	1 815	4 425	–
Leipzig	SN	24	20	1 036	1 001	83	2 981	3 313	1 331	1 985	3 715	757
Erfurt	TH	9	5	168	164	21	7	61	1	–	–	–
Übrige Flugplätze	–	3 437	638	1 899	1 879	96	34	88	114	2 423	2 867	100
Insgesamt		**4 441**	**1 413**	**68 147**	**68 129**	**1 638**	**1 083 005**	**995 405**	**48 079**	**133 106**	**133 796**	**8 233**

[1] Einschl. Starts mit Segel- und Ultraleichtflugzeugen.
[2] Nur gewerblicher Verkehr.
[3] Einschl. Mehrfachzählungen des Umsteige- bzw. Umladeverkehrs.
[4] Die auf der gleichen Strecke angekommenen und wieder abgegangenen Fluggäste sowie Fracht- und Postmengen; einschl. Mehrfachzählungen.

Starts im grenzüberschreitenden Verkehr mit Luftfahrzeugen nach Ländern *)

Land	1998	1999	Land	1998	1999	Land	1998	1999
Europa	**445 895**	**473 016**	Ehem. Tschechoslowakei	6 711	7 442	Vereinigte Staaten	18 156	18 951
Belgien	18 678	20 066	Türkei	27 963	23 995	Übrige Länder	1 033	1 274
Bulgarien	2 504	2 799	Ungarn	6 678	7 155	**Asien, Australien und Ozeanien**	**17 305**	**20 176**
Dänemark	14 196	14 098	Übrige Länder	6 207	6 655	China[2]	983	1 090
Finnland	6 618	6 341	**Afrika**	**14 066**	**17 235**	Hongkong[3]	726	777
Frankreich	44 482	48 321	Ägypten	2 720	4 630	Bahrain	159	103
Griechenland	16 461	18 655	Algerien	199	204	Indien	1 336	1 274
Großbritannien und Nordirland	51 197	55 298	Kenia	503	504	Iran, Islam. Republik	514	471
Irland	2 795	2 956	Marokko	1 764	1 814	Israel	2 097	2 349
Italien	40 097	45 745	Südafrika	764	787	Japan	1 709	1 853
Jugoslawien[1]	6 627	6 533	Tunesien	6 719	7 783	Kuwait	504	410
Luxemburg	3 407	3 545	Übrige Länder	1 397	1 513	Pakistan	195	111
Niederlande	24 377	24 012	**Amerika**	**24 968**	**26 561**	Saudi-Arabien	596	649
Norwegen	3 751	4 300	Argentinien	245	297	Singapur	1 169	1 414
Österreich	25 775	26 226	Brasilien	1 006	1 144	Syrien, Arab. Republik	410	439
Polen	10 120	10 617	Dominik. Republik	1 428	1 681	Thailand	1 609	1 502
Portugal	8 140	8 621	Kanada	2 269	2 294	Vereinigte Arab. Emirate	2 006	2 321
Schweden	9 127	10 228	Mexiko	647	652	Übrige Länder	3 292	5 413
Schweiz	38 530	42 201	Venezuela	184	268	**Insgesamt**	**502 234**	**536 988**
Ehem. Sowjetunion	15 637	13 309						
Spanien	55 797	63 898						

*) Nur gewerblicher Verkehr. Bei sich über mehrere Flughäfen erstreckenden Flügen wird das Land des ersten Zielflughafens nachgewiesen.
[1] Einschl. Kroatien, Slowenien, Bosnien und Herzegowina sowie Mazedonien, die seit 1992 bzw. 1993 selbständige Staaten sind.
[2] Ohne Taiwan.
[3] Seit dem 1.7.1997 in die Volksrepublik China als »Special Administrative Region« (Sonderverwaltungsregion) eingegliedert.

Statistisches Bundesamt, Stat. Jahrbuch 2000

Quelle: Statistisches Jahrbuch für die Bundesrepublik Deutschland 2000

1.3.2 Reiseanalyse

Von 1970 bis 1992 wurde die Reiseanalyse[23] von dem Studienkreis für Tourismus e.V. (StfT) durchgeführt, seit 1993/94 von der Forschungsgemeinschaft Urlaub und Reisen e. V. (F.U.R) in Hamburg.

Wenn auch die Daten der Reiseanalyse (im folgenden „RA" abgekürzt) nicht immer allen Anforderungen gerecht werden können, so werden sie doch in der touristischen Diskussion in Deutschland so wie Angaben der amtlichen Statistik verwendet.

Die **wichtigsten Kennziffern zur Charakterisierung des deutschen Reiseverhaltens** wollen wir uns nun einmal anhand der Daten von 1999 ansehen, die in der Reiseanalyse 2000 (erschienen im Oktober 2000) veröffentlicht worden sind. Dazu muß allerdings zunächst etwas über den Gegenstand der Untersuchung der „RA 2000" gesagt werden.[24] Die folgende Abbildung gibt einen **Überblick über den Gegenstand und eine Abgrenzung der Untersuchung**:

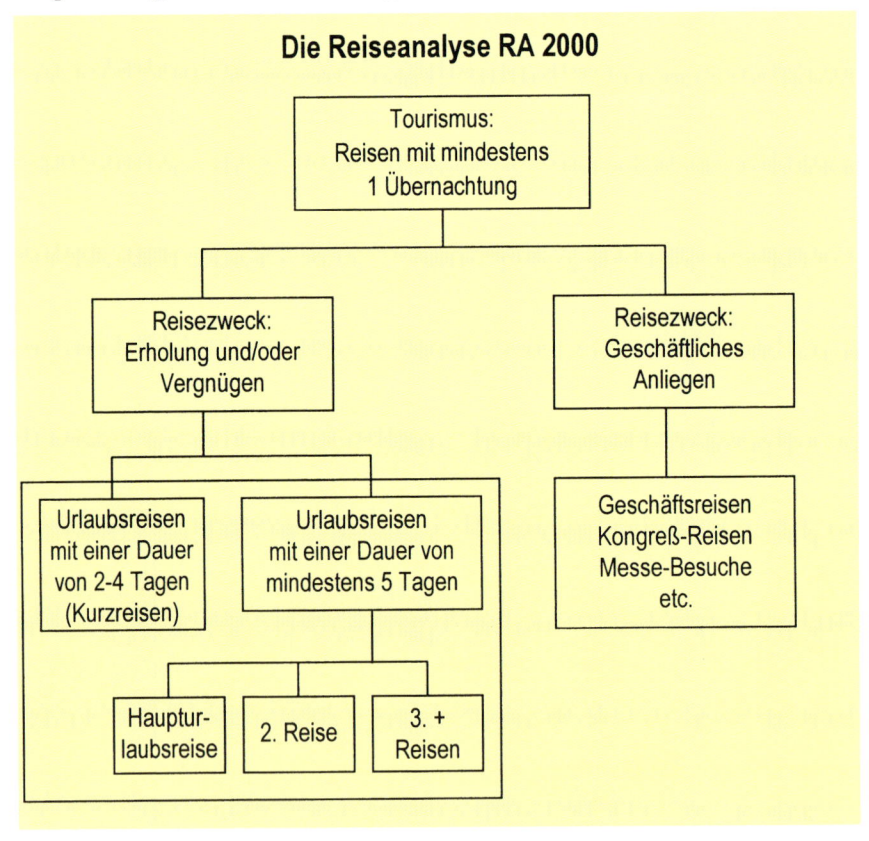

Die Reiseanalyse RA 2000

```
                    Tourismus:
                Reisen mit mindestens
                   1 Übernachtung
                         │
          ┌──────────────┴──────────────┐
    Reisezweck:                    Reisezweck:
  Erholung und/oder               Geschäftliches
     Vergnügen                       Anliegen
          │
   ┌──────┴──────┐                Geschäftsreisen
Urlaubsreisen  Urlaubsreisen       Kongreß-Reisen
mit einer Dauer mit einer Dauer von Messe-Besuche
von 2-4 Tagen   mindestens 5 Tagen      etc.
(Kurzreisen)          │
              ┌───────┼───────┐
          Hauptur-  2. Reise  3. +
         laubsreise           Reisen
```

---

[23] Vgl. StfT sowie F.U.R. „verschiedene Reiseanalysen" bzw. Freyer, Walter. Tourismus. a.a.O.
[24] Vgl. F.U.R. Reiseanalyse 2000.

Wie aus der Übersicht hervorgeht, beschäftigt sich die RA 2000 nur mit jenen **Reisen, die aus nicht-geschäftlichen Gründen unternommen werden**, also Reisen, die gemeinhin als **Urlaubsreisen** bezeichnet werden und erholungsmäßigen, vergnügungsmäßigen oder anderen, nicht geschäftlichen Zwecken dienen. Besuchsreisen zu Verwandten und Bekannten, die keinen Urlaubscharakter haben, und Kuraufenthalte, die ausschließlich der Heilung von Krankheiten dienen, werden in dieser Untersuchung nicht als Urlaubsreisen angesehen, da sie von den Befragten nicht als solche empfunden werden. Sie sind deshalb nicht Gegenstand der Untersuchung.

Wir sehen also, daß wir bei den Urlaubsreisen zwischen **Kurzurlaubs- und Urlaubsreisen** unterscheiden müssen.

Merksatz: Unter Urlaubsreisen im eigentlichen Sinne werden ausschließlich solche Reisen verstanden, die mindestens 5 Tage, d. h. 4 Übernachtungen dauern.

1.3.2.1 Urlaubsreise-Intensität

Eine der wichtigsten Kennziffern zur Beschreibung der Entwicklung des Urlaubsreisemarktes ist die sogenannte **Urlaubsreise-Intensität**. Man versteht darunter den Anteil der erwachsenen Bevölkerung ab 14 Jahren, der **pro Jahr mindestens eine Urlaubsreise von mindestens 5 Tagen Dauer** unternimmt.

Aus der nachfolgenden Graphik[25] können Sie leicht erkennen, wie sich die Reiseintensität ab 1954 entwickelt hat.

Die Reiseanalyse RA 2000

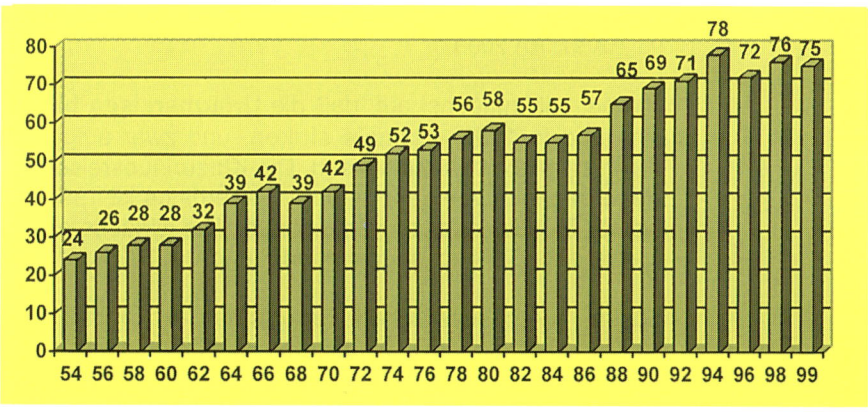

Entwicklung der Urlaubsreise-Intensität 1954-1999

Jahr	54	56	58	60	62	64	66	68	70	72	74	76	78	80	82	84	86	88	90	92	94	96	98	99
%	24	26	28	28	32	39	42	39	42	49	52	53	56	58	55	55	57	65	69	71	78	72	76	75

---

[25] Quelle: 1954-1969 diverse Untersuchungen; 1970-1992: Reiseanalysen des StfT; 1993+1994: U+R 94 und U+R 95; 1995 bis 1999: RA 2000.

Waren es damals nur 24%, die eine Urlaubsreise unternahmen, so sind es 1994 78% gewesen. Eine eindrucksvolle **Steigerung**! Natürlich gab es auf dem Weg nach oben auch leichte Rückgänge oder Stagnationen (wie z. B. 1980/82); aber das irritiert keinesfalls den Trend.

Im Jahre 1996 allerdings betrug die Urlaubsreise-Intensität nur 72% und ist damit deutlich zurückgegangen. Aber bereits in 1998 stieg sie wieder auf 76% an und beträgt 1999 ca. 75%.
Die deutsche Urlaubsreise-Intensität liegt im europäischen Vergleich an der Spitze; lediglich die Schweiz und Dänemark erreichen ebenfalls Werte, die leicht über 70% liegen.

Interessant kann es darüber hinaus sein, den **Einfluß soziodemographischer Faktoren auf die Urlaubsreise-Intensität** zu untersuchen, d. h. festzustellen, welche unterschiedlichen Einflüsse auf die Intensität sich durch Alter, Einkommen, Schulbildung etc. ergeben können. Das allerdings würde den Rahmen unserer kurzen Darstellung sprengen. Wir befassen uns vielmehr nachfolgend mit der Diskussion des gesamten deutschen **Urlaubsreisemarktes**.

1.3.2.2 Anzahl der Urlaubsreisen

Die Reiseanalyse RA 2000						
Dimension des gesamten Urlaubsreisemarktes 1992 - 1999 (in Mio.)						
	1992	1994	1995	1996	1998	1999
Urlaubsreisen						
Haupt-Urlaubsreisen	44,7	49,0	49,0	45,3	48,5	48,0
zusätzliche Urlaubsreisen	12,9	18,2	15,5	15,9	14,9	14,6
Urlaubsreisen insgesamt	**57,6**	**67,2**	**64,5**	**61,2**	**63,4**	**62,6**
Kurzurlaubsreisen insgesamt	48,2	59,5	50,7	57,6	48,5	53,8

Quelle: 1991 + 1992: Reiseanalysen 1991 + 1992 des StfT; U+R 94; U+R 95; RA 96; RA 97; RA 2000

Hierbei fällt zunächst auf, daß die **Urlaubsreisen bis 1994 angestiegen** sind und **in 1995 erstmals sinken**, und zwar aufgrund des Rückgangs der zusätzlichen Urlaubsreisen. Die Kurzurlaubsreisen schwanken in ihrer Höhe dagegen von Jahr zu Jahr... Allerdings ist 1998 bereits wieder eine kleine Trendwende zu verzeichnen: Die Urlaubsreisen insgesamt sind wieder auf 63,4 Mio. angestiegen, um dann 1999 auf 62,6 Mio. zu sinken.

Für die zwischenzeitlichen Rückgänge der Haupt-Urlaubsreisen, der zusätzlichen Urlaubsreisen und der Kurzurlaubsreisen gibt es eine Erklärung, nämlich die jeweilige **Einschätzung der wirtschaftlichen Lage**. Gönnt sich der Urlauber nach wie vor insbesondere seine Haupt-Urlaubsreise, so überlegt er von Jahr zu Jahr, ob er sich darüber hinausgehende Reisen erlauben kann. Hier wird erstmals deutlich, daß sich die Reiseveranstalter aus den **Analysedaten** mit Erkenntnissen versorgen können, die **Grundlage für die zukünftige Planung** sein sollten. Dazu gehören auch Informationen über die Wahl der Reiseziele.

1.3.2.3 Reiseziele

Hier interessiert es uns zunächst einmal, ob die **Reiseziele der Haupt-Urlaubsreisen** mehr ins **Inland oder Ausland** gehen.

Die Reiseanalyse RA 2000		
Entwicklung der In- und Auslandsreise-Anteile der Haupt-Urlaubsreisen 1954-1999 (in %)[26]		
Jahr	Inland (%)	Ausland (%)
54	85	15
56	80	20
58	73	27
60	69	31
62	60	40
64	57	43
66	52	48
68	49	51
70	46	54
72	43	57
74	42	58
76	42	58
78	39	61
80	38	62
82	39	61
84	34	66
86	34	66
88	30	70
90	40	60
92	34	66
94	32	68
96	27	73
98	27	73
99	27	73

Quelle: 1954-1969: diverse Untersuchungen; 1979-1992: Reiseanalysen des StfT; 1993 + 1994: U+R 94 und U+R 95; RA 96; RA 97; RA 2000

Die vorstehende Graphik[27] zeigt eindrucksvoll die **gewaltige Umstrukturierung** von 1954 zu 1999. War das Verhältnis Inlands- zu Auslandszielen damals (1954) 85 : 15, so beträgt es heute (1999) – fast umgekehrt – 27 : 73.

---

[26] Anm.: die Zeitreihe umfaßt nur die Haupt-Urlaubsreisen der entsprechenden Jahre; bis 1989 nur Reisen aus dem ABL, ab 1990 Reisen aus dem ABL und NBL; die Angaben in der Spalte „Inland" umfassen bis 1989 das Gebiet der früheren BRD, ab 1990 Ziele in den ABL und NBL

[27] F.U.R. RA 97/2000.

Hier ist eine erste Bestätigung z. B. für die Theorie der Reisemotive in Kapitel 1.1 zu finden: Zwei der **grundlegenden Motive des modernen Tourismus**, nämlich das **„weg-vom-Alltag"** und das **„hin-zu-etwas-Neuem"** lassen sich besonders gut im Ausland – in einer ungewohnten Umgebung – realisieren.

An dieser Stelle darf jedoch eine **Darstellung der beliebtesten Reiseziele der Deutschen** nicht fehlen. Die folgende Graphik[28] zeigt die beliebtesten Reiseziele für Inland und Ausland für die Jahre 1995 und 1999.

Die Reiseanalyse RA 2000				
Die beliebtesten Reiseziele der Deutschen ins Inland/Ausland 1995 und 1999 (in % und Mio.) - sämtliche Reisen -				
Reiseziel	1995 %	1999 %	1995 Mio.	1999 Mio.
Reisen insgesamt (in Mio.)			64,5	62,6
Deutschland:				
1. Bayern	8,6	7,1	5,5	4,4
2. Schleswig-Holstein	5,3	3,8	3,4	2,4
3. Baden-Württemberg	3,6	3,4	2,3	2,1
4. Niedersachsen	3,5	3,5	2,3	2,2
5. Mecklenburg-Vorpommern	3,5	3,7	2,3	2,3
6. Nordrhein-Westfalen	2,1	1,5	1,4	0,9
7. Rheinland-Pfalz/Saarland	1,4	1,2	0,9	0,8
8. Sachsen	1,3	1,2	0,8	0,8
9. Hessen	1,3	0,6	0,8	0,4
Ausland:				
1. Spanien	12,6	14,7	8,1	9,2
2. Italien	8,3	9,6	5,4	6,0
3. Österreich	7,3	7,4	4,7	4,6
4. Frankreich	4,3	3,8	2,8	2,4
5. Griechenland	3,8	4,0	2,5	2,5
6. Niederlande	2,2	2,5	1,4	1,6
7. Dänemark	2,1	1,7	1,4	1,1
8. Schweiz	1,9	1,8	1,2	1,1
9. Ungarn	2,1	2,0	1,4	1,3
Ländergruppen:				
Außereuropäische Länder	11,4	13,1	7,4	8,2
Türkei	2,6	3,2	1,7	2,0
Fernreisen	6,9	6,8	4,5	4,3
hiervon: Nord-Amerika	1,7	2,6	1,1	1,6
hiervon: Karibik/Süd-/Mittel-Amerika	–	2,0	–	1,3
hiervon: Asien	–	1,8	–	1,1

---

[28] F.U.R. RA 96 (sämtl. Reisen); RA 97 (sämtl. Reisen); RA 2000

1.3.2.4 Zeitpunkt der Urlaubsreise

Hier können wir uns vielleicht auf eine Aussage einigen, nämlich: **In den letzten Jahren hat sich bezüglich des Zeitpunktes der Urlaubsreise kaum etwas geändert.** Wie die folgende Graphik zeigt, reisten 1995 = 51% und 1999 = 49% der Urlaubsreisenden in den Monaten **Juni**, **Juli** und **August**.

Die Reiseanalyse RA 2000	
Zeitpunkt des Reiseantritts der Urlaubsreisen 1995 und 1999 (sämtl. Reisen) in %	
1995	1999
Reisen in Mio. 64,5	62,6
%	%
Januar 3	3
Februar 3	3
März 3	3
April 6	6
Mai 10	10
Juni 12	11
Juli 21	18
August 18	20
September 13	13
Oktober 6	7
November 2	2
Dezember 4	3

F.U.R. RA 96; RA 97; RA 2000

1.3.2.5 Reiseverkehrsmittel

War direkt nach dem 2. Weltkrieg einmal die Bahn das beliebteste Verkehrsmittel der Haupt-Urlaubsreise, so hat diese Rolle seit Anfang der 60er Jahre der PKW übernommen. Seit Beginn der 90er Jahre ist der Anteil des PKW erstmals unter 50% gesunken, was durch die **kontinuierliche Ausweitung des Flugverkehrs** zu erklären ist. Zur Veranschaulichung eine weitere Graphik:

Die Reiseanalyse RA 2000					
Verkehrsmittel der Haupt-Urlaubsreisen 1970-1999 (in %)					
Jahr	PKW	Flugzeug	Bus	Bahn	Sonstige
1954	19	0	17	56	8
1960	38	1	16	42	3
1964	53	3	10	34	0
1970	61	8	7	24	0
1972	57	13	6	23	1
1974	58	12	7	20	3
1976	64	12	6	17	1
1978	60	14	7	17	2
1980	59	16	8	16	1
1982	59	16	9	14	2
1984	60	18	8	11	3
1986	62	19	9	9	1
1988	57	22	10	10	1
1990	59	20	8	12	1
1992	55	26	11	7	1
1994	50	31	10	7	1
1996	49	34	9	6	2
1998	48	35	9	6	2
1999	47	37	9	6	2

Quelle: 1954-1969: diverse Untersuchungen; 1970-1992:Reiseanalysen des StfT; 1994: U+R 95; 1996: RA 97/2000; bis 1998 nur ABL, ab 1990 ABL + NBL

Anmerkung: PKW auch einschließlich Wohnmobil, Wohnwagen und Kleinbus

1.3.2.6 Organisationsform der Urlaubsreise

Etwa 60% der Urlaubsreisen werden mehr oder weniger **selbständig** durchgeführt. Die **Pauschalreisen** machen derzeit 30% der Urlaubsreisen aus, und 15% der Urlaubsreisen werden mit sonstiger Hilfe von **Reisebüros** organisiert. Anhand der folgenden Graphik können Sie das deutlich erkennen.

Die Reiseanalyse RA 2000		
Organisation der Urlaubsreisen 1995 und 1999 (sämtliche Urlaubsreisen in %)		
	1995	1999
Reisen in Mio.	64,5	62,6
	%	%
Pauschalreise	24	30
sonst. Reisebüro	16	15
direkt beim Hotel/Vermieter	30	26
nichts im voraus gebucht	30	30

F.U.R. RA 96; RA 97; RA 2000

Hierbei ergeben sich natürlich auch immer **Verschiebungen**. Diese können darauf beruhen, daß die Deutschen immer **reiseerfahrener** werden, oder daß die **direkt buchbaren** Ferienwohnungen/-häuser zugenommen haben...

1.3.2.7 Reiseausgaben

Da sich die Interviewten bei der Befragung häufig nicht mehr exakt an die Kosten für die im Vorjahr durchgeführten Reisen erinnerten, muß man die folgende Tabelle unter Vorbehalt sehen; die **Ergebnisse** stellen somit **globale Schätzwerte** dar.

Die Reiseanalyse RA 2000			
Reiseausgaben "pro Person" (sämtliche Urlaubsreisen) 1999 (%)			
Reiseausgaben	pro Person		
	Gesamt	West	Ost
	%	%	%
EUR 250	13	12	16
EUR 250 - 500	27	25	32
EUR 500 - 750	24	23	25
EUR 750 - 1000	15	16	11
EUR 1000 - 1500	14	15	10
EUR 1500 +	9	10	5
Durchschnitt in EUR	1.423	1.486	1.178

F.U.R. RA 2000 (umgerechnet in EURO)

Gemäß Lohmann[29] bietet die RA hervorragende Voraussetzungen zur Marktsegmentierung nach fast allen denkbaren Kriterien. Wir werden darauf in Kapitel 3 (Marketing) noch zurückkommen.

1.3.3 Europäischer Reise-Monitor

Im Jahre 1988 wurde der European Travel Monitor[30] ins Leben gerufen, um verläßliche und aussagekräftige Daten über die Reisetätigkeit der Europäer zu erhalten. Es geht dabei um eine zeitnahe Erfassung aller Reisen, und zwar unabhängig von Reiseanlaß mit mindestens einer Übernachtung außerhalb der ständigen Wohnortes. Es werden daher neben Urlaubsreisen auch alle Arten von Geschäftsreisen sowie Verwandten- und Bekanntenbesuche und sonstige Privatreisen erfaßt. Nicht erfaßt werden Reisen von Pendlern oder Studentenaufenthalte von mehr als 3 Monaten. Thematischer Schwerpunkt des European Travel Monitor sind Auslandsreisen. Im einzelnen werden Daten zu folgenden Themen erhoben:

---

[29] Lohmann, M.. „Die Reiseanalyse" in: *Tourismus Management*, Verlag de Gruyter, a.a.O.

[30] Vgl. auch Freitag, Rolf D.. „Der Europäische Reisemonitor" in: *Tourismus-Management*, Verlag de Gruyter, a.a.O.

- **Marktvolumen**
  Zahl der Reisen (= Reisevolumen)
  Zahl der Übernachtungen (= Übernachtungsvolumen)
  Reiseintensität (= Anteil der Bevölkerung, der mindestens eine Reise gemacht hat)
  Reisefrequenz (= Reisehäufigkeit, also die durchschnittliche Zahl der Reisen pro Reisenden)

- **Absatzvolumen**
  Zahl der Reisen und Übernachtungen pro Herkunftsmarkt und Herkunftsregion
  Zahl der Reisen und Übernachtungen pro Zielland
  Marktanteile bezüglich Reisen, Übernachtungen, Ausgaben pro Herkunftsland/-region und Zielland

- **Umsatzvolumen**
  Marktumsatz
  Ausgaben pro Reise
  Ausgaben pro Übernachtung
  Umsatzanteil für alle Segmente

- **Reiseanlaß**
  Urlaub (z. B. Sun & Beach-Urlaub, Rundreise, Ski-, Gesundheits-, Sporturlaub)
  Geschäftsreise (z. B. zu Konferenz/Kongreß/Tagung, zu Messe/Ausstellung)
  Sonstige Anlässe privater Reisen (z. B. Reisen mit dem Ziel, Verwandte und Bekannte zu besuchen)

- **Urlaubsinhalte/-benefits**
  Sun and Beach-Benefits
  Rundreise-Benefits
  Städtereise-Benefits
  Schneeurlaubs-Benefits
  Sommersporturlaubs-Benefits
  Benefits im Gesundheitsurlaub
  Benefits der Sommer-Bergerholung
  Benefits der Ländlichen Erholung
  etc.

- **Verkehrsmittel**
  PKW (eigener/gemieteter)
  Flugzeug (Charter, Linie)
  Bahn
  Bus
  Schiff (Fähre, Kreuzfahrtschiff, eigenes Boot)
  Kombinationen

- **Unterkunft**
  Hotel (gehobene, mittlere, einfache Kategorie)
  Ferienwohnung (eigene/gemietete)
  Privatzimmer
  Camping
  Schiff
  Jugendherberge
  privat bei Bekannten/Verwandten

- **Organisation der Reise**
  Pauschalreise
  Buchung von Teilleistungen wie Flug, Unterkunft etc. vor Reiseantritt in einem Reisebüro
  Buchung von Teilleistungen wie Flug, Unterkunft etc. direkt bei der Fluglinie, beim Hotel oder bei der Pension etc. (*nicht* im Reisebüro)
  Keine Buchung vor Reiseantritt getätigt

- **Reiseabsichten**
  in den nächsten 12 Monaten
  in den nächsten drei Jahren

- **Saison**
  Reisemonate
  Hauptsaison, Nebensaison

- **Dauer der Reise**
  Kurzreisen (1-3 Nächte)
  längere Reisen (4 Nächte und mehr)
  durchschnittliche Dauer der Reisen

- **Zielgruppenmerkmale**
  Alter
  Geschlecht
  Wohnortgröße
  Haushaltsgröße
  Kinder unter 15 Jahren im Haushalt
  Soziale Schicht
  Lebenszyklus
  Einkommen
  Schulbildung
  Herkunftsregion
  etc.

Nachdem der EUROPEAN TRAVEL MONITOR bereits für die Kalenderjahre 1988 - 1995 durchgeführt wurde und sich nun im neunten Erhebungsjahr befindet, sind bezüglich der oben dargestellten Themen auch Aussagen über den Trend möglich: Dynamik der einzelnen Markt- und Absatzvolumina, Trends in einzelnen Teilmärkten, Veränderungen bei der Wahl der Unterkunft oder des Verkehrsmittels, Zielgruppenveränderungen und Aufspüren von wachsenden und schrumpfenden Segmenten.

Um ein Beispiel für die erarbeiteten Tabellen zu geben, folgt ein Ausschnitt, der zeigt, welche Verkehrsmittel die Europäer auf ihren Auslandsreisen benutzt haben:

Outgoing Report: all Europe, Period Jan.-Dec. 1990*

Transport used	Total	Purpose of trip			
	All Trips Abroud	Short Holiday (1-3 N)	Long Holiday (4 + N)	VFR** (1 + N)	Business (1 + N)
	238.299 100%	33.756 100%	131.697 100%	15.816 100%	36.227 100%
Private car	105.255 45%	16.977 51%	58.251 44%	9.478 60%	13.727 38%
Rental car	5.904 2%	328 1%	3.701 3%	269 2%	1.399 4%
Plane-charter	32.317 14%	949 3%	26.948 21%	834 5%	2.313 6%
Plane-scheduled	46.099 19%	1.945 6%	24.906 19%	2.433 15%	14.493 40%
Train	24.960 11%	3.377 10%	12.375 9%	3.215 20%	3.363 9%
Coach/bus	46.006 19%	9.298 28%	25.041 19%	1.528 10%	3.820 11%
Ship-ferry	17.968 8%	4.090 12%	8.780 7%	561 4%	2.536 7%
Ship-cruise	5.621 2%	1.155 3%	3.292 3%	241 2%	534 1%

Note: 000's are grossed up estimates of adult (15 years and older).
Percentages based on number of answers. A maximum of two answers is possible.
*neuere Zahlen waren nicht greifbar
**VFR = Visiting Friends and Relatives

Quelle: European Travel Monitor (Bd.1), 1990, S.116.

Insgesamt haben die West- und Osteuropäer in 1990 238,3 Mio. Auslandreisen in alle Welt durchgeführt.

- Bei 45% dieser Reisen wurde z. B. der private PKW und bei 33% das Flugzeug genutzt (14% Charterflüge und 19% Linienflüge).
- Die Tabelle zeigt auch, daß der Anteil der Linienflüge bei Geschäftsreisen deutlich höher liegt, nämlich bei 40%.

1.3.4 Andere Informationsquellen

Es würde sicherlich den Rahmen dieses Buches sprengen, hier alle nur denkbaren Informationsquellen ausführlich zu beschreiben. Unter 1.3.1 bis 1.3.3 sind wichtige Beispiele ausführlicher dargestellt worden, so daß für die übrigen Quellen eine Aufzählung reichen muß.

Informationen kann man sich beispielsweise auch bei Verkehrsämtern beschaffen, sowie bei Botschaften, Konsulaten, Ministerien, Verbänden und Anbietern touristischer Leistungen.

Natürlich gibt es auch Nachschlagewerke in Buchform oder im Rahmen elektronischer Systeme (z. B. Internet).

Zur Wiederholung:

1. Nennen und erläutern Sie die 3 Grundformen des Tourismus.
2. Was versteckt sich hinter den Abkürzungen WTO, F.U.R. und RA?
3. Definieren Sie den Begriff „Urlaubsreisen".
4. Was versteht man unter „Reiseintensität"?
5. Was verbirgt sich hinter dem Begriff „Kurzurlaubsreisen"?
6. Welches sind die beliebtesten Reiseziele der Deutschen? Geben Sie mindestens 2 Beispiele.
7. Wodurch ist der Anteil des PKW als Haupt-Reiseverkehrsmittel in der Urlaubszeit erstmals unter 50% gesunken?
8. Wie ist das prozentuale Verhältnis zwischen selbständig organisierten Reisen und Pauschalreisen, und wo gibt es demnach noch ein Arbeitsfeld für Reisebüros?
9. Was versteht man unter dem „Europäischen Reise-Monitor"?

1.4 Leistungsanbieter auf dem deutschen Markt

In einem Land wie Deutschland, welches sich längst von einem Industrie- zu einem Dienstleistungsland entwickelt hat, wird natürlich auch jede Art von Tourismusdienstleistung angeboten.

1.4.1 Tourismusangebot

Halten wir im Zusammenhang mit der Tourismusnachfrage (Abschnitt 1.1.2) bereits die eine Seite des touristischen Marktes kennengelernt, so soll hier die andere Seite – die des Angebots – folgen. Auch hier ist es schwierig, eine eindeutige Begriffsdefinition zugeben.

Freyer[31] hat deswegen aus der Literatur die verschieden Charakterisierungsversuche zusammengefaßt und kommt zu folgender Definition des Begriffes **Tourismusangebot**:

Merksatz:
- Es ist eine **nicht-materielle Leistung** (man kann sie weder sehen noch fühlen, und man kann sie auch nur schwer beschreiben),
- Es ist etwas **Abstraktes** (zusammengesetzt aus den Komponenten Zeit, Raum und Person; es unterscheidet sich von Land zu Land, von Reisendem zu Reisendem und von Zeit zu Zeit),
- Es ist etwas **Vergängliches** (es kann nicht gelagert werden),
- Es ist aus **vielen Teilkomponenten** zusammengesetzt (man spricht von einem sog. Leistungsbündel).

Gemäß Tietz[32] versteht man unter den Grundprodukten des Tourismus die Einzelreise und die Pauschalreise. Da diese Klassifizierung von Reisen im Sinne einer Propädeutik[33] vorausgesetzt wird – durch Anbieter oder berufliche Praxis –, verweisen wir hier lediglich auf grundlegende Literatur[34]. Wie kommt nun aber das touristische Angebot zustande?

<u>Einflußfaktoren und Strukturen des Tourismusangebots</u>

Ähnlich wie bei der touristischen Nachfrage – vgl. Abschnitt 1.1.2 „Tourismusnachfrage" – müssen auch beim touristischen Angebot zunächst die unterschiedlichen Einflußbereiche aufgezeigt werden. Der Übersichtlichkeit wegen soll hier ein Schema dargestellt werden, dessen einzelne Faktoren dann anschließend kurz erläutert werden[35].

---

[31] Freyer, Walter. Tourismus. a.a.O.
[32] Tietz, Bruno. Handbuch der Tourismuswirtschaft. Verlag Moderne Industrie, München, 1980.
[33] Propädeutik = Grundlagenwissen (hier aus dem Bereich der beruflichen Erstausbildung)
[34] Füth & Partner. Allgemeine Wirtschaftslehre. a.a.O.
[35] Freyer, Walter. Tourismus. a.a.O.

1.4.1.1 Einflußfaktoren auf das touristische Angebot

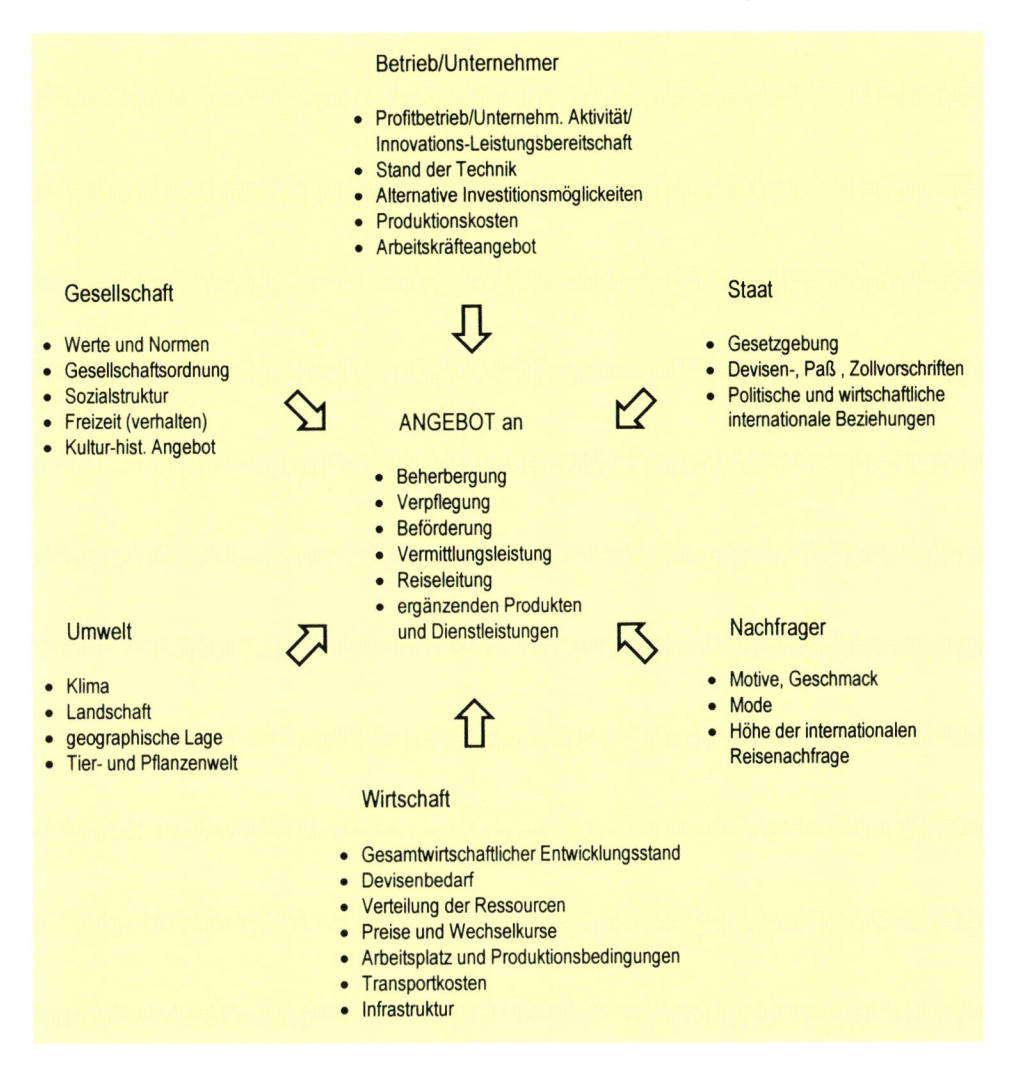

Betrieb/Unternehmer

- Profitbetrieb/Unternehm. Aktivität/ Innovations-Leistungsbereitschaft
- Stand der Technik
- Alternative Investitionsmöglickeiten
- Produktionskosten
- Arbeitskräfteangebot

Gesellschaft

- Werte und Normen
- Gesellschaftsordnung
- Sozialstruktur
- Freizeit (verhalten)
- Kultur-hist. Angebot

ANGEBOT an

- Beherbergung
- Verpflegung
- Beförderung
- Vermittlungsleistung
- Reiseleitung
- ergänzenden Produkten und Dienstleistungen

Staat

- Gesetzgebung
- Devisen-, Paß, Zollvorschriften
- Politische und wirtschaftliche internationale Beziehungen

Umwelt

- Klima
- Landschaft
- geographische Lage
- Tier- und Pflanzenwelt

Nachfrager

- Motive, Geschmack
- Mode
- Höhe der internationalen Reisenachfrage

Wirtschaft

- Gesamtwirtschaftlicher Entwicklungsstand
- Devisenbedarf
- Verteilung der Ressourcen
- Preise und Wechselkurse
- Arbeitsplatz und Produktionsbedingungen
- Transportkosten
- Infrastruktur

Bezüglich der **gesellschaftlichen Einflüsse** kann man zunächst sagen, daß diese von allgemeinen gesellschaftlichen Normen, von Wertvorstellungen, Kultur, Politik, und Tradition abhängen und auch von der Sozialstruktur und dem Arbeits- und Freizeitverhalten des Angebotslandes beeinflußt werden können.

Umweltfaktoren sind dagegen wohl der bedeutendste Einflußfaktor bezüglich Höhe, Struktur und Art des touristischen Angebots. Dieser wichtige Aspekt des touristischen Angebots wird bei manchen Autoren als „ursprüngliches Angebot"[36] oder „natürlicher Attraktivitätsfaktor"[37] bezeichnet. Gemeint sind die natürlichen Gegebenheiten eines Reiselandes wie z. B. Klima, geographische Lage, Landschaft, Tier- und Pflanzenwelt. Zum Bereich der Umweltfaktoren zählt jedoch auch z. T. die allgemeine Infrastrukturentwicklung (verkehrsmäßige Erschließung und Versorgung z. B. mit Energie und Wasser), die ebenfalls Voraussetzung für eine touristische Entwicklung ist. In diesem Zusammenhang spricht man von „abgeleitetem Angebot" oder „künstlichen Attraktivitätsfaktoren".

Wirtschaftliche Einflußfaktoren spielen insofern eine wichtige Rolle, als Tourismus heutzutage stets ein wesentlicher Bestandteil der nationalen und internationalen Wirtschaftstätigkeit ist[38].

Damit wird der Tourismus sowohl vom wirtschaftlichen Entwicklungsstand des eigenen Landes als auch von demjenigen der Weltwirtschaft mitbestimmt. Oftmals wird der Tourismus daher bereits wegen des Devisenbedarfs eines Landes forciert, allerdings auch, um die Infrastruktur zu entwickeln und z. B. Arbeitsplätze zu schaffen.

Die **Nachfrager** nach touristischen Leistungen beeinflussen das Angebot insofern, als ihre Reisewünsche die Angebotsstruktur stark prägen. So reagiert selbst ein Angebot – welches bereits stark auf eine Zielgruppe (z. B. „Deutsche") ausgerichtet ist – relativ rasch, wenn sich neue Wünsche der Reisenden ergeben (wie z. B. Fahrradtouren auf Mallorca; Hotels stellen verschließbare Fahrradkeller zur Verfügung und ebenso Führer für Radtouren). Man kann diese Beeinflussung jedoch auch genereller sehen, indem man sagt, daß z. B. Mallorca auf Deutsche und Engländer eingestellt ist[39], und das Angebot z. B. in Mexiko stärker auf US-amerikanische Wünsche.

Bezüglich der **staatlichen Einflüsse** auf das Tourismusangebot sollen hier neben den speziellen Maßnahmen zur Tourismusförderung genannt werden: Freizügigkeit, Paß- und Zollvorschriften, internationale politische und wirtschaftliche Beziehungen.

So daß schließlich „nur noch" die Einflüsse der **Unternehmen** darzustellen bleiben, denen schon allein deswegen eine große Bedeutung zukommt, da ohne unternehmerische Aktivität kein entsprechendes touristisches Angebot zustande käme.

---

[36] Vgl. Kaspar, Claude. Die Fremdenverkehrslehre im Grundriß. a.a.O.
[37] Vgl. Füth, Günter (Hrsg.). Reiseverkehrsgeographie. DRV-Service GmbH, Frankfurt/M., 1993.
[38] Vgl. DRV (Hrsg). Wirtschaftsfaktor Tourismus, Eine Grundlagenstudie der Reisebranche. Verlag Gutenberg, Melsungen, 1989.
[39] Von den ca. 7 Mio. ausländischen Touristen kamen 1997 allein über die Flughäfen Düsseldorf und London ca. 1,5 Mio. Urlauber.

Von entscheidender unternehmerischer Bedeutung sind daher vor allem betriebliche Kennziffern, d. h. die richtige Einschätzung der Gewinnerwartung auf der einen und der Kostenelemente auf der anderen Seite. Natürlich müssen auch entsprechende Produktionsfaktoren vorhanden sein (z. B. Boden für Hotelbauten oder Golfplätze, für den Tourismus ausgebildete Arbeitskräfte, günstiges Kapital und technisches „know how").

Man sieht also, daß das Tourismusangebot von vielen Faktoren beeinflußt wird und kann vermuten, daß auch die Struktur des Angebots aus mehreren Gruppen bestehen wird.

1.4.1.2 Struktur des Tourismusangebots

Was alles zählt zum touristischen Angebot? Die Spannweite ist außergewöhnlich groß, sie reicht von der Vermittlungsleistung des Reisebüros über das Pauschalreisepaket der Veranstalter, die Betreuung durch die Reiseleiter und Animateure über die Produktion von Reisesouvenirs bis hin zur Dienstleistung des Hotelmasseurs.

War es schon schwierig, bestimmte Tourismusnachfragetypen[40] herauszuarbeiten, so muß hier in jedem Fall untersucht werden, wie man dieses vielfältige Angebot systematisch darstellen kann.

Freyer[41] bietet folgende Einteilung der Tourismuswirtschaft an:

Tourismuswirtschaft i.e.S. Typische Tourismusbetriebe	
Wirtschaftsbereich	**Tourismusleistung**
Beherbergung	Beherbergungsleistung
Verkehr	Beförderungsmaßnahmen
• Straße	• Per Bus, Auto
• Schiene	• Per Bahn
• Luft	• Per Flugzeug
• Wasser	• Per Schiff
Reiseveranstalter	Pauschalreise
Reisemittler	Vermittlungsleistung
Kongreß- und Tagungswesen	Kongreß- und Tagungswesen
Messen und Ausstellungen	Messe- und Ausstellungsorganisationen
Bäderwesen	Kuraufenthalte
Fremdenverkehrsämter, -verbände und -organisationen	Vermittlungs-, Beratungs- und Werbeleistung
Fremdenverkehrsgemeinden und -gebiete	Touristische Infrastruktur
Typische Tourismusbetriebe bieten typische Tourismusleistungen an, die ausschließlich von Touristen/Reisenden nachgefragt werden.	

---

[40] Vgl. Abschnitt 1.1.2 „Tourismusnachfrage"
[41] Freyer, Walter. Tourismus. a.a.O.

Ergänzende Tourismuswirtschaft Tourismusspezialisierte Betriebe	
Wirtschaftsbereich	**Tourismusleistung**
Produktion	
Souvenirindustrie	Souvenirs
Reiseausrüster (Lederwaren-, Campingind.)	Reiseausrüstung, Koffer, Camping
Fahrzeugbau	Schiffe, Autos, Flugzeuge, Fahrräder
Buch- und Zeitschriftenverlage	Reiseführer,- Zeitschriften, Landkarten
Arzneimittelindustrie	Reiseapotheke
Dienstleistung	
Fremdenführer, Reiseleiter, Animateure	Reiseleitung,- Betreuung
Journalisten	Reisebericht,- Betreuung
Gepäckträger	Gepäcktransport
Kreditinstitute	Geldwechsel, Reiseschecks
Kreditkartenorganisationen	Kreditkarten, Service
Versicherungsunternehmen	Reiseversicherung
Verleihfirmen	Verleih von Autos, Fahrrädern, Booten, ...
Automobilclubs	Beratung, Straßendienst
Ausbildungsstätten	Tourismusausbildung
Marktforschungsinstitute	Marktforschung Tourismus
Behörden, Verwaltung	Verwaltung, Tourismusbetr.
Regierung, Ministerien	Tourismuspolitik
Abgeordnete	
Botschaften, Auslandsvertretungen	Touristenbetreuung
Untypische Tourismusbereiche, die sich mit typischen Tourismusprodukten auf Touristen als Zielgruppe spezialisiert haben	

Touristische Randindustrie Tourismusabhängige Betriebe	
Wirtschaftsbereich	**Tourismusleistung**
Produktion	
Sportartikelindustrie	Sportartikel
Bekleidungsindustrie	Freizeit-, Urlaubsbekleidung
Fotoindustrie	Fotoartikel
Kosmetikindustrie	Kosmetika, Sonnenschutzmittel
Arzneimittelindustrie	Arzneimittel
Elektroindustrie	Radios, Uhren
Bäcker	Backwaren
Dienstleistungen	
Gastronomie	Verpflegungsleistung
Sportlehrer	Sportindustrie
Friseure	Haarpflege
KFZ-Betriebe	KFZ-Reparatur
Tankstellen, Automobilclubs	Service, Beratung
Bergbahnen, Skilifte	Beförderungsleistung
Spielbanken	Glücksspiele, Unterhaltung
Kulturanbieter (Aussteller, Theater, Kino)	Kulturangebot
Ärzte	Gesundheitsleistung
Masseure	Massage
Untypische Tourismusbetriebe die sich mit <u>un</u>typischen Tourismusleistungen auf Touristen als Zielgruppe spezialisieren	

Aus der Übersicht „die Tourismuswirtschaft" wird deutlich, daß aus verschiedenen Wirtschaftsbereichen Tourismusleistungen erbracht werden.

Für unsere künftigen Ausführungen bleiben die beiden Bereiche „Ergänzende Tourismuswirtschaft" und „Touristische Randindustrie" unberücksichtigt, d. h. wir werden uns nachfolgend ausschließlich mit der sog. „Tourismuswirtschaft im eigentlichen Sinne" beschäftigen.

1.4.2 Reiseveranstalter

Dem Reiseveranstalter kommt in der Tourismusindustrie eine zentrale Bedeutung zu, da er die verschiedenen Teilleistungen der Leistungsträger zu einem neuen Produkt kombiniert, welches Pauschalreise genannt wird.

Hebestreit[42] gibt hier folgende Definition:

Merksatz:

> „Wir verstehen unter einem Reiseveranstalter einen Ferienverkehrsbetrieb, der im Rahmen eines eigens hierzu gegründeten Unternehmens überwiegend Leistungen Dritter zur Befriedigung des zeitweiligen Ortsveränderungsbedürfnisses und damit zusammenhängender anderweitiger Bedürfnisse zu einer neuen, eigenständigen Leistung verbindet und dies im Namen und auf Rechnung des Reiseveranstalter – Unternehmens anbietet."

Wesentliche Elemente – die den Reiseveranstalter auszeichnen – sind demnach:

- Eigenständige Leistung
- Verbinden von Leistungen Dritter
- Auftreten im eigenen Namen (und eigener Verantwortung)
- Eigenständiges Unternehmen

Die Hauptaufgabe der Reiseveranstalter ist somit die Kombination verschiedener (Teil-) Leistungen von Hotel, Transportunternehmen und Reise-Nebenleistungen zur (Pauschal-) Reise[43].

Merksatz:

> Bei der Pauschalreise handelt es sich um ein Leistungsbündel, welches aus mindestens zwei Teilleistungen besteht, die zu einem Gesamtpreis verkauft werden, so daß man die Einzelpreise nicht mehr erkennen kann.

---

[42] Hebestreit, B.. Touristik-Marketing, Berlin-Verlag, Berlin, 1992.
[43] Vgl. auch Freyer, Walter. Tourismus. a.a.O.

Die **wichtigsten Teilleistungen** sind:

- Transport
- Übernachtung
- Verpflegung
- Reisebetreuung, -leitung, Animation
- Versicherungsleistung
- Kulturelle oder sportliche Leistungen am Zielort

Zu diesen formalen Elementen der Pauschalreise kommt noch die schwer zu erfassende Tatsache hinzu, daß der Urlaubsreisende sich mit der Reise auch noch Träume erfüllen will, d. h. auch noch nicht – wirtschaftliche Erwartungen hegt.

1.4.2.1 Anzahl der Reiseveranstalter

Freyer[44] schreibt, daß es zu Beginn der 90er Jahre ca. 1.200 Reiseveranstalter in der Bundesrepublik gegeben habe. Man muß sich in diesem Zusammenhang aber erinnern, daß damals die Hälfte des Marktanteils von 5 Großveranstaltern beherrscht wurde, und weitere ca. 50 mittlere Veranstalter noch einmal 25% Marktanteil besaßen. Die über 1000 Klein- und Kleinstveranstalter betätigten sich lediglich im Rahmen eines Marktvolumens von ca. 25%.

Die folgende Übersicht soll zeigen, welche Spuren der Verdrängungswettbewerb seitdem hinterlassen hat.

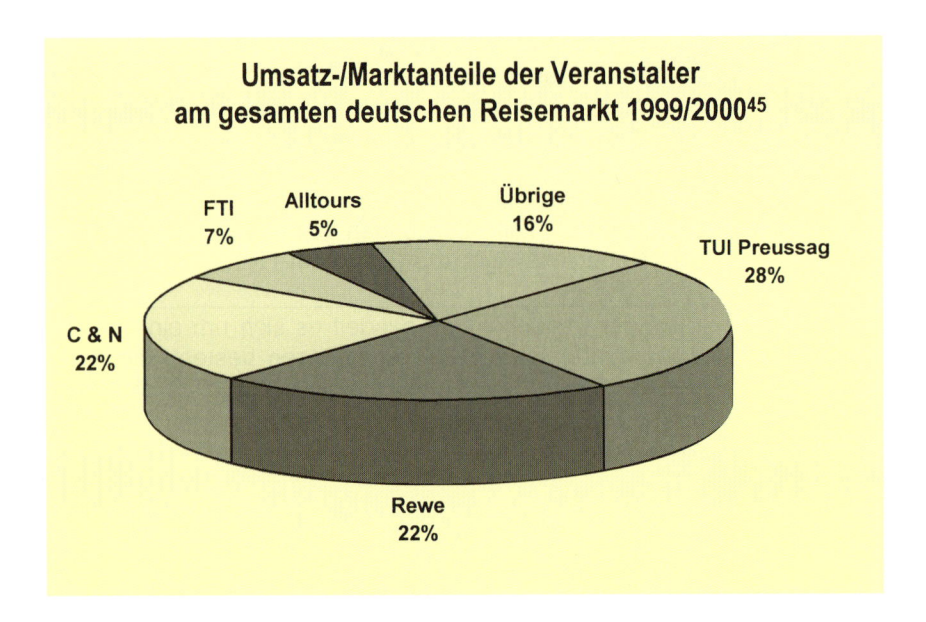

Umsatz-/Marktanteile der Veranstalter am gesamten deutschen Reisemarkt 1999/2000[45]

- FTI 7%
- Alltours 5%
- Übrige 16%
- TUI Preussag 28%
- Rewe 22%
- C & N 22%

---

[44] Freyer, Walter. Tourismus. a.a.O.
[45] Gem. *Fremdenverkehrswirtschaft International (fvw)*. Hamburg, Dezember 2000.

Man kann leicht erkennen, daß seit 1990 eine enorme Konzentration stattgefunden hat: Allein die Veranstalter TUI, C&N, Rewe, FTI und Alltours haben mittlerweile 84% des gesamten Reiseumsatzes erreicht.

Der größte Teil der Position „Übrige" wird von weiteren ca. 48 in der *fvw*-Publikation „Deutsche Veranstalter in Zahlen" genannten Reiseveranstaltern erwirtschaftet; für die ganz kleinen Veranstalter bleibt nur noch wenig übrig.

Interessant ist in diesem Zusammenhang auch einmal, über die Grenzen zu schauen, um sich die Umsätze der 10 größten Reisekonzerne Europas vor Augen zu führen. Hier werden 3 der ersten 4 Plätze von deutschen Unternehmen belegt.[46]

Die zehn größten europäischen Reisekonzerne	
(konsolidierte Konzernumsätze / ca.-Angaben)	
Unternehmen (Land)	Umsatz in Mrd. EUR 1999/2000
1. TUI (Preussag) (D)	11,0
2. C&N Touristik (D)	7,7
3. Airtours (GB)	7,2
4. Rewe (D)	3,4
5. First Choice (GB)	3,0
6. Kuoni (CH)	2,5
7. Nouvelles Frontières (F)	1,4
8. Club Med (F)	1,4
9. Scand. Leisure Group (S)	1,3
10. Hotelplan (CH)	0,9

1.4.2.2 Angebot und Vertriebswege der Reiseveranstalter

Voraussetzungen für den Erfolg einer Veranstaltung – unabhängig, ob es eine solche mit oder ohne fremde Leistungsträger ist – sind Planung und Organisation nach betriebswirtschaftlichen Grundsätzen. Dazu ist ein sog. „Phasenplan" hilfreich, der folgende Stufen enthalten sollte:

- **Marktbeobachtung**

- **Planung**
  a) **technisch**
     Beförderung (vgl. auch 1.4.5)
     und
     Unterbringung (vgl. auch 1.4.7)
     Beispielhaft sei hier der Inhalt einer Reservierungsanfrage dargestellt, die Voraussetzung für die wirtschaftliche Planung sein muß:

---

[46] Nach: *fvw*. „Europäische Veranstalter in Zahlen". Hamburg, Mai + Dezember 2000.

Inhalt einer Reservierungsanfrage

Aufenthalts-dauer	Zimmer	Verpflegung	Preis
1. Monate im sog. drei-letter-code: (Jun, Aug, Dec.) 2. Zahlen von 1-9 mit Null schreiben (03.Jun.1999 oder <u>neu</u>: 1999-06-03)	1. Art a) Einzelzimmer b) Zweibettzimmer 2. Lage a) ruhig b) nicht zur Straße 3. Ausstattung a) Bad, Dusche, WC b) Radio, TV, Telefon	1. Übernachtung 2. Übernachtung mit Frühstück (=TP) 3. Übernachtung mit Halbpension (= HP) 4. Übernachtung mit Vollpension (= VP)	1. Pensionspreis pro Tag und Person + Zuschläge (MwSt, Bedienung, Ortsangaben) 2. Pauschalpreis = Pensionspreis einschließlich aller Zuschläge

b) **wirtschaftlich**[47]
Vgl. Übersicht „Kalkulationsschema" auf der nächsten Seite.

---

[47] Füth & Partner, Kfm. Rechnen für Reiseverkehrsunternehmen, a.a.O.

①

Leistungen	Umrechnung der Bruttopreise	Netto-preise in $	Netto-preise in EUR
A. REISEKOSTEN			
I Flug FRA-MEX-FRA ②	818,– EUR	—	
./. Provision (10 %)	./. 81,80 EUR	—	
+ Steuern	+ 25,– EUR	—	761,20
II Landarrangements[48]			
1. Bustransfer			
Mexico-City	—	15,–	
2. Hotel Mexico-City			
a) Übernachtung ②	343,– $		
./. Provision 10 %	./. 34,30 $	308,70	
b) Frühstück	—	84,–	
+ 10 % Bedienung	—	8,40	
c) Gepäckträger	—	2,–	
3. Inlandsflug	150,– $		
./. Provision 10 %	./. 15,–	135,–	
4. Hotel in Acapulco			
a) Übernachtung	—	118,–	
b) Transfer	—	12,–	
		683,10	611,21
III Sonstige Kosten			
1. Bürgschaftserklärung	—	—	20,–
2. Rat + Tat Versicherungspaket	56,– EUR		
./. Provision 20 %	11,20 EUR	—	44,80
Netto-Reisekosten			1.437,21
B. ZUSCHLÄGE			
I Reiseleiter ③	Nebenrechnung:		
1. Flug[49]	761,20 EUR		
2. Reiseleitung	1.250,– EUR		
	2.011,20 EUR		
3. Umlage pro Person	2.011,20 : 25	—	80,45
			1.517,66
II Gewinn 12 % ④			
(von 1.437,21 EUR)	—	—	172,47
			1.690,13
III Werbekosten 1,5 % ⑤			
(von 1.437,21 EUR)	—	—	21,56
C. BRUTTO-REISEKOSTEN			1.711,69
I Angebotspreis			
(ohne MwSt) ⑥		⑦	=............
II Zuschlag Einzelzimmer[50]			125,–

---

[48] Landarrangements (außer: Linienflüge und Hotels, mit denen wir selbst abrechnen) werden von unserem Auslandskorrespondenten in Netto-Preisen angegeben.

[49] Begleiterflug muß als Kosten anteilig in Rechnung gestellt werden, da der Reiseleiter nicht unbedingt identisch mit einem vom Reisebüro gestellten Betreuer sein muß, sondern auch vom Verband, Auftraggeber bzw. Kunden gestellt werden kann.

[50] Differenz zwischen ½ Doppelzimmer- und Einzelzimmerpreis mal Anzahl der Nächte. (Kalkulationen enthalten immer pro Person ½ Doppelzimmerpreis.)

Ergebnis:
Der Reisepreis (ohne MwSt.) beträgt ca. 1.720,– EUR pro Person.

Lösungsweg:
① Kalkulationsschema aufstellen.
② Von den angegeben Bruttopreisen die Provision abziehen und die Netto-Reisekosten pro Person in EUR errechnen.
③ Anfallende Kosten für den Reiseleiter errechnen (Reisekosten netto + Spesen) und den Anteil für eine Person in EUR ermitteln. Die Zwischensumme gibt die Netto-Reisekosten an, die das Reisebüro aufzuwenden hat.
④ Gewinnzuschlag in Prozent auf die Netto-Reisekosten ohne Reiseleiterzuschlag berechnen.
⑤ Die Werbekosten für die Planung und Durchführung der Reise (Telefon, Fax, Porto usw.) lassen sich einzeln nicht genau ermitteln. Deshalb wird hier ein aus Erfahrungswerten ermittelter durchschnittlicher prozentualer Anteil den Netto-Reisekosten zugeschlagen.
⑥ Die MwSt. wird dann ggf. von den inländischen Leistungen des Reisebüros berechnet (vgl. auch „Buchführung in Reiseverkehrsunternehmen"), um den endgültigen Prospektpreis zu erhalten.
⑦ Brutto Reisekosten ermitteln und branchenüblich aufrunden. Der Einzelzimmerzuschlag wird in der Kalkulation nicht berücksichtigt, sondern im Angebot gesondert ausgewiesen.

- **Reservierung der Kapazitäten**

- **Reiseangebot** (Ausschreibung)
  Folgende Punkte müssen in einer Reiseausschreibung mindestens enthalten sein:
  a) Name und Anschrift des Veranstalters
  b) Art der Reise
  c) Zeitplan
  d) Routenplan mit Ortsbeschreibung
  e) Leistungsplan
  f) Gesamtpreis und erforderliche Nebenkosten

- **Werbung**

- **Verkauf** (Vertriebswege)[51]
  Die Organisation des Verkaufs der ausgeschriebenen Reisen kann auf verschiedene Weise erfolgen:
  a) Der Veranstalter verkauft seine Reisen nur in seinem Büro einschließlich seiner Filialen. Dies wird bei Veranstaltern vorgezogen, die gelegentlich Reisen- wie Sonderfahrten oder Ausflugsfahrten- für einen lokal begrenzten Kundenkreis durchführen.

---

[51] Vgl. auch Kapitel 4 (Direktvertrieb: Call-Center, Internet usw.)

b) Der Veranstalter verkauft seine Reisearrangements über selbständige Buchungsstellen, die Reisebüros (Agenturen), die ihm anhand seiner Unterlagen die Kunden vermitteln (Reisemittler). Da der Veranstalter den Reisebüros für ihre Vermittlertätigkeit Provision zahlen muß, sind die dafür notwendigen Kosten auch in die Kalkulation des Reisepreises einzusetzen.

Die Reisebüros als Buchungsstellen der Reiseveranstalter vermitteln den Reisevertrag zwischen Kunden und Reiseveranstalter und haben als Buchungsstelle folgende Aufgaben zu erfüllen:

1. Schließt das Reisebüro den Vertrag mit dem Kunden in fremdem Namen ab, dann übernimmt es kein Risiko für die sachgerechte Durchführung der Reise. Für die Arbeiten aber, die mit der sachgerechten Abwicklung der Vermittlertätigkeit zusammenhängen, muß es allerdings die Gewähr für die Richtigkeit und Ordnungsmäßigkeit übernehmen (Auskünfte, Verbindungen, Reservierungen, Vollständigkeit der Reiseunterlagen).

2. Es übernimmt die Einziehung des Reisepreises im Namen des Veranstalters (sog. Inkassovollmacht) und die Abrechnung gegenüber dem Veranstalter in regelmäßigen Zeitabständen (meist monatlich) und haftet dem Veranstalter gegenüber mit dem vollen Reisepreis. Es ist branchenüblich, daß bei Buchung einer Reise und nach Aushändigung des Sicherungsscheins vom Kunden eine Anzahlung auf den Reisepreis zu leisten ist. Der volle Reisepreis ist bei Aushändigung der Unterlagen fällig, und zwar bar.

3. Die Buchungsstelle hat dafür zu sorgen, daß Absagen (Stornierungen), Änderungen (Umbuchungen) und Reklamationen nach Abschluß der Reise an den Veranstalter weitergeleitet werden. Für die Erfüllung der Aufgaben bei Stornierungen und Umbuchungen trägt auch hier die Buchungsstelle das volle Risiko für die ordnungsgemäße Durchführung durch ihre Angestellten.

- **Durchführung der Reise**
  Hier hilft folgende Übersicht:

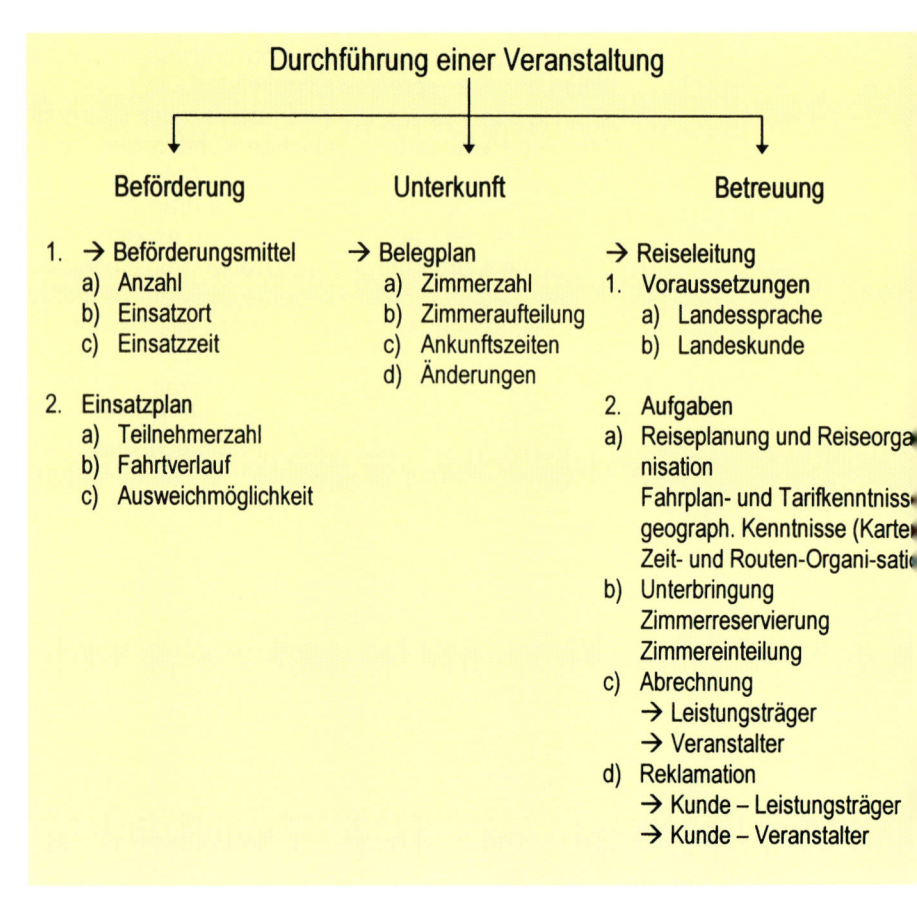

Durchführung einer Veranstaltung

Beförderung

1. → Beförderungsmittel
   a) Anzahl
   b) Einsatzort
   c) Einsatzzeit

2. Einsatzplan
   a) Teilnehmerzahl
   b) Fahrtverlauf
   c) Ausweichmöglichkeit

Unterkunft

→ Belegplan
   a) Zimmerzahl
   b) Zimmeraufteilung
   c) Ankunftszeiten
   d) Änderungen

Betreuung

→ Reiseleitung
1. Voraussetzungen
   a) Landessprache
   b) Landeskunde

2. Aufgaben
   a) Reiseplanung und Reiseorganisation
      Fahrplan- und Tarifkenntnisse
      geograph. Kenntnisse (Karten)
      Zeit- und Routen-Organisation
   b) Unterbringung
      Zimmerreservierung
      Zimmereinteilung
   c) Abrechnung
      → Leistungsträger
      → Veranstalter
   d) Reklamation
      → Kunde – Leistungsträger
      → Kunde – Veranstalter

- **Abrechnung und Nachkalkulation**
  Hier hilft der folgende betriebliche Phasenplan im Überblick.

Betrieblicher Phasenplan

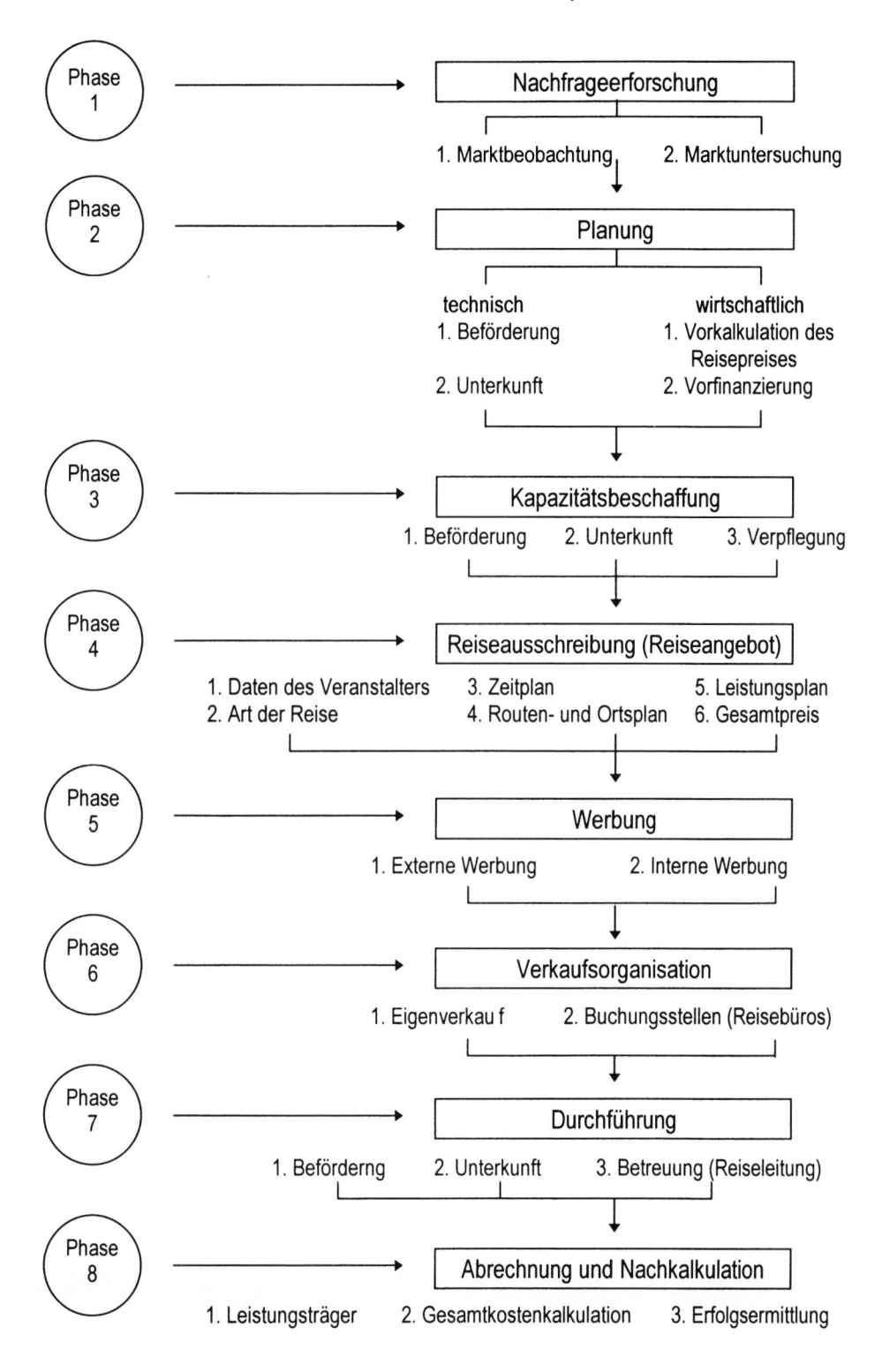

Phase 1 → **Nachfrageerforschung**
- 1. Marktbeobachtung
- 2. Marktuntersuchung

Phase 2 → **Planung**

technisch
1. Beförderung
2. Unterkunft

wirtschaftlich
1. Vorkalkulation des Reisepreises
2. Vorfinanzierung

Phase 3 → **Kapazitätsbeschaffung**
1. Beförderung   2. Unterkunft   3. Verpflegung

Phase 4 → **Reiseausschreibung (Reiseangebot)**
1. Daten des Veranstalters   3. Zeitplan   5. Leistungsplan
2. Art der Reise   4. Routen- und Ortsplan   6. Gesamtpreis

Phase 5 → **Werbung**
1. Externe Werbung   2. Interne Werbung

Phase 6 → **Verkaufsorganisation**
1. Eigenverkauf   2. Buchungsstellen (Reisebüros)

Phase 7 → **Durchführung**
1. Beförderng   2. Unterkunft   3. Betreuung (Reiseleitung)

Phase 8 → **Abrechnung und Nachkalkulation**
1. Leistungsträger   2. Gesamtkostenkalkulation   3. Erfolgsermittlung

1.4.3 Reisemittler

Das Reisebüro hat sowohl Aufgaben zu erfüllen, die den Veranstalter/Leistungsträger betreffen, als auch solche, die den Kunden betreffen. Somit fällt die Einordnung einigermaßen schwer. Freyer benutzt in diesem Zusammenhang eine sog. Einordnungsskala, die der Verdeutlichung dienen soll:

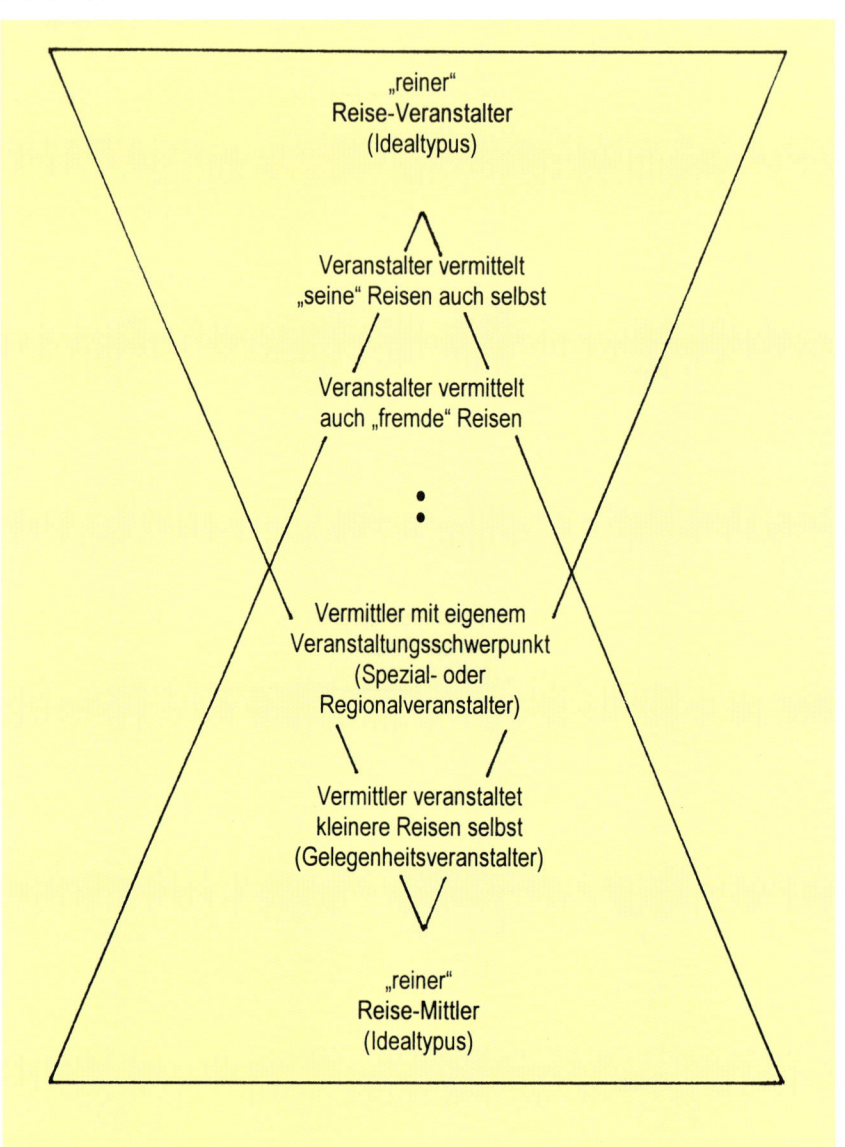

„reiner"
Reise-Veranstalter
(Idealtypus)

Veranstalter vermittelt
„seine" Reisen auch selbst

Veranstalter vermittelt
auch „fremde" Reisen

⋮

Vermittler mit eigenem
Veranstaltungsschwerpunkt
(Spezial- oder
Regionalveranstalter)

Vermittler veranstaltet
kleinere Reisen selbst
(Gelegenheitsveranstalter)

„reiner"
Reise-Mittler
(Idealtypus)

Wir kommen hierauf in Kapitel 1.4.4 noch einmal zurück.

1.4.3.1 Angebot der Reisemittler

Merksatz:

> Das **Angebot des Vermittlers** besteht überwiegend aus der Tätigkeit, **die Leistungen in- und ausländischer Veranstalter den Kunden bekannt zu machen und** anschließend – nach erfolgter Beratung – **die vermittelnde Verkaufsabwicklung vorzunehmen**.

- Reisebüro und Kunde

  Dem Kunden gegenüber hat das Reisebüro bei der Vermittlung einer Reise im wesentlichen folgende Aufgaben wahrzunehmen, damit eine einwandfreie Planung und Durchführung der Reise gewährleistet wird:
  ① Auskunft und Beratung
  ② Entgegennahme der Anmeldung (Anzahlung gegen Aushändigung des Sicherungsscheins)
  ③ Einholen von Bestätigungen von den Veranstaltern
  ④ Aushändigung der Reiseunterlagen
  ⑤ Änderungen

  Bezüglich des Unterpunktes ② ist anzumerken, daß bei Pauschalreisen vom Veranstalter Anmeldeformulare bzw. Masken im CRS-System zur Verfügung gestellt werden, die folgende Mindestangaben enthalten:

  1. **Zielort(e)**
  2. **Aufenthaltsdauer**
  3. **Reisedaten für Hin- und Rückreise**
  4. **Hin- und Rückreiseorte**
  5. **Persönliche Daten der Reisenden**
     a) Namen, Alter und Geschlecht
     b) Anschrift
  6. **Leistungen**
     a) Beförderung
     b) Unterkunft (Hotelname)
     c) Verpflegungsart (TP, HP, VP)
     d) Sonderleistungen (EZ, Bad, WC, Radio, TV)
  7. **Preis**
     a) Pauschalpreis
     b) Zuschläge
        (z. B. Hauptsaison, Reiserücktrittskosten - Versicherung)

- Reisebüro und Reiseveranstalter

  Die Aufgaben, die das Reisebüro bei einer Vermittlungsleistung dem Veranstalter gegenüber wahrzunehmen hat, bestehen darin, daß es:
  ① Eine sachgerechte Beratung aufgrund der vom Veranstalter zur Verfügung gestellten Unterlagen (Prospekte und interne Unterlagen, wie z. B. Vakanzlisten) durchführen muß.
  ② die Unterlagen vollständig und sachlich richtig dem Veranstalter übermitteln muß.

③ Umbuchungen und Stornierungen rechtzeitig dem Veranstalter übermitteln muß.
④ die Abrechnung über den Reisepreis vornehmen muß.

- Firmendienst

Im Rahmen des Firmendienstes, der sich besonders um die Geschäftsreisenden kümmert, werden folgende Aufgaben wahrgenommen:
1) Aushandlung der günstigsten Tarife (z. B. Gruppentarife) bei Leistungsträgern (Beförderungsunternehmen, Hotels, Verkehrsvereine, Kongreßzentren)
2) Erstellung von Reiseplänen
3) Besorgung sämtlicher Reiseunterlagen, wie Beförderungsausweise, Hotelgutscheine, Visa und Prospekte
4) Stellung eines Reisebegleiters bei Gruppenreisen
5) Zustellung durch eigenen Botendienst bei großen Firmen
6) Eventuell Errichtung eines eigenen Servicebüros am Flughafen
7) Gewährung eines Zahlungsziels von 15-30 Tagen

Die folgende Skizze gibt noch einmal eine Kurzübersicht über das Angebot im Rahmen der Vermittlung:

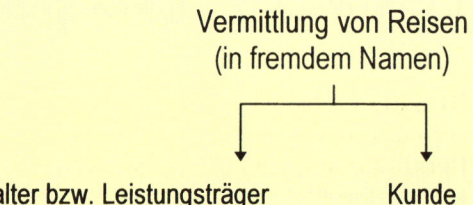

Vermittlung von Reisen
(in fremdem Namen)

Veranstalter bzw. Leistungsträger	Kunde
Aufgaben:	Aufgaben:
1. Auskunft und Beratung	1. Auskunft und Beratung
2. Leistungsvermittlung	2. Anmeldungsannahme
a) Einzelleistungen	(Sicherungsschein bei Anzahlung)
(z. B. Beförderung, Unterkunft,	3. Einholen der Bestätigung
sonstige Leistungen)	4. Prüfung und Aushändigung der
b) Pauschalleistungen	Reiseunterlagen
3. Bearbeitung und Prüfung der Unterlagen	5. Reiseänderungen
(z. B. Anmeldeformulare, Bestätigung,	6. Inkasso
Fahrscheine, Gutscheine)	
4. Abrechnung	

Bezüglich der Leistungspalette haben demnach die Kunden insbesondere folgende Erwartungen an ein Reisebüro:

- Buchungen von Pauschalreisen
- Verkauf von Flug-, Bahn- und Schiffs-/Fährtickets
- Reservierung von Hotels
- Auskünfte über
  - Ein- und Ausreisebestimmungen
  - Urlaubsländer- und gebiete
  - Reiseangebote der Reiseveranstalter und Leistungsträger
  - Reiseversicherungen

1.4.3.2 Arten und Anzahl von Reisebüros

Es gibt verschiedene Arten von Reisebüros, die wie folgt definiert werden[52]:

(1) **Voll - Reisebüros** oder **„klassische Reisebüros"** Sie haben IATA- und DB-Agentur und zumeist auch Touristik-Agenturen der Großen Reiseveranstalter, u. a. TUI und DER-Agentur.

(2) **Spezial- oder Mehrbereichsreisebüros,** die eine der beiden Agenturen, IATA oder DB besitzen. Sie haben sich oftmals auf Teilbereiche, vor allem den Firmenservice, spezialisiert und erreichen so ebenfalls hohe Umsätze, um die Agenturauflagen zu erfüllen.

(3) **Veranstaltereigene Reisebüros.** Diese vermitteln in der Regel nur den „eigenen" Veranstalter, beispielsweise die Kaufhausreisebüros, Rewe und C&N. Bei diesen Büros ist für Kunden oftmals schwer zwischen Veranstalter- und Mittlerbereich zu unterscheiden.

(4) **Markengebundene Reisebüros,** vor allem bei den großen „Marken". Hier sind eigenständige Reisemittler durch Agenturverträge zur Erfüllung bestimmter Auflagen (hinsichtlich Umsatz, Werbung und Produktpalette) verpflichtet, so daß sie nur begrenzt weitere Anbieter verkaufen. Gängiges Beispiel sind TUI-Agenturen. Ebenfalls zu dieser Gruppe sind die Filialkettenbüros, z. B. Rewe, Wagon-Lits usw., zu rechnen.

(5) **Eigenständige Reisemittler**, die nicht an einem Großveranstalter gebunden sind. Sie haben mehr oder weniger Agenturen, oftmals haben sie sich auf Spezialbereiche (Griechenland, Sport-, Sprachreisen) spezialisiert, vielfach haben sie aber auch die gesamte Veranstalterpalette im Angebot (vor allem in kleineren Orten).

(6) **Nebenerwerbsreisebüros,** die nicht ausschließlich von der Reisevermittlung existieren, gängige Beispiele sind Lottoannahmestellen usw.

Diese vorgenannten Gruppen sind nicht immer klar voneinander zu trennen, doch geben sie einen Überblick über die verschiedenen Arten von Reisebüros in der Bundesrepublik.

---

[52] Freyer, Walter. Tourismus. a.a.O.

Eine weitere gängige Unterscheidung der Reisebüros ist die in:
- **IATA-Reisebüros** und
- **Non-IATA-Reisebüros**.

Dies soll sowohl einen gewissen Hinweis auf die Reisebürogröße als auch auf die Haupttätigkeiten geben.

Non-IATA-Reisebüros werden oft auch als „reine" Touristik-Büros bezeichnet, da sie keine eigenen Fahrscheine ausstellen (dürfen). Dies hat sich aber in den letzten Jahren zum Teil geändert: Viele Non-IATA-Büros haben eine „Unteragentur", d. h., sie verkaufen ähnlich Fahrscheine wie die Vollreisebüros, allerdings mit dem Unterschied, daß die Tickets von den IATA-Agenturen ausgestellt werden und daß sich Agent und Unteragent die Provision teilen.

Ferner ist die Unterteilung in Haupt- und Nebenerwerbs-Reisebüros von einer gewissen Bedeutung, da dies einen Hinweis auf das jeweilige Umsatzvolumen gibt.

In der Bundesrepublik Deutschland gibt es zur Zeit (1999) etwa 14.000 Haupterwerbs-Reisebüros und etwa 6.500 Nebenerwerbs-Reisebüros und sonstige Buchungsstellen.

Reisevertriebsstellen		
	1996	1999
Klassische Voll-Reisebüros	5.300	6.300
Touristik-Reisebüros	8.800	7.700
Nebenerwerbs-Reisebüros	1.400	2.400
Sonstige Buchungsstellen	2.900	4.100
Gesamt:	**ca. 18.400**	**ca. 20.500**
davon:		
• *IATA-Agenturen*	*4.500*	*4.800*
• *DB-Agenturen*	*3.600*	*4.000*

Quelle: DRV-Vertriebsdatenbank

Durch die Lockerung der Voraussetzungen für die Lizenzvergabe besitzen inzwischen ca. 4.800 Reisebüros eine IATA-Lizenz und ca. 4.000 Reisebüros eine DB/DER-Lizenz. Dementsprechend kann man etwa $^1/_3$ als sog. **Vollreisebüros** und etwa $^2/_3$ als **Touristik-Büros** bezeichnen.

Die meisten Reisebüros sind mittelständische Unternehmen, in denen der Eigentümer und ca. 2 - 4 Angestellte beschäftigt sind (vgl. auch Kapitel 4).

1.4.4 Abgrenzung Reisebüro und Reiseveranstalter, Vertragsbeziehungen

Da das Reisebüro sowohl als Reiseveranstalter als auch als Reisevermittler auftreten kann, bietet sich hier die Möglichkeit, am Beispiel des Reisebüros die Abgrenzung zwischen Reiseveranstalter und Reisemittler vorzunehmen. Zudem ist vorgesehen, die Vertragsbeziehungen zwischen den Handelnden darzustellen.

Die Rechtsbeziehungen im Reisebürogewerbe richten sich danach, welche Stellung das Reisebüro bei Vertragsabschluß mit dem Kunden über eine bestimmte zu erbringende Dienstleistung einnimmt. Grundsätzlich sind hier drei verschiedene Rechtsbeziehungen zu unterscheiden:

1. Das Reisebüro als eigener Veranstalter
2. Das Reisebüro als Veranstalter von Pauschalreisen
3. Das Reisebüro als Vermittler
4. Allgemeine Reisebedingungen

1.4.4.1 Reisebüro als eigener Veranstalter (sog. Eigenveranstaltung)

Merksatz: Ein Reisebüro ist dann eigener Veranstalter, wenn es die gesamte **Veranstaltung** (= Reise) **in eigenem Namen** durchführt, die dazu notwendigen Leistungen selbständig erbringt und das finanzielle Risiko allein trägt. Dies ist z. B. der Fall bei einem Tagesausflug, der mit dem eigenen Fahrzeug (Bus) durchgeführt wird.

Zum Vertragsabschluß zwischen dem Reisebüro und dem Kunden gehören auch hier zwei übereinstimmende Willenserklärungen über Art, Umfang und Preis der Dienstleistung, der zwischen den einzelnen Vertragspartnern, Kunde – Reisebüro, abgeschlossen wird. Dieser Vertrag über bestimmte Dienstleistungen regelt sich nicht nach den Bestimmungen über den Kaufvertrag, da hier keine Sachen und Rechte Gegenstand des Vertrages sind.

Merksatz: Ähnlich wie beim Kaufvertrag hängt das Zustandekommen des Vertrages mit den daraus folgenden Rechten und Pflichten für beide Vertragspartner von der **Willenserklärung des Kunden** (= Antrag) in Form der **Buchung** und der **Willenserklärung des Veranstalters** (= Annahme) in Form der **Bestätigung** ab.

Die Rechtsbeziehungen der Vertragspartner regeln sich bei solchen Veranstaltungen nach den jeweiligen Rechtsbestimmungen. So ist für eine Tagesfahrt eines Busreiseunternehmens z. B. der sog. Beförderungsvertrag Bestandteil des Vertrages. Rechte und Pflichten der Vertragspartner richten sich bei Eigenveranstaltungen jeweils nach den zur Anwendung kommenden speziellen gesetzlichen Bestimmungen der durchgeführten Leistungsart.

1.4.4.2 Reisebüro als Veranstalter von Pauschalreisen

Reisevertragsgesetz

Die Anzahl der Pauschalreisen ist ständig gestiegen. Natürlich nahmen auch damit die Fälle zu, bei denen es unzufriedene Kunden gibt. Dieser Tatbestand führte dazu, daß die Bundesregierung am 1. Oktober 1979 gesetzlich Bestimmungen für die Regelung der Reisebedingungen bei Pauschalreisen erließ.

Statt einer ursprünglich geplanten eigenständigen Gesetzes (wie z. B. das über die „Allgemeinen Geschäftsbedingungen") entschloß man sich, eine Ergänzung in das BGB mit dem Paragraphen 651 a - k einzufügen (Reisevertrag).

Merksatz: Das Reisevertragsgesetz gilt nur dann, wenn ein **Reisevertrag** darauf gerichtet ist, eine **Gesamtheit von Reiseleistungen** zu vermitteln. Dazu gehören mindestens zwei wichtige Reiseleistungen (z. B. Beförderung und Unterkunft).

Merksatz: Ein Reisevertrag kommt nicht zustande, wenn z. B. nur ein Hotelzimmer (Beherbergungsvertrag) oder eine Fahrkarte (Beförderungsvertrag) vermittelt wird.

Generell weggefallen ist die sog. „Vermittlerklausel", bei der sich Veranstalter gegenüber dem Kunden bei Mängeln auf die meist ausländischen Leistungsträger beriefen.

Im einzelnen regelt das **Reiserecht** die folgenden Punkte:

1. **Rechte und Pflichten des Kunden**
   a) **Rechte des Kunden**
      - er kann bei Verhinderung eine Ersatzperson stellen, die den Anforderungen entspricht
      - er kann Abhilfe bei Mängeln am Urlaubsort verlangen
      - er kann selbst Abhilfe schaffen und den Ersatz der Aufwendungen verlangen
      - er kann bei Mängeln eine Minderung des Reisepreises verlangen
      - er kann bei Verschulden des Veranstalters den Vertrag kündigen und zusätzlich Schadenersatz verlangen
      - er kann vor Reiseantritt jederzeit vom Vertrag zurücktreten
      - er kann bei höherer Gewalt (Erdbeben, Streik) den Vertrag kündigen
   b) **Pflichten des Kunden**
      - er muß den vereinbarten Reisepreis zahlen
      - er muß die Reiseleistungen abnehmen
      - er muß den Veranstalter bzw. Vertreter rechtzeitig bei Mängeln benachrichtigen
      - er muß sich um Abhilfe bei Mängeln bemühen

- er muß Beanstandungen innerhalb von 4 Wochen beim Veranstalter nach vertraglichem Ende der Reise vorbringen
- er muß 50% der Kosten für die Rückbeförderung tragen, wenn der Vertrag wegen höherer Gewalt gekündigt wird
- er muß nachprüfbare Beweise bei Mängeln vorlegen

2. Rechte und Pflichten des Veranstalters

a) Rechte des Veranstalters
- er kann Mehrkosten bei Stellung einer Ersatzperson fordern
- er kann Abhilfe bei Mängeln verweigern, wenn der Aufwand dafür unvertretbar hoch ist
- er kann bei Rücktritt des Kunden Gebühren verlangen (Stornokosten). Diese können als Pauschale erhoben werden
- er kann seine Haftung auf den dreifachen Reisepreis begrenzen, außer bei Vorsatz und grober Fahrlässigkeit

b) Pflichten des Veranstalters
- er muß eine mangelfreie Leistung erbringen
- er muß sich Fehler der Leistungsträger selbst anrechnen lassen
- er muß bei Vertragsauflösung den Reisenden auf eigene Kosten zurückbefördern
- er muß bei Rücktritt des Reisenden ersparte Aufwendungen diesem zugute kommen lassen

Rechtsfolgen für die Praxis

a) Reisebüro – Leistungsträger

Bei den zunehmenden Ansprüchen der Kunden an die Durchführung von Reisen wird es für ein Reisebüro kaum möglich sein, eine Veranstaltung ganz ohne Mitwirkung anderer Partner durchzuführen (z. B. bei Fernreisen). Meist muß es sich für eine eigene Veranstaltung fremder Leistungsträger wie z. B. Beförderungsunternehmen, Hotels und Gaststätten bedienen, um die gewünschte Reise durchführen zu können. Daher müssen zwischen dem Reisebüro (= Veranstalter) und den verschiedenen Leistungsträgern Verträge über die Anmietung von Leistungen geschlossen werden.

Diese Verträge (z. B. Beförderungsverträge, Mietverträge) schließt das Reisebüro im eigenen Namen mit den entsprechenden Leistungsträgern ab[53]. Es entstehen also hier unmittelbare Rechtsbeziehungen zwischen Reisebüro und Leistungsträger.

Aus der wirtschaftlichen Zusammenarbeit zwischen Reisebüros und Leistungsträgern haben sich Geschäftsgebräuche entwickelt, die als internationale Vereinbarungen niedergelegt wurden wie z. B. das

---

[53] Abgesehen von Vermittlungen von Beherbergungsverträgen zwischen Hotel und Kunden bei Omnibusveranstaltungen

internationale Abkommen zwischen der „Association Internationale de l´Hotellerie" (A.I.H.)[54] und der „Federation Universelle des Agences de Voyages" (F.U.A.V.)[55] von 1970, das Anhaltspunkte über den Inhalt von Einzelverträgen zwischen Reisebüro und Hotel enthält.

Daneben gebt es noch eine Reihe anderer Verträge, die je nach Bedarf abgeschlossen werden müssen. Dazu gehören vor allem die Beförderungsverträge mit Verkehrsträgern (Bahn, Bus-, Luftverkehrsgesellschaften und Reedereien), die jeweils abweichende Regelungen enthalten können.

b) Reisebüro – Kunde

Tritt das Reisebüro als eigener Veranstalter auf, so ist für den Kunden bei Abschluß des Vertrages zunächst nicht erkennbar, ob die Reise ohne oder mit fremden Leistungsträgern durchgeführt werden soll.
Für die Erfüllung des Reisevertrages hat der Veranstalter je nach den Voraussetzungen selbst einzustehen. Dies gilt auch für Fehler der Leistungsträger.

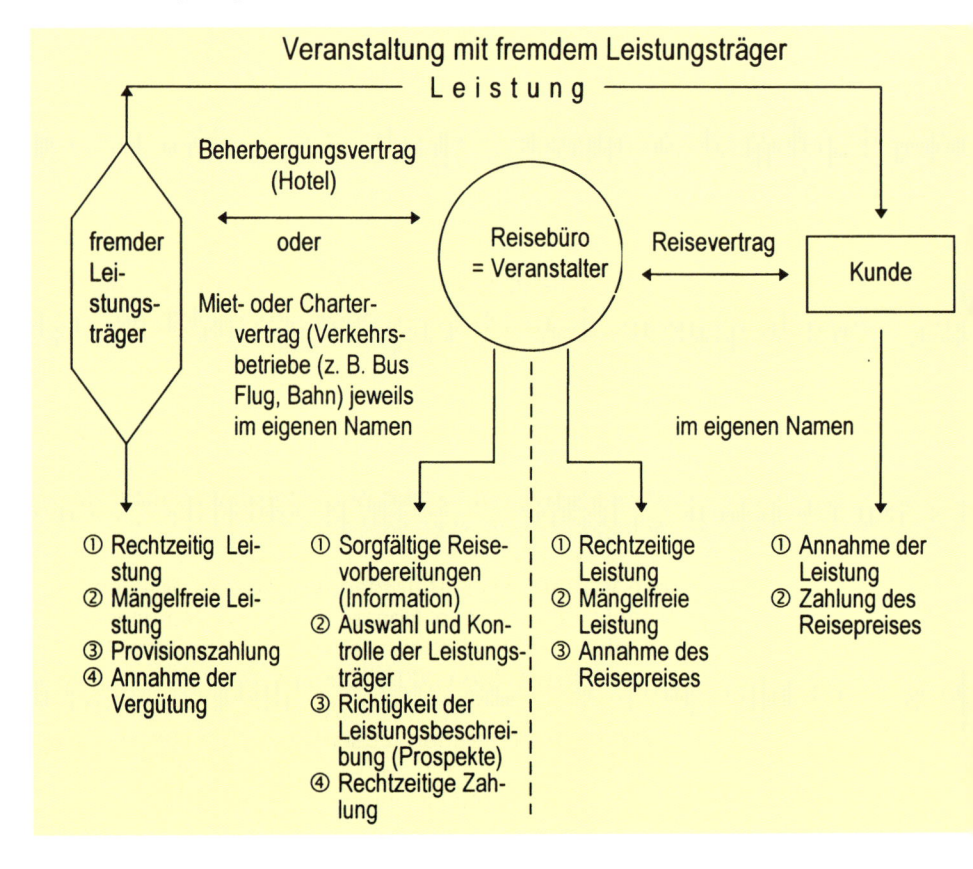

Veranstaltung mit fremdem Leistungsträger
— Leistung —

fremder Leistungsträger	Beherbergungsvertrag (Hotel) oder Miet- oder Chartervertrag (Verkehrsbetriebe (z. B. Bus Flug, Bahn) jeweils im eigenen Namen	Reisebüro = Veranstalter	Reisevertrag im eigenen Namen	Kunde
① Rechtzeitig Leistung ② Mängelfreie Leistung ③ Provisionszahlung ④ Annahme der Vergütung	① Sorgfältige Reisevorbereitungen (Information) ② Auswahl und Kontrolle der Leistungsträger ③ Richtigkeit der Leistungsbeschreibung (Prospekte) ④ Rechtzeitige Zahlung		① Rechtzeitige Leistung ② Mängelfreie Leistung ③ Annahme des Reisepreises	① Annahme der Leistung ② Zahlung des Reisepreises

---

[54] Internationaler Hotelverband
[55] Internationaler Reisebüroverband

c) Haftung als Veranstalter

Mit dem Abschluß des Reisevertrages besteht ein Vertragsverhältnis zwischen Kunden und Veranstalter über die Erbringung von konkreten Leistungen für beide Teile.

Es wurde bereits erwähnt, daß der Veranstalter mit Abschluß des Vertrages die Pflicht zur rechtzeitigen und mängelfreien Leistungserbringung übernommen hat. Zur Erfüllung dieser Pflichten ergeben sich für ihn allgemein folgende Aufgaben, die von ihm bzw. seinen Angestellten einwandfrei zu erfüllen sind:

Die Reisevorbereitung muß sachlich einwandfrei vorbereitet und durchgeführt werden (**Dienstleistungspflicht**).
Er trägt die Verantwortung für die richtige Prospektausschreibung und Unterrichtung des Reisenden (**Informationspflicht**).
Er hat sorgfältig die Leistungsträger nach ihrer Zuverlässigkeit auszuwählen (**Sorgfaltspflicht**).
Die Leistungsträger sind hinsichtlich der Qualität ihrer Leistungen und Zuverlässigkeit zu kontrollieren (**Kontrollpflicht**).

1. Anspruchsvoraussetzungen

Bei Ansprüchen des Kunden gegen den Veranstalter ist zunächst zu prüfen, ob der Veranstalter seine Pflichten sachgemäß erfüllt hat.

Voraussetzungen für einen Anspruch gegen den Leistungsträger aus dem Reisevertrag sind:

① die **Fälligkeit** der Leistung und
② das Vorliegen einer **Leistungsstörung** durch Verschulden

Die Fälligkeit einer Leistung ist bei einer bestätigen Buchung grundsätzlich gegeben, da diese durch die Angabe der Daten kalendermäßig festliegt. Oft ist nach den Reisebedingungen noch eine Mahnung des Kunden erforderlich, um den Veranstalter z. B. bei nicht erfolgter Aushändigung der Unterlagen bis zum Abreisetermin in Verzug zu setzen. Eine Leistungsstörung ist dann anzunehmen, wenn die Durchführung der Reise nicht den vertraglichen Vereinbarungen entsprochen hat. Dies gilt dann, wenn die Leistungsstörung durch mangelhafte Auswahl und Kontrolle der Leistungsträger verursacht wird. Danach muß sich der Veranstalter Nachlässigkeit und Fehler seiner Leistungsträger selbst zurechnen lassen. Dies gilt auch für Personen, die ihm weisungsgebunden sind, den sog. „Erfüllungsgehilfen".

2. Beispiele für Leistungsstörungen

Zu den Leistungsstörungen rechnet man die Fälle, bei denen die Durchführung des Vertrages zu den fest eingeplanten Terminen für den Reiseveranstalter ganz oder teilweise unmöglich geworden ist (= **Unmöglichkeit der Leistung**). Beispiele hierfür sind nicht an den Leistungsträger weitergegebene bestätigte Buchungen, gebuchte Zimmer sind am Urlaubsort belegt oder das Hotel ist überhaupt noch nicht gebaut. Für den Veranstalter wird es dann – zumal in Zeiten der Hochsaison – nicht möglich sein, die im Vertrag konkretisierte Leistung zu erbringen. In diesen Punkten wurde also der Vertrag dann ganz oder teilweise nicht erfüllt (Nichterfüllung). Entsprechen zugesagte Leistungen lt. Reiseausschreibung (Prospekt) nicht den tatsächlichen Gegebenheiten am Urlaubsort, so muß diese Leistung als mangelhaft angesehen werden. Führen die Qualitätsunterschiede zu einer wesentlichen Beeinträchtigung des Urlaubs, dann bezeichnet man diesen Tatbestand als **Schlechterfüllung**. Dies dürfte z. B. zutreffen, wenn ein Zimmer in ruhiger Lage gebucht wurde, dort jedoch eine Großbaustelle unmittelbar vor dem Hotel eingerichtet war, eine Reisebetreuung zugesichert war, diese jedoch nicht vorhanden war oder ein Privatstrand zugesagt wurde, dieser sich jedoch als 10 qm großer Teil des Hafenbeckens erwies.

Kann ein Veranstalter eine Reise aus irgendwelchen Gründen nicht oder nur teilweise durchführen (Unmöglichkeit oder teilweise Unmöglichkeit der Leistungserbringung), so haftet er auf Schadenersatz, wenn er die Unmöglichkeit zu vertreten hat. Danach hat der Veranstalter alle Ereignisse zu vertreten, die bei gerechter Risikoverteilung zwischen den Vertragspartnern zu seinem Geschäftsbereich gehören. Dies wäre z. B. dann gegeben, wenn eine Omnibusreise ausfallen muß, da der angemietete Bus aufgrund einer Zwangsvollstreckung gepfändet wurde und ein Ersatzfahrzeug nicht zur Verfügung steht.

3. Ansprüche des Kunden

Merksatz:

> Sind die Anspruchsvoraussetzungen gegeben, so hat der Kunde grundsätzlich das Recht auf **Rücktritt**, **Minderung** oder auf **Schadenersatz** wegen vollständiger oder teilweiser Nichterfüllung des Vertrages.

Darüber hinaus ergeben sich aus dem „Gesetz zur Regelung des Rechtes der Allgemeinen Geschäftsbedingungen" neue Gesichtspunkte. Fehlt einer ausgeschriebenen Sache eine vom „Verkäufer" zugesicherte Eigenschaft, kann der Kunde Schadenersatz verlangen. Prospektangaben gelten in der Regel als zugesicherte Eigenschaft.

Es muß hier erwähnt werden, daß aufgrund der Konstruktion unseres Rechtswesens der **Kunde** den **Beweis** für ein Nicht- oder Schlechterfüllung des Vertrages durch den Veranstalter zu erbringen hat. Bei Leistungsstörungen wird er sich Beweismittel beschaffen müssen wie z. B. Photos, Bestätigungen von den Leistungsträgern über nicht ausgeführte Zimmerreservierungen und Adressen von Mitreisenden, um seinen Anspruch dem Veranstalter gegenüber und bei Prozessen vor Gericht belegen zu können.

Außerdem muß er **Beschwerde** innerhalb der vom Veranstalter angegebenen **Fristen** von vier Wochen schriftlich einreichen, sonst ist ein Nachweis und eine Nachprüfung erschwert oder nicht mehr möglich. Die Beschwerde ist an keine Form gebunden, doch sollte aus Beweisgründen die Schriftform vorgezogen werden. Ist die Beschwerde erfolgt, so wird gleichzeitig die verkürzte **Verjährungsfrist** von 6 Monaten **gehemmt**. Dies gilt solange, bis die **schriftliche** Ablehnung des Veranstalters eingeht.

Kommt es zu keiner Einigung, so muß der Kunde vor Ablauf dieser Frist Klage bei Gericht einreichen, um seine Ansprüche durchsetzen zu können.

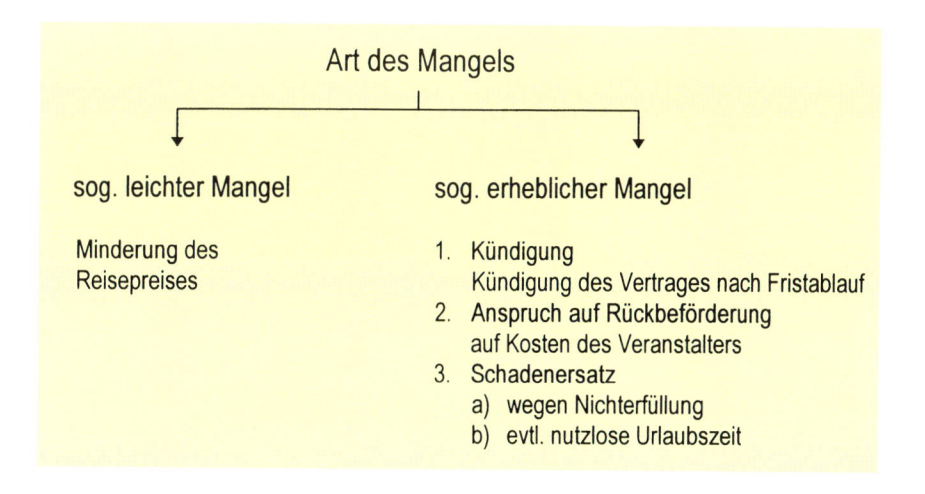

Art des Mangels

- **sog. leichter Mangel**
  Minderung des Reisepreises

- **sog. erheblicher Mangel**
  1. Kündigung
     Kündigung des Vertrages nach Fristablauf
  2. Anspruch auf Rückbeförderung
     auf Kosten des Veranstalters
  3. Schadenersatz
     a) wegen Nichterfüllung
     b) evtl. nutzlose Urlaubszeit

---

a) Kündigung

Kündigung besagt, daß der Kunde vom Vertrag **zurücktreten** kann. Dies wäre dann möglich, wenn entweder der Veranstalter vor Antritt erklärt, daß die er die Reise zu den angebotenen Bedingungen nicht durchführen kann oder wenn von diesem eine wesentliche Reiseplanänderung vorgenommen wurde, die zu einem erheblichen Abweichen vom ursprünglichen Plan führt wie z. B. die Beförderung in Bussen statt mit dem Flugzeug oder die Änderung des Reisezieles (Italien statt Kanarische Inseln).

Auch die Abgabe eines **Ersatzangebotes** durch den Veranstalter ändert nichts am Recht des Kunden, vom Vertrag zurückzutreten, da es sich hier um einen neuen Antrag handelt, dessen Annahme im Ermessen des Kunden liegt.

Abweichungen, die den Ablauf der Veranstaltung nur unwesentlich beeinflussen, wie z. B. die Verschiebung der Abflugzeit um einige Stunden oder die Unterbringung in einem Hotel gleichen Komforts in gleichartigen Zimmern, begründen allgemein kein Recht auf Rücktritt vom Vertrag, da hierdurch der Ablauf der Veranstaltung keine wesentliche Beeinträchtigung erfährt.

b) Minderung

Werden zugesagte Leistungen schlecht erfüllt, so ergibt sich daraus das Recht des Kunden, den **Reisepreis** zu **mindern**. Dies tritt dann ein, wenn Leistungen vom Veranstalter zwar zugesagt (Prospekt) aber nicht in dem angegebenen Maße erfüllt werden (z. B. Zimmer ohne Bad, mangelhafte Verpflegung).

Die Höhe der Minderung wird sich kostenmäßig aus der Preisdifferenz zwischen der angebotenen und der tatsächlich erbrachten Leistung ergeben.

c) Schadenersatz

Merksatz:

> Aus dem Reisevertrag steht es dem Reisenden grundsätzlich zu, Schadenersatz zu fordern. Voraussetzung für eine Schadenersatzforderung ist allerdings, daß ein konkreter, d. h. meßbarer Schaden, wirklich entstanden ist.

Materieller Schaden

Materieller Schaden liegt dann vor, wenn der Reisende einen eindeutig nachweisbaren und berechenbaren finanziellen Schaden erlitten hat. Muß er z. B. am Urlaubsort in der Hochsaison ein Zimmer in einem Luxushotel beziehen, da die Reservierung seines Zimmers vom Veranstalter schuldhaft versäumt wurde, so ergibt sich ein konkreter Schaden aus der Differenz beider Zimmerkategorien einschließlich Nebenkosten. Ähnliches gilt auch für einen nicht gebuchten Rückflugplatz in einer Chartermaschine und der deshalb notwendigen Buchung in einer Linienmaschine. Auch Schäden aus Körperverletzungen durch mangelhafte Einrichtungen (Sportplätze) und Eigentumsschäden (Reisegepäck) müssen ersetzt werden.

Immaterieller Schaden

Für ideelle Schäden d. h. für Schäden, deren materieller Wert sich nur schwer oder überhaupt nicht ermitteln läßt, kann grundsätzlich kein Schadenersatz gefordert werden.

Schwierig ist es auch die Ermittlung der Schadenshöhe für „entgangene Urlaubsfreuden" oder „nutzlos aufgewandte Urlaubstage". Der materielle Wert wurde allerdings inzwischen von der Rechtsprechung anerkannt, wobei sich die Höhe des Schadens jeweils nach den Umständen des Einzelfalles richtet.

4. **Grenzen der Haftung**

Allerdings findet die **Haftung** des Veranstalters dort ihre rechtlichen **Grenzen**, wo wegen der Geringfügigkeit einer Leistungsstörung die vertraglich vereinbarte Leistung nur unwesentlich beeinträchtigt wird. Bei einer Leistungsstörung ohne Qualitätsmangel für den gesamten Reiseablauf fehlen die Voraussetzungen für einen Haftungsanspruch. Geringfügige Störungen wie z. B. einmaliges längeres Warten auf die Suppe, lassen – zumal in Spitzenzeiten – keinen Schluß auf eine generelle und laufende Beeinträchtigung des Freizeitwertes zu.

Bei der Wertung der **Ansprüche** bzw. der Schadensberechnung müssen noch folgende **Einschränkungen** berücksichtigt werden:

1) Hat der Reisende schon ungetrübte Urlaubstage erlebt, so muß er diese Leistungen an den Veranstalter bezahlen. Allerdings kommt es dabei auch hier auf die Umstände an. Wird sein Urlaub wertlos, da keine Erholung insgesamt eintreten konnte (Krankheit durch verdorbenes Essen), so wird auch eine Woche vorher nicht zum Erholungswert beitragen können.

2) Der Gesetzgeber macht beim Umfang der Haftung Unterschied zwischen eigenem Verschulden des Veranstalters und dem alleinigen Verschulden des Leistungsträgers. Der Veranstalter kann den Schadenersatz auf den dreifachen Reisepreis begrenzen, wenn der Schaden allein vom Leistungsträger verursacht wurde.

Eine Haftungsbeschränkung ist auch gegeben, wenn dies in in- bzw. ausländischen Gesetzen für diese Leistung vorgesehen ist (z. B. Warschauer Abkommen). Hier muß er nur bis zur Höhe dieser Grenzen haften.

3) Bei Vorliegen von sog. höherer Gewalt kann sowohl der Kunde als auch der Veranstalter den Reisevertrag kündigen. Die Mehrkosten für die Rückbeförderung tragen beide zur Hälfte. Weitere Mehrkosten trägt lt. BGB der Kunde.

Der Bundesgerichtshof hat entschieden, daß der Veranstalter grundsätzlich für Mängel einzustehen habe ohne Frage nach der Ursache.

Kündigt er bei Verwüstung des Hotels durch eine Sturmflut wegen Mangels der Leistung, so steht dem Kunden auch der Anspruch auf Rückerstattung des Reisepreises ganz oder teilweise zu.

Der Reiseveranstalter kann nur wegen höherer Gewalt kündigen.

5. Fristen

a) Verjährung

Da sich die Rechtsansprüche aus dem Vertrag zwischen Kunde und Reiseveranstalter nach den Bestimmungen des Reisevertrages regeln, gilt die verkürzte **Verjährungsfrist** von **6 Monaten** lt. § 638 BGB für Mängel bei der Reisedurchführung. Die Frist für die Mängelhaftung des Veranstalters bei der Reisedurchführung beginnt mit dem Tag, an dem die Reise beendet ist. Nach Ablauf dieser Frist kann der Kunde seine Ansprüche gegen den Veranstalter gerichtlich nicht mehr durchsetzen, wenn dieser die „Einrede der Verjährung" geltend macht. Dies kann geschehen, wenn zwischen dem Beginn des gerichtlichen Mahnverfahrens (Antrag auf Mahnbescheid oder Klage) mehr als 6 Monate vergangen sind. Der Beklagte muß beim Gericht die Berücksichtigung der Verjährungsfrist **beantragen**, da sie nicht automatisch in die Verhandlung einbezogen wird. Nach Erklärung der Ansprüche durch den Kunden wird die Verjährung bis zum Eingang der schriftlichen Ablehnung durch den Veranstalter gehemmt.

b) Ausschlußfristen

In den allgemeinen Geschäftsbedingungen der Reiseveranstalter findet man sehr häufig eine Klausel, wonach sie Ansprüche nur dann anerkennen, wenn der Kunde seine **Reklamation innerhalb einer bestimmten Frist** (4 Wochen) schriftlich bei dem Reiseveranstalter anmeldet. Eine solche Klausel nennt man „**Ausschlußfrist**". Sie hat hauptsächlich den Zweck, es dem Reiseveranstalter zu ermöglichen, die Reklamation des Kunden sorgfältig und schnell zu überprüfen, wozu nicht selten Nachfragen und Beweiserhebung in den Zielgebieten erforderlich sind. Die Ausschlußfristen sind bewußt relativ kurz gehalten, da sich die Verhältnisse in den Zielgebieten u. U. schnell ändern können (z. B. Hotelpersonal beendet die Arbeit mit Ablauf der Saison; Mängel sind zwischenzeitlich behoben worden; Lärmquelle existiert nicht mehr).

Die rechtliche Bedeutung der Ausschlußfrist besteht im Gegensatz zur Verjährungsfrist darin, daß ein Anspruch von vornherein nur für den Zeitraum vor Ablauf der Ausschlußfrist gegeben ist. In einem Prozeß muß der Richter das Vorliegen einer Ausschlußfrist von Amts wegen prüfen, während die Verjährung nur auf Anfrage berücksichtigt wird.

Nur in Ausnahmefällen entfällt die Einhaltung von Ausschlußfristen. So ist es z. B. möglich, einen Mangel noch nachträglich zu rügen, wenn nachgewiesen werden kann, daß der Veranstalter den Mangel arglistig verschwiegen hat.

Ein arglistiges Verschweigen liegt dann vor, wenn dem Veranstalter ein erheblicher Mangel vor Antritt der Reise bekannt war (z. B. Hotel wird umgebaut) und er dem Reisebüro dies nicht mitgeteilt hat, obwohl er wissen mußte, daß der Kunde bei Kenntnis der Mängel den Vertrag nicht aufrecht erhalten hätte.

1.4.4.3 Reisebüro als Vermittler

Die überwiegende Tätigkeit der Reisebüros besteht darin, die Aufgaben in- und ausländischer Veranstalter bzw. Leistungsträger zu vermitteln. Dabei ist es unerheblich, ob es eine gesamte Pauschalreise für einen Veranstalter oder Einzelleistungen der unterschiedlichen Leistungsträger (z. B. Bahnfahrten, Flüge) vermittelt. Das Reisebüro tritt hierbei nur als „Hilfsorgan" auf und sorgt lediglich dafür, daß ein direkter Vertrag zwischen Kunden und Veranstalter bzw. Leistungsträger zustande kommt. Es handelt also in fremdem Namen.

a) Reisebüro – Kunde

Merksatz:

> Vom Kunden übernimmt das Reisebüro den Auftrag, einen Vertrag zwischen ihm und dem Veranstalter zu vermitteln. Nimmt das Reisebüro den Auftrag des Kunden an, so hat es mit diesem einen sog. **Geschäftsbesorgungsvertrag nach § 675 BGB** abgeschlossen. Dies bedeutet, daß das Reisebüro einen Vertrag über eine Leistungserbringung zwischen den Vertragspartnern abzuschließen hilft. Es ist danach nur für das Bemühen verantwortlich, daß dieser Vertrag zustande kommt.

Dazu zählt z. B. die sorgfältige und sachgerechte Beratung des Kunden anhand der vom Veranstalter gestellten Unterlagen. Alle weiteren Fragen über die Durchführung des Vertrages fallen nicht mehr in den Zuständigkeitsbereich des Reisebüros, sondern müssen zwischen Kunden und Veranstalter direkt geregelt werden.

Unterhält ein Veranstalter eigene Buchungsstellen, d. h. Filialen seines Unternehmens, die sein Reiseprogramm anbieten, so liegt hierbei keine Vermittlertätigkeit vor. Hier bucht der Kunde beim Veranstalter direkt. Fehler, die der eigenen Buchungsstelle unterlaufen sind, sind dem Veranstalter zuzurechnen.

Geschäftsbesorgungsvertrag (lt. § 675 BGB)

Pflichten des Reisebüros	Rechte des Reisebüros

1. Bemühungspflicht
z. B. fachliche Beratung
2. Auskunftspflicht
3. Anzeigepflicht
   a) bei Änderungen
   b) bei Ablehnung
4. Abrechnungspflicht
   z. B. Reisepreis
5. Herausgabepflicht
   z. B. Unterlagen, die vom Kunden
   zur Verfügung gestellt wurden
	1. Ersatz von Aufwendungen
	   z. B. Telefonkosten
	2. Vorschuß auf Aufwendungen

b) Reisebüro – Veranstalter

Merksatz: Die vertraglichen Beziehungen zwischen Veranstaltern und dem vermittelnden Reisebüro regeln sich nach dem „Gesetz für die Kaufleute", dem „Handelsgesetzbuch" (HGB). Danach nimmt das Reisebüro bei der Vermittlung von Reisen nach § 84 HGB die Stellung eines **Handelsvertreters** ein, da es ständig damit betraut ist, für einen anderen Veranstalter Geschäfte (= Reisen) zu vermitteln oder in dessen Namen abzuschließen. Hinzu kommt, daß das Reisebüro selbständiger Kaufmann sein muß. Selbständig bedeutet, daß der Kaufmann im wesentlichen seine Tätigkeit frei bestimmen kann. Der Abschluß eines **Handelsvertretervertrages** (= Agenturvertrag) zwischen Reisebüro und Veranstalter ist vom Gesetz her nicht an eine bestimmte Formvorschrift gebunden und kann daher sowohl mündlich, schriftlich oder sogar stillschweigend vorgenommen werden.

Doch sollte die Schriftform stets eingehalten werden, um Anhaltspunkte bei evtl. Streitigkeiten zu haben. Fehlen Abmachungen oder sind diese unvollständig, so sind die Bestimmungen des HGB über die Rechte und Pflichten des Handelsvertretervertrages maßgebend.

Handelsvertretervertrag lt. HGB

Pflichten

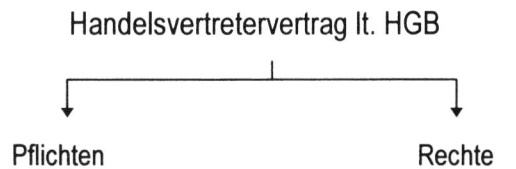

① Pflicht zur Bemühung
d. h. Reisebüro muß sich um Vermittlung und Abschluß von Reisen im Interesse des Veranstalters bemühen
② Benachrichtigungspflicht
Buchungen sind unverzüglich dem Veranstalter mitzuteilen
③ Sorgfaltspflicht
Reisebüro muß Pflichten mit Sorgfalt eines ordentlichen Kaufmanns wahrnehmen
④ Verschwiegenheit
Keine Geschäftsgeheimnisse an Dritte weitergeben (auch nicht nach Vertragsbeendigung)

Rechte

① Recht auf Unterlagen
z. B. Prospekte, Tarife, Vakanzlisten
② Benachrichtigung
z. B. bei Annahme (Bestätigung), Ablehnung oder Änderung
③ Provision
  a) Vermittlungsprovision
  für alle vermittelten und angebahnten Abschlüsse
  b) Inkassoprovision
  Zusatzprovision für Einzug des Reisepreises, wenn nicht schon in Vermittlungsprovision enthalten
④ Abrechnung
Monatliche Abrechnung aller provisionspflichtigen Geschäfte, Einsicht in Bücher des Veranstalters (in Zweifelsfällen)

Das Vertragsverhältnis kann von beiden Parteien in den ersten drei Jahren frühestens zum Schluß des Quartals mit einer Kündigungsfrist von 42 Tagen, bei einer Vertragsdauer von über drei Jahren nur zum Schluß des Kalenderjahres mit einer Kündigungsfrist von drei Monaten aufgehoben werden. Fristlose Kündigung ist nur bei wichtigen Gründen vorgesehen.

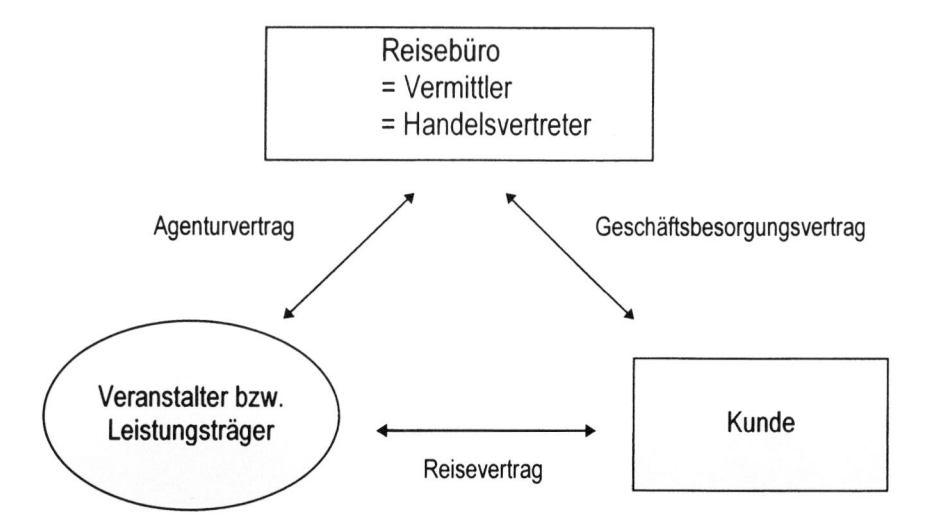

```
              Reisebüro
              = Vermittler
              = Handelsvertreter
           ↗              ↖
  Agenturvertrag          Geschäftsbesorgungsvertrag
       ↙                        ↘
Veranstalter bzw.    ←→    Kunde
Leistungsträger    Reisevertrag
```

Haftung als Vermittler

Die Haftung des Reisebüros bei Vermittlungsgeschäften beschränkt sich auf Vermittlungsfehler und somit auf die Bereiche Auskunft und sachgerechte Bearbeitung der Unterlagen.

1. Auskunft

==Grundsätzlich wird die Haftung für falsche Auskunftserteilung in den allgemeinen Reisebedingungen ausgeschlossen.==

Die Sachlage stellt sich jedoch anders, wenn die Auskunft Bestandteil des Reisevertrages ist, den das Reisebüro zwischen Veranstalter und Kunden vermittelt. Der Kunde darf hierbei eine sorgfältige und gewissenhafte Auskunftserteilung erwarten. Außerdem ist das Reisebüro durch den Agenturvertrag zur sachgerechten Wahrung der Interessen des Veranstalters verpflichtet.

Wird dem Reisebüro ein Verschulden bei der Auskunftserteilung vom Kunden nachgewiesen – auch hier ist der Kunde beweispflichtig – so haftet das Reisebüro und nicht der Veranstalter für den entstandenen Schaden. Beispielhaft wäre hierfür der Fall, daß bei Bahnreisen falsche Auskünfte über Zuganschlüsse und -verbindungen erteilt wurden. Auch bei Nichtbeachtung von Fahrplanänderungen (Winter-/Sommerfahrplan) und sogar bei Einplanung von zu kurzen Übergangszeiten auf Umsteigebahnhöfen kann das Reisebüro vom Kunden haftbar gemacht werden.

2. Bearbeitung der Unterlagen

==Unterlaufen bei der Bearbeitung der Unterlagen Fehler, so sind die Konsequenzen daraus allein vom vermittelnden Reisebüro zu tragen.==

Hierzu gehören zu späte Weiterleitung von Anmeldungen und Änderungswünschen an den Veranstalter und rechtzeitige Aushändigung der Unterlagen an den Kunden. Ebenso zählen dazu falsche Preisberechnungen zum Schaden des Veranstalters, für die das Reisebüro haftbar gemacht werden kann.

3. Haftung des Reisebüros

- als Veranstalter
  - Nichterfüllung
    → Unmöglichkeit der Leistung
    (wenn zu vertreten)
  - Schlechterfüllung
    → Wesentliche Beeinträchtigung
- Vermittler
  - Vermittlungsfehler
    1. Auskunftserteilung
    2. Mangelhafte Bearbeitung

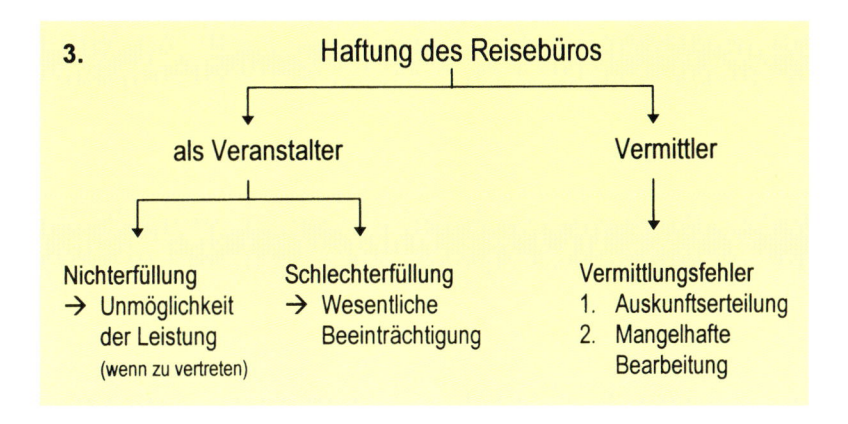

4. Haftungsansprüche

Für Vermittlungsfehler kann der Kunde und auch der Veranstalter Schadenersatz verlangen, falls durch das Reisebüro eine wesentliche Beeinträchtigung der Reise und für den Veranstalter ein konkreter Schaden durch Erfüllung von Schadenersatzansprüchen des Kunden entsteht. Denn das Reisebüro ist aufgrund seines Agenturvertrages als Handelsvertreter dem Veranstalter gegenüber für die Nichterfüllung seiner Pflichten haftbar bzw. schadenersatzpflichtig.

Haftung des Kunden

Die Haftung des Kunden aus dem Reisevertrag bezieht sich in der Regel auf die rechtzeitige Abnahme der Leistung und auf Zahlung des vereinbarten Reisepreises. Tritt ein Kunde eine Reise nicht an (Verletzung der Mitwirkungspflicht), so wird er dann schadenersatzpflichtig, wenn dadurch ein Schaden für den Veranstalter entsteht. Dieser Fall kann dann gegeben sein, wenn z. B. eine Gruppenreise nicht durchgeführt werden kann, da durch die Vertragsverletzung von mehreren Kunden die Mindestteilnehmerzahl nicht erreicht wird.

Der Grund einer Nichtzahlung des Reisepreises ist vorläufig noch unbedeutend, da branchenüblich der volle Reisepreis bei Aushändigung der Unterlagen fällig wird. Werden Reisen auf Rechnung bzw. Kredit verkauft, so können Veranstalter und auch das Reisebüro den Geldbetrag durch das gerichtliche Mahnverfahren eintreiben lassen (Mahnbescheid, Klage).

Bei **Rücktritt** des Kunden vom Reisevertrag hat das Reisebüro grundsätzlich das Recht auf Kostenerstattung (Stornogebühr). Der Rücktritt von einer Reise ist keine Vertragsverletzung des Kunden, da diese Möglichkeit im Reisevertrag vorgesehen ist und innerhalb bestimmter Fristen durch Zahlung einer pauschalen Rücktrittsgebühr vorgenommen werden kann.

Haftung des Kunden

(gegenüber Veranstalter und Vermittler)

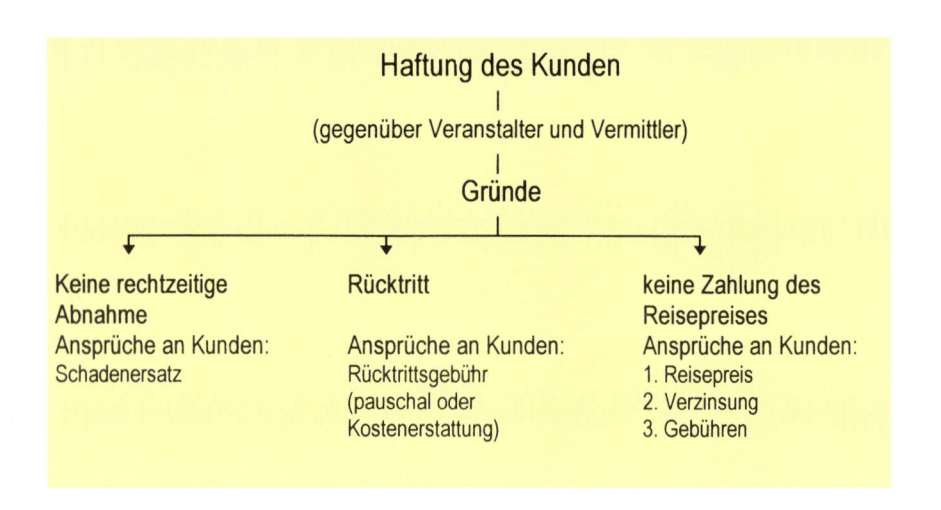

Gründe

Keine rechtzeitige Abnahme	Rücktritt	keine Zahlung des Reisepreises
Ansprüche an Kunden: Schadenersatz	Ansprüche an Kunden: Rücktrittsgebühr (pauschal oder Kostenerstattung)	Ansprüche an Kunden: 1. Reisepreis 2. Verzinsung 3. Gebühren

1.4.4.4 Allgemeine Reisebedingungen

Zusätzlich zu den bisher bestehenden gesetzlichen Regelungen werden bei Abschluß eines Vertrages über die Erbringung einer Leistung noch Bestimmungen aufgenommen, die in sog. **„Allgemeinen Reisebedingungen"** niedergelegt sind. Aus den allgemeinen Reisebedingungen geht hervor, welche Einzelregelungen für die Reise Bestandteil des Vertrages sein sollen[56]). Daher ist unumgänglich, daß z. B. dem Kunden der Inhalt der Reisebedingungen bekannt ist, bevor er den Vertrag schließt, da diese dann Bestandteil des Vertrages sind. Reisebedingungen sind im Prospekt abgedruckt, so daß z. B. auf dem Anmeldeformular deutlich auf diese zusätzlichen Bestimmungen verwiesen werden kann. Noch günstiger ist jedoch, wenn die „allgemeinen Reisebedingungen" auf der Rückseite des Anmeldeformulars abgedruckt sind. Aushängen in den Geschäftsräumen reicht gewöhnlich nicht aus, um diese zum Bestandteil des Reisevertrages zu machen.

Folgende Punkte werden im allgemeinen in den Reisebedingungen geregelt:

① Anmeldung und Bezahlung
② Umfang der Leistung
③ Änderung der Reise durch Veranstalter
④ Preise und Preisänderungen
⑤ Regelung bei Rücktritt
⑥ Regelung bei Ausfall der Reise
⑦ Inanspruchnahme von Teilleistungen
⑧ Haftung
⑨ Sonderregelungen
   (Versicherungen, Paß-, Visa-, Devisen-, Zoll- und Impfbestimmungen)
⑩ Gerichtsstand

---

[56] „Allgemeine Geschäftsbedingungen" (AGB) sind allgemein üblich und dienen dazu, den Vertrag näher zu bestimmen.

Als Beispiel sind die vom DRV entworfenen Reisebedingungen für den Veranstalter zu nennen, die für den Veranstalter den Rahmen darstellen, den er gestalten kann.

1.4.5 Verkehrsträger

Gemäß ihrer Bedeutung für den Tourismus werden die Reisetransportunternehmen i.d.R. folgendermaßen untergliedert:

- Straßenverkehr (PKW und Bus),
- Luftverkehr,
- Schienenverkehr,
- Wasserverkehr.

Wie bereits unter 1.4.2.2 erwähnt, stellen die Reisetransportunternehmen die für veranstaltete oder vermittelte Reiseleistungen erforderlichen Transportleistungen zur Verfügung; das sog. Angebot der Reisetransportunternehmen.

Bezüglich des **Straßenverkehrs** kann zunächst einmal festgestellt werden, daß der **PKW** seit Jahren das beliebteste Urlaubsverkehrsmittel darstellt. Im Rahmen des PKW-Reiseverkehrs unterscheidet man private Reisen mit dem eigenen PKW (selbst organisiert oder mit fremder Hilfe organisiert), mit Mietwagen und unter Einschaltung von Mitfahrzentralen von solchen, die als geschäftlicher PKW-Reiseverkehr zu bezeichnen sind. Besondere Bedeutung haben in diesem Bereich die Angebote der Automobilclubs, aber auch die Reisebüros bemühen sich verstärkt um PKW-Touristen.

Bedeutend ist auch die Transportleistung der **Busunternehmen**, die im Rahmen privater gewerblicher Personenbeförderung Ausflugsfahrten, Rundfahrten, Schulfahrten, eigene Reiseveranstaltungen sowie den sog. Gelegenheitsverkehr durchführen. Zwar ist trotz erhöhter Bemühungen um Komfort der Anteil am Reiseverkehrsaufkommen der 50er Jahre nicht wieder erreicht worden, aber dem Busreiseverkehr kommt zunehmende Bedeutung im Bereich der Zweiturlaubsreise, der Kurzreise und des Ausflugsverkehrs sowie der Studienreisen zu. Anteil am Reiseverkehr derzeit etwa 9%. Um die gesamte Bedeutung der Busreiseunternehmen überblickartig erfassen zu können, folgt die von Gauf 1987 im Handbuch veröffentlichte Übersicht.

Leistungspalette der Busunternehmen

A. Busreisen
- Rund- und Studienreisen
- Städtereisen
- Kurz- und Städtereisen
- Ferienzielreisen
- Clubreisen
- Gruppenreisen
- Kombinierte Reisen
- Winter/Skireisen
- Spezialevents/Sonderreisen

B. Mietomnibusverkehr
- Verkehrsträger für die unter A. aufgeführten Reisen sowohl für andere Reiseveranstalter als auch für die „eigene Reiseveranstaltungsabteilung"
- Vereine, Clubs
- Schulen
- Firmen, Behörden, Institutionen
- Incoming
- Werbefahrten
- Transfers
- Konzert-, Sport-, Kultur- und andere Veranstalter
- Messegeschäft
- für andere Verkehrsträger (z. B. Zubringertransfers für Kreuzfahrten)
- Seminare, Betriebsbesichtigungen, Fortbildungsveranstaltungen

C. Sonstige touristische Leistungen
- Betrieb von Reisebüros, einschließlich Ticketing Flug/Bahn/Schiff, Hotelvermittlung
- Zusatzleistungen wie Gestellung von Stadtführern, Reiseleitern, Reisebegleitern, Hostessen, Übersetzern
- Ausarbeitung von Reisen und touristischen Programmen für Auftraggeber
- Bordservice/Buscatering

D. Weitere Leistungsbereiche
- Werkstatt, Tankstellen, Spedition, Taxi, Gastronomie, Hotellerie, Lotto, Totto usw.

Gut 1000 Busunternehmer haben sich in der Gütegemeinschaft Buskomfort e.V. zusammengeschlossen, von der eine Klassifizierung ihrer ca. 3000 Busse vorgenommen wird. Die gesamte Maßnahme dient dazu, die Bedeutung des Transportmittels Bus zu erhöhen und für den Kunden bezüglich der unterschiedlichen Qualität erkennbar zu machen[57].

---

[57] Da es keine Richtpreise o.ä. gibt, müssen die Preise frei kalkuliert werden; vgl. auch: Füth & Partner. Kfm. Rechnen im Reiseverkehr. a.a.O.

Grundlegendes Kriterium hierbei ist der Sitzabstand; er beträgt beim ★-Bus = 68cm, beim ★★-Ausflugsbus = 72cm, beim ★★★-Reisebus = 77cm und beim ★★★★-Fernreisebus = 83cm.

Der **Luftverkehr** hat sich seit den 50er Jahren zu dem wichtigsten Reiseverkehrstransportmittel nach dem PKW entwickelt (Anteile am derzeitigen Reiseverkehr: PKW ca. 47%, Flugverkehr ca. 37%).

Grundsätzlich unterscheidet man zwischen dem Linienverkehr und dem Charterflugverkehr.

Der **Linienflugverkehr** ist an bestimmte Strecken (Linien) gebunden, muß der Öffentlichkeit zugänglich sein und muß darüber hinaus folgende Bedingungen erfüllen: Regelmäßigkeit, Betriebspflicht, Beförderungspflicht, Tarifzwang und Flugplanpflicht.

Die Flugpreistarife der Linienfluggesellschaften werden aufgrund internationaler Absprachen innerhalb der IATA festgelegt und müssen dann noch durch das Bundesverkehrsministerium genehmigt werden. Dazu kommen seit kurzer Zeit auch noch die **unveröffentlichten Marktpreise**, die sog. **NEGO-Fares**.

Ist eines der o. g. Kriterien nicht erfüllt, so handelt es sich um **Charterflugverkehr**. Grundsätzlich ist der Zugang zum Charterflugverkehr jedem Unternehmen offen, weswegen das Bundesverkehrsministerium das Angebot durch verschiedene Auflagen begrenzt.

Für den Reiseverkehr in Urlaubsgebiete sind die Pauschalcharterflüge besonders bedeutend, da sie fast 90 % des gesamten Charterflugaufkommens erbringen. Gemäß Freyer[58] chartert hierbei ein Reiseveranstalter meist über die gesamte Reisesaison ein Fluggerät eines (Charter-) Flugunternehmens (meist einmal pro Woche zu einem festen Flugtermin), stellt ein Pauschalreiseangebot zusammen, wobei er in seiner Preiskalkulation vollkommen frei ist[59], und sorgt mit eigenem Risiko für die Auslastung der Maschinen.

Für die Zulassung zum Charterflugverkehr bestehen bestimmte Auflagen, um vor allem keine Konkurrenz zwischen Charter- und Linienflügen aufkommen zu lassen. Die wichtigsten Vorschriften sind: Hin- und Rückreise von den selben Flughäfen, Mindestaufenthalt der beförderten Gäste, Zusatzleistungen durch Reiseveranstalter am Urlaubsort (vgl. IT-Reisen).

Ungefähr 80% des gesamten Charterflugaufkommens wird von vier Unternehmen bewältigt: Condor (ca. 27%), LTU (ca. 24%), Hapag Lloyd (ca. 18%) und Aero Lloyd (ca. 11%). Über 50% aller Charterflugreisen gehen nach Spanien (incl. Balearen und Kanaren). So starten allein fast 1 Mio. Touristen vom Flughafen Düsseldorf mit dem Ziel Palma de Mallorca (ca. 25% von ca. 3,8 Mio. deutschen Balearen-Touristen im Jahr 1999).

---

[58] Freyer, Walter. Tourismus. a.a.O.
[59] Preiskalkulation vgl. auch Füth & Partner. Kfm. Rechnen im Reiseverkehr. a.a.O.

Bezüglich der Linien-Tarife kann eine Grundinformation in Füth & Partner. Kfm. Rechen für Reiseverkehrsunternehmen (a.a.O.) erfolgen bzw. in den Tarifwerken der deutschen Lufthansa sowie in den CRS. Die Tarife für den Charterflugverkehr sind nicht veröffentlicht.

Waren es Mitte der 50er Jahre noch über 50% der Reisenden, die die Bahn als Hauptverkehrsmittel bevorzugten, so sind es heute ca. 6%, der Anteil des Busreiseverkehrs entspricht ca. 9%.

Die Bahn differenziert ihr Produkt hinsichtlich der Qualität und unterscheidet z. B. zwischen ICE, IC/EC oder Interregio und bietet dabei z. T. besondere Nebenleistungen an, wie z. B. Liegewagen, Speisewagen, Gepäckbeförderung, Autobeförderung, Fahrradverleih und Gepäckaufbewahrung. Dazu kommen neuerdings Park-Service für Autokunden, DB-Lounge und „Moonlight-Check-in" für Flüge ab Frankfurt/M.-Flughafen.

Die Preise sind zwar grundsätzlich durch ein Tarifsystem vorgegeben, sie sind aber abhängig von Reisezeit, Reiseklasse, Zugart, Zahl der Personen und Häufigkeit der Fahrt (Zeitkarten). Ermäßigungen erhalten insbesondere Bahn-Card-Inhaber.

Jugendliche und Senioren erhalten Sondertarife; das gilt auch für Reiseveranstalter zum Erstellen von Pauschalreisen.

In Deutschland spielt der Personentransport per Schiff nur eine geringe Rolle; er hat am Reiseverkehrsaufkommen einen Anteil von kaum 1%. Es handelt sich dabei insbesondere um Flußkreuzfahrten, Segeltörns und Ausflugsfahrten. International erfreut sich das Kreuzfahrtaufkommen stärkerer Beliebtheit, wobei Hauptreisezielgebiete das Mittelmeer, die Nordsee/Atlantik und die Karibik sind. Der hohe Tagespreis läßt die Wachstumsraten jedoch nur mäßig steigen.

Eine besondere Stellung im Rahmen der Darstellung des Verkehrsträgers „Luftverkehr" hat der sog. **Consolidator**.

Der Consolidator ist eine Art Großhändler im Reisebürogeschäft. Er kauft eine bestimmtes Kontingent Flugplätze ein und übernimmt ihr Verkaufsrisiko. Damit sichert er den Fluggesellschaften einen Anteil ihrer Umsätze und bekommt je nach Abnahmemenge Vorzugskonditionen von den Fluggesellschaften eingeräumt[60].

Die Funktion des Consolidators beschränkt sich in vielen Fällen nicht nur darauf, Flugkontingente zu Niedrigpreisen zu verkaufen. Er übernimmt im Einzelfall auch die Vermarktung von Sitzplatzkapazitäten unter erschwerten Bedingungen. So werden z. B. in Nebensaisonzeiten besonders schlecht laufende Flugziele durch Angebot und zielgerechte Vermarktung von speziellen Pauschalreisepaketen forciert.

---

[60] Vgl. Sabathil, S.. Lehrbuch des Linienluftverkehrs. Verlag Schule für Touristik, Frankfurt/M. u. Berlin, 1998.

Der Consolidator sorgt in diesem Fall für eine gute Auslastung und zusätzlichen Umsatz[61]. Negativ wirkt sich beim Verkauf von Flugreisen über Consolidatoren aus, daß niedrigere Preise für den Kunden eine schwächere Leistung signalisieren können und die Fluggesellschaften auf Dauer unter Preisdruck geraten. Fluggesellschaften, die Wert auf ihr Image bezüglich Qualität, Service und Zuverlässigkeit legen, müssen am ehesten mit dem Verlust der Kontrolle über den Preis als Angriff auf das Zentrum ihrer Marketing- Aktivität rechnen[62].

Mittlerweile führen viele Fluggesellschaften bereits selbst eine Preisdifferenzierung über sog. **"Upsell-Strukturen"** durch.[63]

1.4.6 Fremdenverkehrsdestinationen

Die Begriffe Fremdenverkehrsort oder Zielgebiet sollen übergreifend für die unterschiedlichen Anbieter wie Fremdenverkehrsgemeinden, -gebiete, -regionen, -länder, -ressorts sowie auch für die Stadt oder Landschaft gelten. Dabei ist wiederum nach natürlichen und abgeleiteten oder künstlichen Attraktivitätsfaktoren zu unterscheiden, und zwar sowohl gemäß Kaspar als auch Freyer.

Grundlage für die heutigen Einteilungen der Fremdenverkehrsorte war folgende Klassifizierung von Bernecker[64]:

FREMDENVERKEHRSORTE

I. **Naturbedingte Fremdenverkehrsorte**
   a) Erholungsort (Sommerfrischen, Winterorte, Sommer- und Wintersportzentren)
   b) Kurort (Badekurort, Trinkkurort, klimatischer Kurort, sonstige Kurorte)

II. **Kulturbedingte Fremdenverkehrsorte**
   a) Vergnügungszentren (Städte mit besonderen Einrichtungen oder Veranstaltungen der Unterhaltung);
   b) Studienzentren (Museumsstädte, Hochschulstädte, Forschungs-, Tagungs- und Kongreßstädte);
   c) Orte besonderer Einrichtungen und Veranstaltungen (historische Anlagen, Theaterstädte, Festspielorte).
   d) religiöse Zentren

III. **Verkehrsbedingte Fremdenverkehrsorte**
   a) Hafenorte
   b) Eisenbahnknotenpunkte
   c) Straßenknotenpunkte
   d) Flughäfen

---

[61] Vgl. Hopfgarten, T.. Aufsatz in: *Touristik aktuell*, Nr. 37/1991.
[62] Vgl. Krane, M.. Aufsatz in: *fvw-international*, Nr. 5/1991.
[63] Vgl. Lufthansa AG „Pricing" 1998.
[64] Bernecker, P.. Die Stellung des Fremdenverkehrs im Leistungssystem der Wirtschaft. Wien, 1956.

IV. Wirtschaftsbedingte Fremdenverkehrsorte
   a) Wirtschaftszentren
   b) Orte besonderer wirtschaftlicher Einrichtungen oder Veranstaltungen (Messen, Ausstellungsorte)

V. Politisch bedingte Fremdenverkehrsorte
   a) Hauptstädte
   b) Orte besonderer politischer Einrichtungen oder Veranstaltungen (Nationalheiligtümer, Orte politischer Feste und Feiern, Tagungen und Kongresse).

Diese wurden geographisch unter Einbeziehung von Ferienerholung, Naherholung, Wochenenderholung usw. von Kaspar folgendermaßen systematisiert:

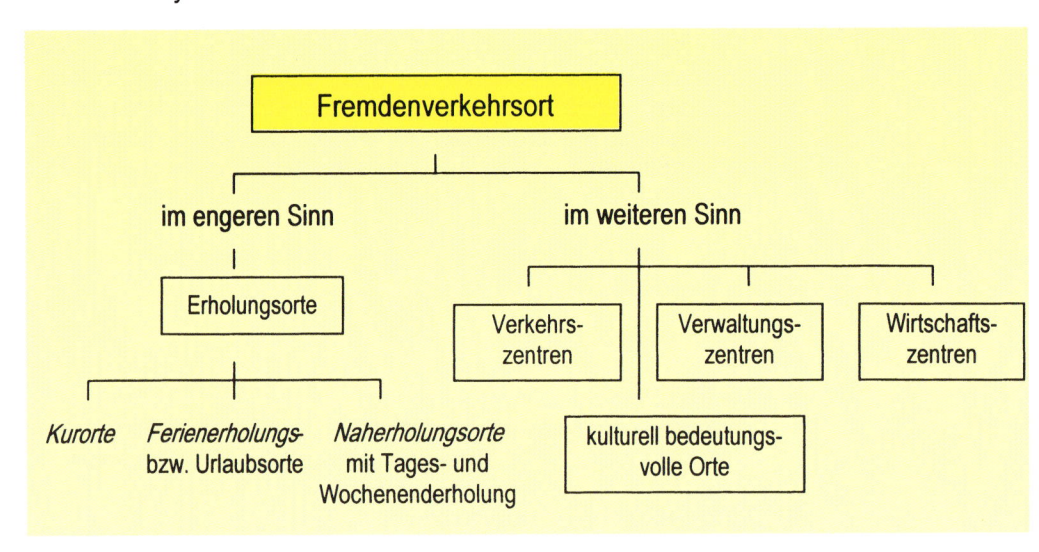

```
                          Fremdenverkehrsort
                     ┌───────────┴───────────┐
               im engeren Sinn          im weiteren Sinn
                     │              ┌─────────┼─────────┐
               Erholungsorte    Verkehrs-  Verwaltungs- Wirtschafts-
          ┌──────────┼──────────┐ zentren   zentren    zentren
     Kurorte  Ferienerholungs-  Naherholungsorte   kulturell bedeutungs-
              bzw. Urlaubsorte  mit Tages- und     volle Orte
                                Wochenenderholung
```

Auf die einzelnen Angebote der Fremdenverkehrsorte kann hier nicht näher eingegangen werden. Informationen erhält man in der Reiseverkehrsgeographie[65] und in den Publikationen des Verbandes der Kur- und Fremdenverkehrsfachleute (Darmstadt).

In Deutschland existieren ca. 2.400 Fremdenverkehrsorte, davon ca.:
- Heilbäder   → 187
- Seebäder   → 67
- Luftkurorte   → 273
- Erholungsorte → 818
- Großstädte   → 68
- Sonstige   → 1010

Das Produkt im Rahmen des touristischen Angebots ist demnach der Ort selbst mit seinen natürlichen und abgeleiteten Angebotsfaktoren.

---

[65] Vgl. Füth (Hrsg). Reiseverkehrsgeographie. a.a.O.

Zum einen hat jeder Ort eine gewisse Ausstattung an landschaftlichen, historischen und ökonomischen Faktoren, die ihn für Fremde interessant erscheinen lassen (das ursprüngliche Angebot) und zum anderen werden zusätzliche Angebote und Leistungen speziell für den Tourismus erstellt (das abgeleitete Angebot[66]).

Freyer stellt dies graphisch folgendermaßen dar:

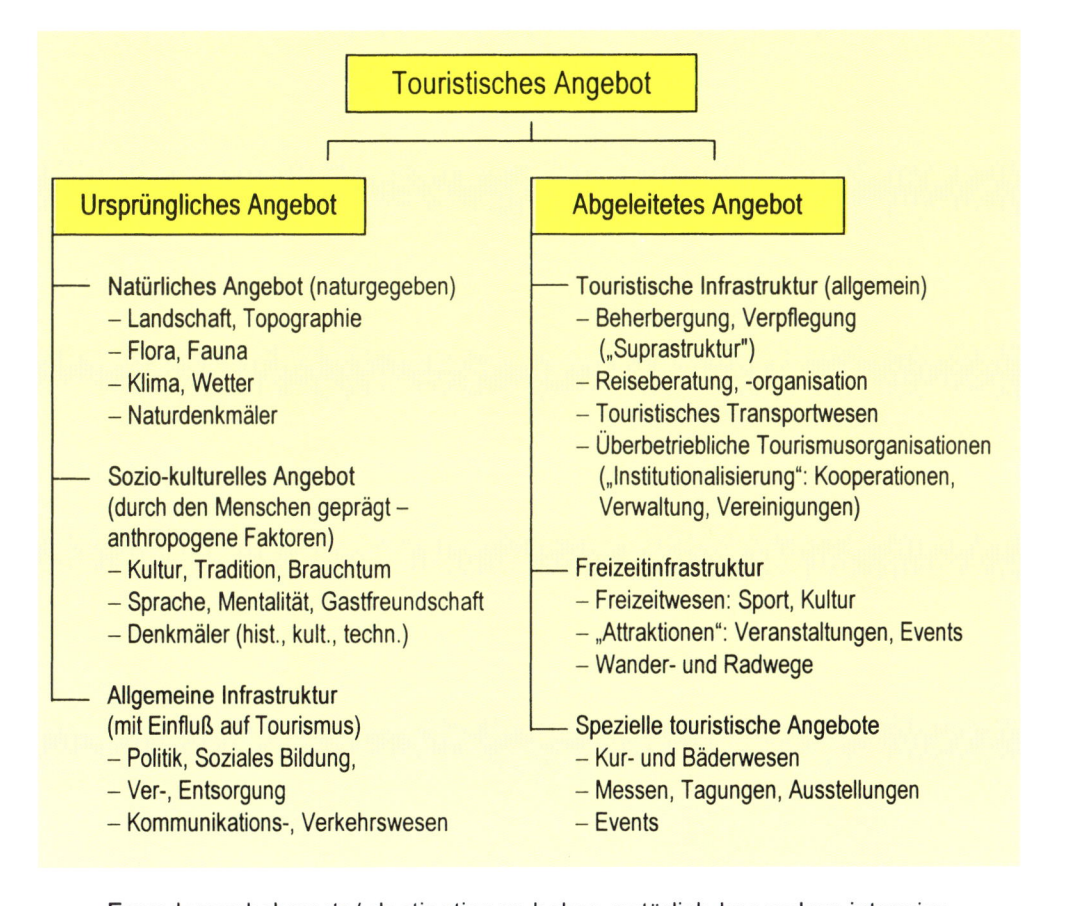

```
                    Touristisches Angebot
                    ┌──────────┴──────────┐
            Ursprüngliches Angebot    Abgeleitetes Angebot
```

Ursprüngliches Angebot

- Natürliches Angebot (naturgegeben)
  - Landschaft, Topographie
  - Flora, Fauna
  - Klima, Wetter
  - Naturdenkmäler

- Sozio-kulturelles Angebot
  (durch den Menschen geprägt – anthropogene Faktoren)
  - Kultur, Tradition, Brauchtum
  - Sprache, Mentalität, Gastfreundschaft
  - Denkmäler (hist., kult., techn.)

- Allgemeine Infrastruktur
  (mit Einfluß auf Tourismus)
  - Politik, Soziales Bildung,
  - Ver-, Entsorgung
  - Kommunikations-, Verkehrswesen

Abgeleitetes Angebot

- Touristische Infrastruktur (allgemein)
  - Beherbergung, Verpflegung ("Suprastruktur")
  - Reiseberatung, -organisation
  - Touristisches Transportwesen
  - Überbetriebliche Tourismusorganisationen ("Institutionalisierung": Kooperationen, Verwaltung, Vereinigungen)

- Freizeitinfrastruktur
  - Freizeitwesen: Sport, Kultur
  - "Attraktionen": Veranstaltungen, Events
  - Wander- und Radwege

- Spezielle touristische Angebote
  - Kur- und Bäderwesen
  - Messen, Tagungen, Ausstellungen
  - Events

Fremdenverkehrsorte/-destinationen haben natürlich besonders intensive Anstrengungen im Bereich des abgeleiteten Angebotes zu erbringen. Insbesondere kommen hier auch beachtenswerte Anstöße aus den angelsächsischen Ländern; Freyer spricht in Anlehnung an Holloway (The Business of Tourism, London 1985) von den **3 a's des touristischen Angebots von Destinationen**:

---

[66] Manche abgeleiteten Fremdenverkehrsangebote sind zu einem gewissen Teil auch von Einheimischen zu nutzen z. B. Hallenbäder, Wanderwege, Restaurants, andere hingegen ausschließlich von Touristen, z. B. die Tourist Information, Hotels usw.

a-1: attractions („Attraktionen"): Jeder touristische Ort hat eine gewisse Anzahl von natürlichen oder abgeleiteten Attraktionen aufzuweisen. Ihre Summe ergibt die Gesamtattraktivität eines Ortes oder einer Destination. In einem bestimmten Ausmaß besteht ein Trade-Off zwischen natürlichen und künstlichen Angeboten, d. h. auch Orte ohne bedeutendes Ausmaß an natürlichen Attraktionen können aufgrund künstlich geschaffener Angebote für Touristen attraktiv sein oder werden. So sind insbesondere attraktive Unterkünfte (5-Sterne-Hotels oder Ferienzentren), Freizeit-Attraktionen (wie Spaß -Bäder, Tierparks, Theater), medizinische Einrichtungen (wie Kurkliniken), Events (einmalige oder regelmäßige Veranstaltungen) zur Hauptattraktion einer bestimmten Destination werden.

Auch können ganze Destinationen künstlich geschaffen werden, wie z. B. „Disneyland", „Center Parks" oder – ironisch zu Ende gedacht – ein „Replikaland" (Heller 1990).

a-2: amenities („Annehmlichkeiten"): Am Ort selbst sind verschiedene touristische Einrichtungen notwendig, damit ein längerfristiger Aufenthalt möglich ist. Im wesentlichen handelt es sich um Möglichkeiten der Übernachtung und Verpflegung – Kaspar spricht daher auch von der „touristischen Suprastruktur". Doch auch weitere ergänzende Leistungen während des Aufenthalts gehören dazu, wie Reiseleitung, Besichtigungen, Ausflüge, Freizeitaktivitäten (v. a. Sport, Kultur), Veranstaltungen („Events") usw. Dies wird zumeist als touristische Infrastruktur bezeichnet, die speziell für den Tourismus erstellt worden ist. Aber auch Einrichtungen der allgemeinen Infrastruktur beeinflussen die Annehmlichkeit des Aufenthaltes, wie z. B. Kommunikationswesen, politische, wirtschaftliche und soziale Einrichtungen.

a-3: access („Anreise(möglichkeit)", besser: Zugang): Als dritte Voraussetzung für touristische Destinationen sind die Anreisemöglichkeiten oder der Zugang zu sehen. Sie betreffen vor allem die Verkehrsinfrastruktur. (Gute) Straßen-, Bahn- und Flugverbindungen (bei Fernreisedestinationen) sowie der öffentliche Nahverkehr (ÖPNV) beeinflussen das Urlaubs- und Geschäftsreiseaufkommen ebenso wie den Ausflugsverkehr.

Es ist somit Aufgabe der touristischen Produzenten eines Ortes / einer Destination ein entsprechendes Angebot an Attraktionen, Annehmlichkeiten und Anreisemöglichkeiten zu Verfügung zu stellen. Der schönste (natürliche) Strand wird nur wenige Touristen „anziehen", wenn keine Anreise möglich und keine Übernachtungs- und Verpflegungsmöglichkeiten vorhanden sind. Zudem wird die Dauer des Aufenthalts durch die Anzahl und das Ausmaß der Attraktionen am Ort abhängen[67].

Eine Sonderform des abgeleiteten touristischen Angebots stellen die verschiedenen Formen der Freizeit- und Ferienparks dar. Sehen Sie sich dazu folgende Graphik an:

---

[67] Vgl. Freyer, Walter. Tourismus. a.a.O.

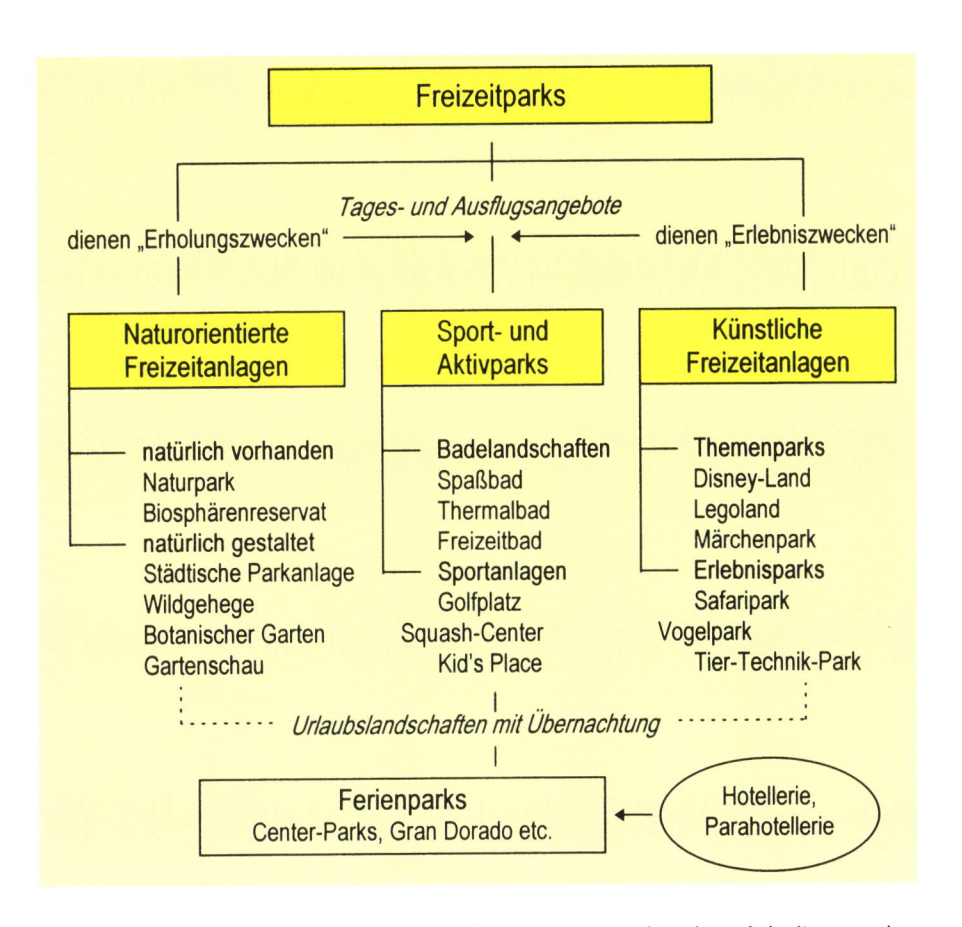

```
                            ┌─────────────────┐
                            │  Freizeitparks  │
                            └─────────────────┘
                                     │
        ┌────────────────────────────┼────────────────────────────┐
        │          Tages- und Ausflugsangebote                    │
  dienen „Erholungszwecken"  ─────►     ◄─────   dienen „Erlebniszwecken"
        │                            │                            │
┌───────────────────┐      ┌───────────────────┐      ┌───────────────────┐
│  Naturorientierte │      │     Sport- und    │      │     Künstliche    │
│   Freizeitanlagen │      │     Aktivparks    │      │   Freizeitanlagen │
└───────────────────┘      └───────────────────┘      └───────────────────┘
```

Naturorientierte Freizeitanlagen	Sport- und Aktivparks	Künstliche Freizeitanlagen
— natürlich vorhanden	— Badelandschaften	— Themenparks
Naturpark	Spaßbad	Disney-Land
Biosphärenreservat	Thermalbad	Legoland
— natürlich gestaltet	Freizeitbad	Märchenpark
Städtische Parkanlage	— Sportanlagen	— Erlebnisparks
Wildgehege	Golfplatz	Safaripark
Botanischer Garten	Squash-Center	Vogelpark
Gartenschau	Kid's Place	Tier-Technik-Park

·········· Urlaubslandschaften mit Übernachtung ··········

```
        ┌─────────────────────────────┐           ┌──────────────┐
        │         Ferienparks         │  ◄─────   │  Hotellerie, │
        │ Center-Parks, Gran Dorado etc.│         │ Parahotellerie│
        └─────────────────────────────┘           └──────────────┘
```

Als interessantes touristisches Phänomen regionaler Arbeitsgemeinschaften können hier auch noch die „Touristischen Routen" genannt werden. Diese kennt man auch unter den Bezeichnungen Ferien-, Urlauber-, Reise- oder Kulturstraßen oder -wege, und zwar auch im internationalen Bereich wie z. B. „Route 66" in den USA, die „Panamericana" oder „die Seidenstraße".

In Deutschland gibt es ca. 150 Touristische Routen, die unterschiedlich klassifiziert sind[68]. Sehen Sie sich diesbezüglich bitte die folgende Übersicht an:

---

[68] Vgl. Müller, G.. Touristische Routen als Marketinginstrument. Heilbronn, 1994.

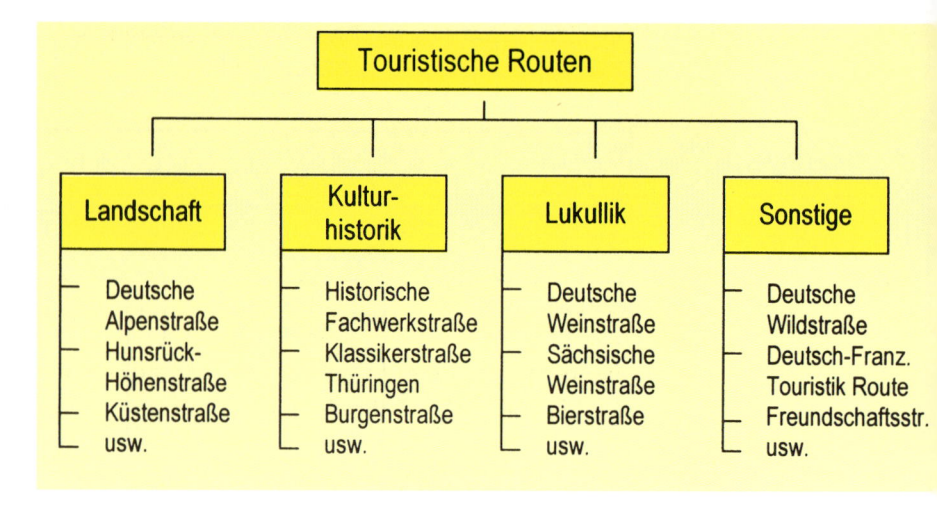

Touristische Routen			
Landschaft	**Kulturhistorik**	**Lukullik**	**Sonstige**
– Deutsche Alpenstraße – Hunsrück-Höhenstraße – Küstenstraße – usw.	– Historische Fachwerkstraße – Klassikerstraße Thüringen – Burgenstraße – usw.	– Deutsche Weinstraße – Sächsische Weinstraße – Bierstraße – usw.	– Deutsche Wildstraße – Deutsch-Franz. Touristik Route – Freundschaftsstr. – usw.

1.4.7 Beherbergungsindustrie

Das Hotel- und Gaststättengewerbe ist sowohl für die Tourismuswirtschaft als auch für die lokale Wirtschaft von großer Bedeutung, da u. a. z. B. in Deutschland über 75% der im Tourismus Beschäftigten im Hotel- und Gaststättengewerbe tätig sind.

Das Produkt der Beherbergungsindustrie ist nach Freyer[69] die Übernachtungsleistung, das Bett/Zimmer/Haus, eventuell verbunden mit Verpflegung (Halb- oder Vollpension oder „garni") und/oder sonstigen Betreuungs- und Unterhaltungsleistungen (vor allem bei Ferienhotels).

Die übliche Klassifizierung erleichtert dabei den einzelnen Anbieter- und Nachfragegruppen die Auswahl und Beschreibung der Angebote:

– den Hotelverkäufern erleichtert sie die Charakterisierung ihres Produkt(bündel)s,
– den Hoteleinkäufern (z. B. Reiseveranstalter) die Einordnung des Preis-Leistungs-Verhältnisses,
– den privaten Kunden die Auswahl einer ihren Bedürfnissen entsprechenden Unterkunft.

Vorsicht ist allerdings weltweit dadurch geboten, da sich weder die WTO- (World Tourism Organisation) noch die AIT- (Alliance International de Tourisme) Klassifikation durchgesetzt hat, so daß jedes Land, fast jeder Veranstalter und viele Hotelführer ihre eigenen Schemata haben. In der Regel wird mit bis zu 5 Sternen gearbeitet oder mit den Begriffen De-Luxe-, First-Class-, Second-Class-, Economy-Hotels oder Pensionen.

---

[69] Freyer, Walter. Tourismus. a.a.O.

Die Preisdifferenzierung für Beherbergungsleistungen ist sehr vielfältig, sie variiert:

- innerhalb des Beherbergungsbetriebes nach der Zimmerausstattung (z. B. mit/ohne DU/WC/Balkon/Meerblick),
- je nach Reisesaison (z. B. Haupt-, Vor-, Nebensaison oder Messe- und Ausstellungstermine),
- je nach Ort (z. B. Großstadt, Touristenzentrum),
- je nach Abnehmer bzw. Abnahmevolumen (z. B. Einzel-, Groß- oder Kontingentabnahmen, aber auch EZ, DZ, Sonderkonditionen).

In der Beherberungsindustrie findet man viele Arten und Formen, die aus der folgenden Übersicht deutlich werden[70]:

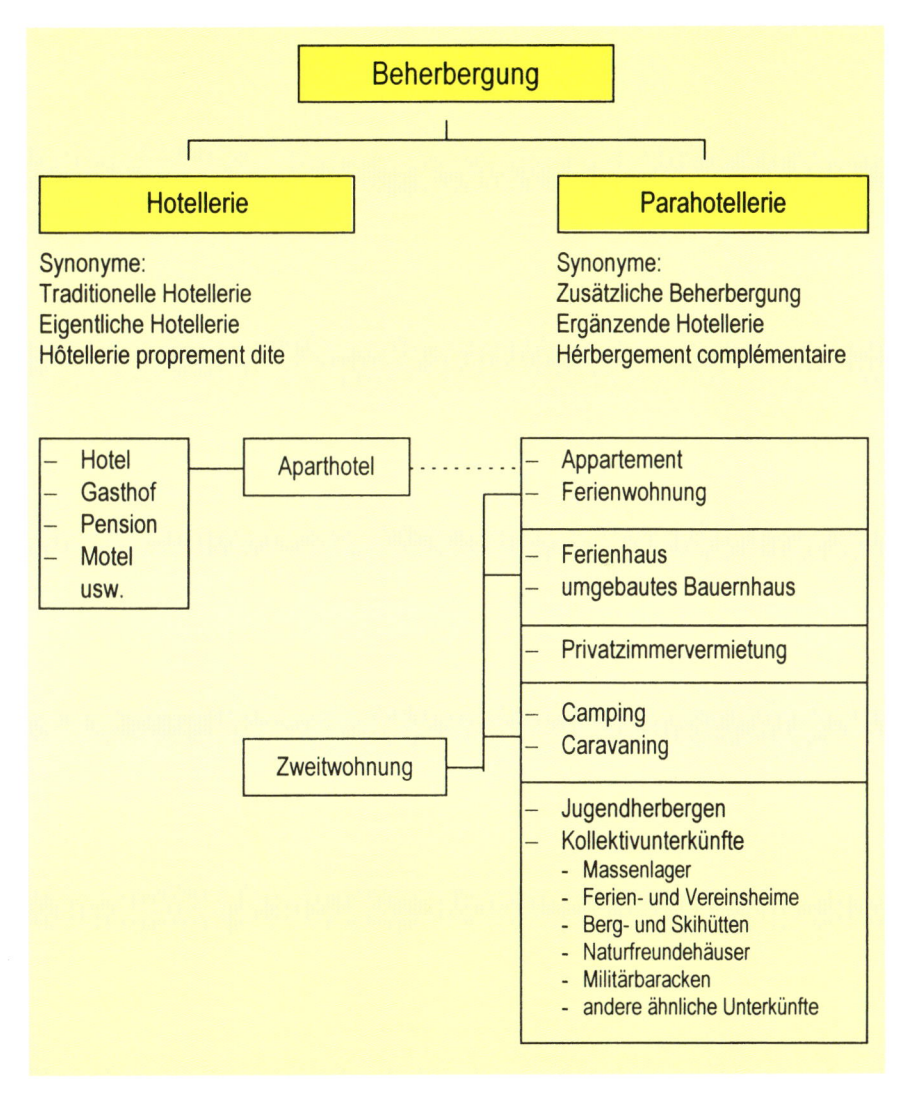

```
                        Beherbergung
                   ┌─────────┴─────────┐
                Hotellerie          Parahotellerie
```

Hotellerie
Synonyme:
Traditionelle Hotellerie
Eigentliche Hotellerie
Hôtellerie proprement dite

Parahotellerie
Synonyme:
Zusätzliche Beherbergung
Ergänzende Hotellerie
Hérbergement complémentaire

- Hotel
- Gasthof
- Pension
- Motel
usw.

Aparthotel

- Appartement
- Ferienwohnung

- Ferienhaus
- umgebautes Bauernhaus

- Privatzimmervermietung

- Camping
- Caravaning

Zweitwohnung

- Jugendherbergen
- Kollektivunterkünfte
  - Massenlager
  - Ferien- und Vereinsheime
  - Berg- und Skihütten
  - Naturfreundehäuser
  - Militärbaracken
  - andere ähnliche Unterkünfte

---

[70] Kaspar, Claude. Die Fremdenverkehrslehre im Grundriß. a.a.O.

1.4.8 Sonstige Anbieter
(Autovermieter, Reiseversicherer, Caravaning)

1.4.8.1 Autovermieter

Nach Statistiken des Bundesverbandes Deutscher Autovermieter existieren in Deutschland ca. 1.400 Autovermietungsunternehmen, die insgesamt ca. 1,74 Mrd. EUR (1994) umsetzen. Davon entfallen auf den Bereich PKW-Nutzung etwa 40 - 45% (30% geschäftliche Nutzung und 10 - 15% touristische Nutzung).

Merksatz: Aufgrund der international tätigen Anbieter kann man Mietwagen bei Ferienreisen für den Zielort vorausbuchen, und zwar entweder beim Autovermieter selbst oder über ein Reisebüro bzw. einen Reiseveranstalter.

Die sechs größten Autovermieter haben einen Marktanteil von etwa 50%. Während die Firma Hertz der weltweit größte Anbieter ist, gilt Avis als führender Anbieter im Bereich Tourismus, da hier mit ca. 5.500 Reisebüros etwa die Hälfte aller Reservierungen abgewickelt wird.

Firma 1993	Umsatz in Mio. EUR	Fahrzeugbestand	Stationen
Europcar	715	25.000	527
Sixt	765	15.000	250
Avis	615	16.000	330
Hertz	k. A.	15.000	230
CC-Autohansa	250	130.000	550

Quelle: Bundesverband Deutscher Autovermieter 1994

1.4.8.2 Reiseversicherungen

Im Sortiment der meisten Reisebüros sind Versicherungsleistungsangebote enthalten, die den versicherten Zielgruppen angepaßt sind und den Kunden das finanzielle Risiko, welches im Zusammenhang mit einer Reise entstehen kann, abnehmen sollen.

Versicherungsart	Tritt ein bei	Ausschluß (A) bzw. Einschränkung (E) u. a. bei
Reisegepäck-Versicherung	Schäden am Reisegepäck einschl. der auf dem Körper getragenen Sachen, u. a. durch Entwendung, Beschädigung, Zerstörung oder höhere Gewalt	A: Bargeld, Fahrkarten, Flugschein, Urkunden, Sammlungen, Wertsachen in unbeaufsichtigten Kraftfahrzeugen oder bei Vorsatz E: Schmuck und optische Geräte bis 50% der Versicherungssumme, Verlieren bis 10% der Versicherungssumme, max. 250,– EUR
Reise-Unfall-Versicherung	Tod oder Invalidität durch einen Unfall während der Reise	A: Kriegsereignisse, Kfz-Rennen, Drachenfliegen E: begrenzte Versicherungssummen für Personen über 75 Jahre und Kinder bis zum 14. Lebensjahr
Luftfahrt-Unfall-Versicherung	Unfällen: 1. vom Besteigen bis zum Verlassen des Flugzeuges 2. während des Aufenthaltes auf Zwischen- und Notlandeplätzen 3. Ersatzbeförderung	
Reise - Kranken-Versicherung	Krankheit und Unfall für die daraus entstehenden Kosten: Arzt, Krankenhaus, Medikamente, Rücktransport, Überführung im Todesfall	A: Kuraufenthalt, Geburt und Wochenbett
Reise-Haftpflicht-Versicherung	Personen- u. Sachschäden: 1. Prüfung der Haftpflichtfrage 2. Ersatz berechtigter Ansprüche 3. Abwehr unberechtigter Ansprüche	A: Besitz oder Führen von Kfz, Wasser- und Luftfahrzeugen
Reise - Rücktritts-Kosten-Versicherung	1. Nichtantritt der Reise (Rücktrittskosten) 2. Abbruch der Reise oder nachträgliche Rückkehr (zusätzl. Rückreisekosten) 3. Abbruch der Reise (nicht beanspruchte Reiseleistungen), sofern zusätzlich vereinbart 4. Nichtantritt oder Abbruch der Reise wegen Zahlungsunfähigkeit des Veranstalters, sofern zusätzlich vereinbart	E: Selbstbeteiligung 25,– EUR pro Person; bei Krankheit 20% des erstattungsfähigen Schadens, mindestens 25,– EUR pro Person

Versiche-rungsart	Tritt ein bei	Ausschluß (A) bzw. Einschränkung (E) u. a. bei
Autoreise-zug- und Fähr-Versicherung	Schäden durch Verlust und Beschädigung von der Übergabe an die Bahn/das Fährunternehmen bis zur Rückgabe	A: gewöhnl. Bruch und Rost-schäden E: Fähren: bei Beschädigung und Teilverlusten Selbstbeteiligung von 50,– EUR
Verkehrs-Service-Versicherung	Unfall, Panne oder Erkrankung u. a. für Pannenhilfe, Bergen, Abschleppen, Übernachtungen, Eisenbahnfahrt, Mietwagen, Kfz-Rückholung oder -Verzollung, Krankenrücktransport	A: widerrechtlicher Benutzung des Kfz, Teilnahme an Rennveran-staltungen
Fahrzeug- und Fahrer-Rechts-schutz-Versicherung	Streitfällen, die im Zusammenhang mit einem Fahrzeug stehen. Er-setzt werden u. a. Anwalts-, Gerichts- und Gutachterkosten bis 25.000,– EUR	A: widerrechtlicher Benutzung oder fehlender Zulassung des Kfz
Versicherung von Bei-standslei-stungen auf Reisen und Rücktrans-portkosten	Notfällen durch Krankheit, Unfall, Tod, Verlust von Reisezahlungs-mitteln und Reisedokumenten sowie bei Haft oder Haftandrohung	E: Vorschußleistungen müssen zurückgezahlt werden
Zusatz-Haftpflicht-versicherung für Mietwa-gen im Aus-land	Schadenersatzansprüchen, die über die für das im Ausland gemietete Kraftfahrzeug gültige Kfz-Haftpflichtversicherung hin-ausgehen.	

1.4.8.3 Caravaning

Neben der touristischen Nutzung von PKWs – was in Abschnitt 1.4.8.1 beschrieben wurde – ist in größeren Umfang bei Autovermietern auch das Geschäft mit sog. Reise- oder Wohnmobilen anzutreffen.

Der Caravan-Boom begann in den 60er Jahren und hat sich bis heute zu einem beachtlichen Markt mit ca. 1,4 Millionen Campingfahrzeugen ent-wickelt.

Ein älteres Stammpublikum verfügt überwiegend über eigene Fahrzeuge; wogegen neuerdings festzustellen ist, daß es immer mehr junge Leute gibt, die Reisemobile mieten. Etwa 15% der deutschen Urlauber verfügen über Erfahrungen mit Camping-/Caravan-Urlaub. Hierzu ist zu bemerken, daß der Komfort immer größer wird. Das top-Angebot besteht aus Cara-vans, in denen man sogar seinen PKW unterbringen kann, um so am Zielort unabhängig zu sein.

Selbstverständlich bezieht sich diese Urlaubsform nicht nur auf Deutschland. Über die Reiseveranstalter kann man Mietwagen für Rundreisen in fast allen Reisezielgebieten buchen. Beliebt sind dabei die nord- und südeuropäischen Länder, Kanada und die USA. Informationen erhält man bei den Reiseveranstaltern und bei der Reisemobil Union e. V. in Bad Zwischenahn.

Zur Wiederholung:

1. Was zählt alles zum touristischen Angebot? Gliedern Sie Ihre Antwort in 3 Gruppen und geben Sie je 3 Beispiele.

2. Definieren Sie den Begriff „Reiseveranstalter".

3. Was versteht man unter einer Pauschalreise?

4. Nennen und erläutern Sie die 8 Phasen des betrieblichen Phasenplans.

5. Definieren Sie das Angebot des Vermittlers.

6. Welche Arten von Reisebüros unterscheidet man? Geben Sie je ein Beispiel.

7. Wann ist das Reisebüro zugleich auch Veranstalter?

8. Was versteht man unter dem sog. Reisevertragsgesetz, und was ist in diesem geregelt?

9. Beschreiben Sie die Rechtsbeziehungen eines veranstaltenden Reisebüros zum fremden Leistungsträger und zum Kunden.

10. Welche Arten von Mängeln kann man unterscheiden und wann hat man Anspruch auf Schadenersatz?

11. Wann verjähren Rechtsansprüche aus einem Vertrag zwischen Kunden und Reiseveranstalter?

12. Nennen Sie die Grundlage der Geschäftsbeziehung zwischen Kunde und Reisemittler und gehen Sie auf die sich daraus ergebenden Rechte und Pflichten des Reisebüros ein.

13. Wofür haftet ein Reisebüro als
    a) Vermittler
    b) Veranstalter?

14. Welche Punkte werden in den sog. „Allgemeinen Reisebedingungen" geregelt? Nennen Sie mindestens 8 Punkte.

15. Erklären Sie das Aufgabengebiet eines sog. „Consolidators".

2 Situations- und fachgerechte Beratungsgespräche planen und unter Anwendung von Kommunikations- und Präsentationstechniken führen

Obwohl jeder/jede von Ihnen sich für einen Serviceberuf entschieden hat, wird der Umgang mit den Kunden eine besondere Herausforderung darstellen. Das gilt nicht nur für die große Zahl der deutschen Kunden, sondern auch insbesondere für den Umgang mit ausländischen Kunden. Allgemeine Fremdsprachenkenntnisse reichen hier nicht aus; sie müssen durch fachspezifisches Vokabular und durch spezielle Redewendungen auf ein Niveau gebracht werden, welches eine mündliche und schriftliche Kommunikation in tourismusbetriebsüblichen Standardsituationen erlaubt.

Dies geschieht entweder in der Berufsschule durch einen entsprechenden Fremdsprachenunterricht oder durch spezielle Fremdsprachenkurse, die mit einer IHK-Prüfung abgeschlossen werden (z. B. ESBT-Prüfung der IHK Düsseldorf – europaweit anerkannt)[71].

2.1 Phasen des Verkaufsgespräches[72] mit intensiver Kundenberatung

Es ist recht schwierig, den Auszubildenden das zu vermitteln, was man häufig als „erfolgreiches Verkaufen" bezeichnet. Wer das Glück hat, von einem guten „Verkäufer" ausgebildet zu werden, der müßte eigentlich nur gut beobachten und nachahmen können....

Besser jedoch ist es, sich einmal die Phasen des Verkaufsgesprächs vor Augen zu führen:

Phasen des Verkaufsgesprächs:

- Vorbereitung
- Begrüßung
- Bedarfsermittlung
- Angebot und Beratung
- Verkauf
- Abschluß

---

[71] ESBT = Europäische Sprachenprüfung für Berufspraktiker in der Tourismusbranche (IHK Düsseldorf, Postfach 10 10 17, 40001 Düsseldorf).
[72] vgl. auch Janeck, Wolfgang. Erfolgreich verkaufen. DER-Akademie, Frankfurt/M., 1998.

2.1.1 Vorbereitung, Begrüßung und Kontaktphase

Im Rahmen der Vorbereitungen von Kundenkontakten muß eine förderliche Atmosphäre geschaffen werden. Verkäufer/in und Beratungstisch /-ecke müssen auf Kunden von Beginn an freundlich und ansprechend wirken. Der Arbeitsplatz muß zweckdienlich hergerichtet sein (z. B. Reservierungssystem muß gestartet sein) und die Beratung Kommunikationsbereitschaft signalisieren (z. B. nicht mit Rücken zum Kunden stehen oder mit Kollegen „schwätzen").

So vorbereitet kann direkt mit dem Kunden freundlicher Blickkontakt aufgenommen werden. Etwa zeitgleich stehen wir auf und begrüßen den Kunden, indem wir unseren Namen nennen und uns seinen nennen lassen. Bei Stammkunden erfolgt natürlich direkt die Begrüßung mit Namen. Im Anschluß an diese Begrüßungsphase leiten wir in die Kontaktphase über, indem wir den Kunden nach seinem Wunsch fragen: z. B. „Bitte, **wie** kann ich Ihnen helfen?" Bittet der Kunde lediglich um Prospekte, so fragen wir sofort nach der geplanten Urlaubsart und begründen unsere Frage; z. B. „Für welche Urlaubsart suchen Sie Prospekte, ich möchte Ihnen gerne die mitgeben, die für Sie interessant sind."

Nach der Kundenantwort bieten wir dem Kunden Platz an. Es gibt nun zwei mögliche Reaktionen: der Kunde lehnt dies ab, oder er nimmt unser Angebot an.

Lehnt der Kunde es ab, Platz zu nehmen, so können wir beispielsweise das mögliche Angebot im Prospekt markieren. Jedenfalls sollten wir unsere Visitenkarte überreichen und – bevor wir uns verabschieden – deutlich werden lassen, daß wir ihn gerne beraten würden.

Im anderen Falle sagt der Kunde zu unserem Platzangebot vielleicht: „Ja, gerne." Und wir erwidern: „Bitte, nehmen Sie Platz."

Bevor wir nun mit der Bedarfsermittlung beginnen, fassen wir die Begrüßungsphase noch einmal stichwortartig zusammen:

Begrüßungsphase:

- Blickkontakt
- Aufstehen
- Begrüßung – ggf. mit Namen
- Frage nach Wunsch
  (z. B.: „Bitte, **wie** kann ich Ihnen helfen?")
  Kundenaussage...
- Ja, gerne...
- Bitte, nehmen Sie Platz

2.1.2 Bedarfsermittlungsphase

Nachdem der Kunde bequem Platz genommen hat, fragen wir zunächst, wann er verreisen möchte. Eine Aussage hierzu macht es uns möglich, die betreffende Saisonzeit zu bestimmen. Erst danach fragen wir nach Reisedauer und Anzahl der an der Reise teilnehmenden Personen.

Sobald wir diese eher technisch notwendigen Angaben haben, müssen wir uns stärker in die Psyche des Kunden hineindenken, indem wir fragen: „Wie stellen Sie sich Ihren Urlaub vor?"

Wir müssen hier also die Urlaubsmotive ermitteln, so wie wir sie bereits aus Kapitel 1 kennen. Vorsicht ist in diesem Zusammenhang deswegen geboten, weil zu den bewußten Motiven (z. B. Erholung, Tapetenwechsel, Sport treiben, Sonnen, Abenteuer) auch noch unausgesprochene Motive kommen können (z. B. Partnersuche, sich um die Familie kümmern, Geltungsbedürfnis).

Bedenken müssen wir zudem, daß die Wünsche des Kunden nicht nur aus seiner inneren Überzeugung kommen müssen, sondern auch beeinflußt werden können durch[73]:

- die persönlichen Verhältnisse des Kunden
  (z. B. Urlaubsbudget, Urlaubszeitraum, Gesundheit, Alter, Bildung, Reiseerfahrungen)
- die Einflüsse der Umwelt auf den Kunden
  (z. B. Wohnumgebung, Klima, Arbeitsmarkt, Ferienordnung, Umweltschutzfragen)
- der Einfluß der Medien auf den Kunden
  (z. B. Fernsehen, Radio, Film, Tagespresse, Zeitschriften, Kataloge, Schaufenster des Reisebüros)
- Einflüsse aufgrund von Empfehlungen
  (z. B. Familie, Nachbarn, Freunde, Kollegen, Bekannte)

Merksatz: Hatte schon in der Begrüßungsphase **non-verbale** (Blickkontakt, Lächeln, Aufstehen) und **verbale Kommunikation** (Begrüßung, Frage nach Wunsch) stattgefunden, so muß gerade in dieser schwierigen Phase der „Urlaubs-Wunsch-Ermittlung" insbesondere auf non-verbale Signale geachtet werden.

Schaut der Kunde während des gemeinsamen Gesprächs auf die Uhr, so könnte dies ein Signal für Ungeduld sein. Wir sollten es aber nicht bei dieser Vermutung belassen, sondern den Kunden danach fragen. Es kann sein, daß er nur Geld in die Parkuhr nach werfen muß, es kann aber auch sein, daß er wenig Zeit hat, so daß es sich empfiehlt, für die Fortsetzung des Gesprächs einen neuen Termin zu vereinbaren.

---

[73] Vgl. Klutmann, Malte. Beraten und Verkaufen im Reisebüro. Niedecken Verlag, Hamburg, 1995.

Aber es gibt auch noch andere non-verbale Kommunikations-Signale wie z. B. Beine übereinanderschlagen (Kunde hat Zeit, fühlt sich wohl?), Arme verschränken (Kunde verhält sich abweisend, Unsicherheit?) im Katalog blättern (Kunde fühlt sich nicht verstanden, Unentschlossenheit?) oder dem Blick ausweichen (Kunde hat kein Interesse, Ablehnung?).

> Wir sollten allerdings auch einmal überlegen, wie diese non-verbalen Kommunikations-Signale bei einem geschulten Kunden ankommen, falls sie vom Verkäufer ausgehen...

Aber auch bei der verbalen Kommunikation gibt es einige Punkte, die wir unbedingt vermeiden müssen: undeutliches Sprechen (nuscheln); armseligen Wortschatz (super, o.k., toll); zu schnelles, zu langsames, zu lautes oder zu leises Sprechen; falschen Ton (albern, ironisch, arrogant) oder Verwenden von zu vielen Fachausdrücken (canceln, available).

Wissen wir nun, wie sich unser Kunde seinen Urlaub vorstellt, so fragen wir nach der gewünschten Unterkunftsart und nach dem Verkehrsmittel, mit dem er gerne anreisen möchte. Erst dann können wir dem Kunden ein adäquates Angebot unterbreiten. Zuvor fassen wir aber noch einmal alle Punkte der Bedarfsermittlung zusammen:

Bedarfsermittlung:

- Wann möchten Sie verreisen?
- Wie lange möchten Sie bleiben?
- Wie viele Personen werden mit Ihnen verreisen?
- Wie stellen Sie sich Ihren Urlaub vor?
- Welche Unterkunftsart wünschen Sie?
- Wie möchten Sie gerne anreisen?

Hat man auf diese Weise noch einmal alle Punkte der Bedarfsermittlung zusammengefaßt, so kann man ein fundiertes Angebot unterbreiten.

2.1.3 Angebots- und Beratungsphase

Hatten wir es bei Vorbereitungs-, Begrüßungs-, Kontakt- und Bedarfsermittlungsphase mit einem Teil der Verkaufstechnik zu tun, den man sich in rasch überschaubarer Zeit antrainieren kann, so kommen in der Angebotsphase noch Fachwissen und Zielgebietskenntnisse erschwerend hinzu.

Schön wäre es, wenn man aus persönlicher Kenntnis der Zielgebiete heraus beraten könnte. Hier muß allerdings angemerkt werden, daß die ganze Lebensarbeitszeit wohl kaum ausreichen würde, um dies in die Tat umzusetzen...

Natürlich eignet man sich einen Teil seiner Zielgebietskenntnisse durch Teilnahme an Informationsreisen und länderkundlichen Schulungen (z. B. bei Veranstaltern) an, aber den größten Teil muß man sich auf andere Weise beschaffen. Zu nennen wären hier insbesondere die intensive Beschäftigung mit Katalogen, das Lesen von länderkundlichen Berichten in Wochenendbeilagen der Tageszeitungen, in Fachzeitschriften und Reiseführern, die Aufbereitung von Kunden- und Kollegenerfahrungen, die gezielte Auswahl der eigenen Urlaubsziele und der Besuch von Tourismusmessen (z. B. ITB).

Unser Interesse richtet sich dabei zunächst auf Ziele, die viel verkauft werden, von denen wir persönlich aber wenig wissen.

Informationen für den Ausbildungsbereich erhält man hierfür natürlich auch z. B. aus dem Lehrbuch „Füth & Partner: Reiseverkehrsgeographie."

Auf diese oder jene Weise gut vorbereitet können wir uns jetzt der Angebotstechnik widmen. Hierbei ist von besonderer Wichtigkeit, daß wir erkennen, daß es einerseits auf die Wünsche des Kunden ankommt, jedoch andererseits auch auf Aspekte der Verkaufssteuerung (z. B. Erreichen von Mindestumsätzen bei einem bestimmten Veranstalter, um Super-Provision zu erhalten).

Gehen wir aber zunächst vom Kundenwunsch aus, so versteht es sich eigentlich von selbst, daß wir erst anbieten, nachdem wir die Wünsche des Kunden auch wirklich kennen und uns überzeugt haben, daß unser Angebot auch verfügbar ist.

Erst dann unterbreiten wir ein Angebot, indem wir auch dem Kunden die Katalogunterlage vorlegen, aus der wir unsere Erläuterungen geben. Hier haben wir natürlich die Wahlmöglichkeit im Rahmen der Verkaufssteuerung: es ist in der Regel unsere Sache, von welchem Veranstalter wir den Katalog präsentieren.

Da in den Katalogen nur Produktbeschreibungen enthalten sind, müssen wir für unser Angebot Verkaufsargumente finden, die über die Merkmale des Produktes hinausgehen.

Wir müssen dem Kunden die Vorteile eines Produktes vor Augen führen. Steht also beispielsweise im Katalog, daß es einen Bus-Shuttle vom Hotel zum Strand gibt, so kann man dem Kunden, der schon berufsmäßig viel Auto fahren muß, erklären, daß sich bei diesem Angebot das Mieten eines Fahrzeuges erübrigt.

Merksatz: Es geht hierbei also darum, die Merkmale eines Produktes, die im Katalog aufgeführt sind, in Verkaufsargumente umzuwandeln. Dabei führt der Weg über die Vorteile eines Produktes zu deren Nutzen für den Kunden.

Wir unterscheiden demnach die

Angebotstechnik

- Kundenwunsch ist entscheidend
- Also, erst Kundenwunsch genau ermitteln
- Dann überprüfen, ob vorgesehenes Angebot verfügbar
- Anschließend Angebot dem Kunden unterbreiten (1 Katalog für Kunden/1 Katalog für Verkäufer)

von der

Argumentation

- Merkmale des Produktes darstellen (Katalog)
- Vorteile des Produktes herausstellen
- Nutzen des Produktes für Kunden hervorheben

Oftmals reichen die Verkaufsargumente, die wir anhand des Kataloges oder aufgrund unserer Erfahrungen geben können, einfach nicht aus. Wir müssen dann für unser Beratungsgespräch weitere Hilfen heranziehen.

Der Computer – als Informations- und Reservierungssystem – liefert uns einerseits Angaben über z. B. Flugzeiten, Vakanzen, Bahnverbindungen und Preise und andererseits kann er – falls wir einen Internet-Zugang haben – die gesamten Informationen über fast jedes Zielgebiet unserer Welt liefern.

Vielfach machen wir hiervon noch keinen Gebrauch; wenn aber die Kunden mit Informationen aus dem Internet zu uns kommen, dann spätestens wird jeder erkennen, daß er sich mit diesem verkaufsfördernden Mittel intensiv beschäftigen muß.

Bislang gibt es allerdings auch noch Verkaufshilfen wie z. B. die Videokassette und die CD-ROM, die uns von Veranstaltern, Hotels und Fremdenverkehrsämtern zur Verfügung gestellt werden.

Nach Darstellung einiger Kommunikationstechniken (Fortsetzung in Abschnitt 2.2) und Hinweisen auf Präsentationstechniken, muß hier natürlich darauf hingewiesen werden, daß ein Teil davon notwendigen Standard bedeutet und ein anderer Teil von den Möglichkeiten des jeweiligen Ausbildungsbetriebes abhängt.

In jedem Falle – auch wenn nur eine Präsentationstechnik Anwendung finden kann – muß auf eine kundenfreundliche Darbietung Wert gelegt werden. In diesem Zusammenhang empfiehlt es sich auch, dem Kunden – je nach Einrichtung – z. B. verschiedene Getränke anzubieten. Dies fördert den entspannten weiteren Verlauf des Verkaufsgespräches.

Haben wir den Kunden rundum gut informiert und beraten, so wird man hier spätestens auf den Preis zu sprechen kommen. Kunden, die von vornherein angeben, möglichst preiswert verreisen zu wollen, sind hier nicht gemeint, denn deren Wünsche hätten wir dann schon in der Bedarfsermitttlungsphase mit berücksichtigt.

Geht aber ein Kunde von sich aus nicht auf den Preis ein, so müssen wir vor der Preisnennung unbedingt Merkmale, Vorteile und Nutzen unseres Angebotes herausstellen, damit der Kunde keinen „Preisschock" erleidet. Es handelt sich hier um ein sensibles Gebiet, wo wir ständig bemüht sein müssen, einen Ausgleich zwischen Nutzen und Preis deutlich werden zu lassen. Dabei erläutern wir noch einmal, wie sich der Preis zusammensetzt und zeigen auch noch einmal die Ermäßigungen auf, die wir anbieten können.

Dennoch kann der Kunde – kurz vor der Verkaufs- und Abschlußphase – einfach – nach all unseren Beratungsmühen – sagen: „So teuer hatte ich mir die Reise nicht vorgestellt". Hier können wir keinesfalls widersprechen, da es ja die individuelle Einschätzung des Kunden ist. Allerdings können wir noch einmal auf die Vorteile hinweisen und anbieten: eine bequeme Ratenzahlung z. B. über ein Kreditinstitut vermitteln zu wollen.

Durch diese Hinweise kommt der Kunde vielleicht auf noch bessere Lösungen (z. B. sich die Reise zu Weihnachten oder zum Geburtstag schenken zu lassen) und ist bereit, unserem Beratungsgespräch weiter zu folgen.

Merksatz: Einwände seitens des Kunden können grundsätzlich **kundenbezogen** und/oder **produktbezogen** sein.

Wir haben soeben („Preis zu hoch") einen **kundenbezogenen** echten Einwand kennengelernt; es gibt jedoch auch kundenbezogene unechte Einwände, die auch als Vorwand bezeichnet werden, wenn jemand z. B. sagt, die Reise sei ihm zu weit, obwohl er meint, sie ist zu teuer.

Bei **produktbezogenen** Einwänden gibt es objektiv richtige (wenn z. B. auf nachgewiesene Wartungsmängel eines Carriers hingewiesen wird) und solche, die objektiv unrichtig sind, d. h. Vorurteile darstellen (wenn ein Kunde z. B. gehört haben will, daß die Charterfluglinien unsicherer seien als Linienfluggesellschaften).

2.2 Verkaufs- und Abschlußphase, Reisevertrag, Nachbereitung von Kundenkontakten und Reklamationsmanagement

2.2.1 Verkaufsphase

Für die Bedarfsermittlung hatten wir mit offenen Fragen gearbeitet (z. B. „Wofür interessieren Sie sich?"), um mit dem Kunden ins Gespräch zu kommen und möglichst viel zu erfahren.

Jetzt bei der Entscheidungsführung müssen wir auf geschlossenen Fragen übergehen. So könnten wir beispielsweise fragen: „Möchten Sie weitere Informationen über das Hotel Alpha auf Mallorca?" Hier wird vom Kunden eine präzise Antwort erwartet, also entweder „ja" oder „nein". Zu den geschlossenen Fragen gehören auch die Alternativfragen: „Möchten Sie vom 03. - 17. oder vom 08. - 22. fahren?" Hier wird durch die präzise Antwort der Wunsch des Kunden so eingeengt, daß wir für eine Buchungsanfrage konkrete Informationen besitzen.

Sollte der Kunde z. B. sich zwischen 2 Hotels nicht entscheiden können, so hilft vielleicht eine Suggestivfrage: „Sind Sie nicht auch der Meinung, daß dem Hotel Beta aufgrund des reichhaltigeren Sportangebotes der Vorzug zu geben ist?" Sie geben auf diese Weise die Antwort durch die Frage schon vor, und es fällt dem Kunden eventuell leichter, die verkaufsentscheidende Antwort zu geben.

Die Verkaufsphase besteht aus einer kurzen Zusammenfassung des Angebotes und der Einholung der wunschgemäßen Bestätigung. Daran schließt sich dann die eigentliche Buchungsfrage an.

Hier gibt es zwei mögliche Kundenantworten. Schauen Sie sich dazu bitte die folgende Übersicht an:

```
                    ┌──────────────────┐ [74]
                    │  Buchungsfrage   │
                    └──────────────────┘
                      mögliche Antworten
            ┌─────────────┴─────────────┐
        ┌───────┐                   ┌───────┐
        │  JA   │                   │ NEIN  │
        └───────┘                   └───────┘
            ↓                           ↓
  Ich möchte/kann noch          Ich will noch
  nicht entscheiden o.ä.        nicht entscheiden o.ä.
            ↓                           ↓
        ┌────────────────────────────────────────┐
        │  Wovon hängt Ihre Entscheidung noch ab? │
        └────────────────────────────────────────┘
            ↓                           ↓
  Ich möchte erst mit           Ich möchte mich gerne
  meiner Familie sprechen       noch woanders beraten
  oder                          lassen o. ä.
  Ich weiß noch nicht, was
  meine Freunde dazu
  sagen o. ä.
            ↓                           ↓
        ┌────────────────────────────────────────┐
        │       Neutral Verständnis zeigen        │
        └────────────────────────────────────────┘
            ↓                           ↓
  Ich kann Sie verstehen        Natürlich, gerne – das ist
                                Ihr gutes Recht
            ↓                           ↓
        ┌────────────────────────────────────────┐
        │        Vorsorgliche Reservierung        │
        └────────────────────────────────────────┘
            ↓                           ↓
  Nehmen wir an, Ihre Familie   Nehmen wir an, Sie ent-
  entscheidet sich auch dafür,  scheiden sich doch für
  dann wäre es doch sicher      meinen Vorschlag – dann
  schade, wenn es ausgebucht    wäre es doch sicher schade,
  wäre, deshalb...              wenn dann alles ausgebucht
                                wäre, deshalb...
```

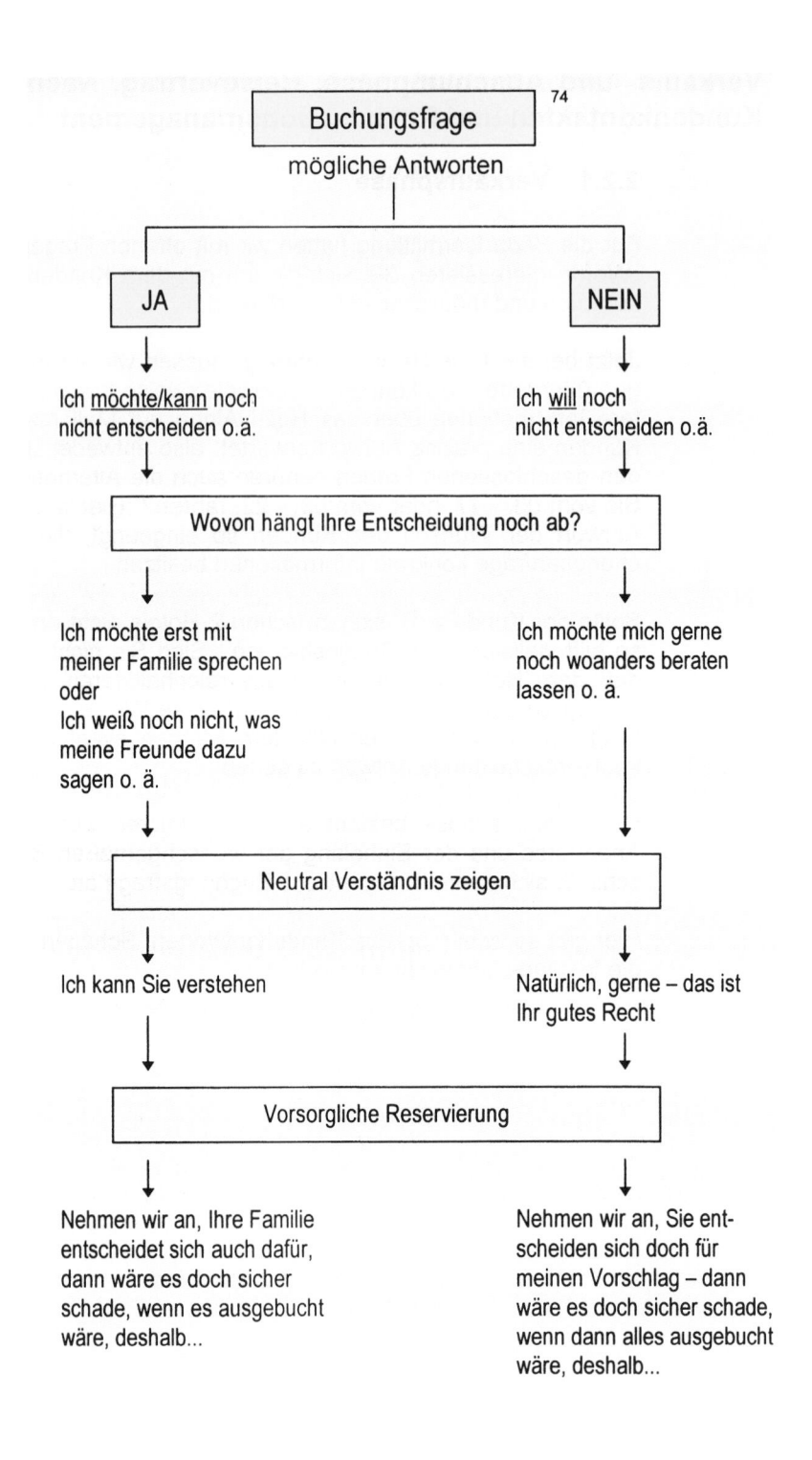

[74] Vgl. Janeck, Wolfgang. Erfolgreich verkaufen. a.a.O.

Die Verkaufsphase – wie soeben beschrieben – kann also in beiden denkbaren Fällen zum Abschluß führen.

2.2.2 Abschlußphase

Der Abschluß manifestiert sich in unserer Branche in der Form einer sog. **Reiseanmeldung**. In diesem Zusammenhang sind Hinweise auf

- Reisebedingungen
- Reiserücktrittskostenversicherung
- Einreisebestimmungen

zu geben, die Sie sich dann vom Kunden durch Unterschrift anerkennen lassen. Anschließend bitten Sie den Kunden um eine **Anzahlung**, die nur zu leisten ist, wenn Sie dem Kunden sofort den sog. **Sicherungsschein** aushändigen können.

Wichtig ist es, wenn über die eigentliche Reise Einigung erzielt wurde, dem Kunden **Zusatzverkäufe** anzubieten. Üblicherweise handelt es sich dabei um:

- Versicherungen
- Mietwagen
- Transfer (z. B. Wohnung – Flughafen)
- Ausflüge
- usw.

Danach weisen Sie den Kunden auf die Zahlungsmodalitäten bei Übergabe der Reiseunterlagen hin und bedanken sich für die Buchung, indem Sie bei dieser Gelegenheit noch einmal die Entscheidung des Kunden bestätigen. Schließlich verabschieden Sie sich von dem Kunden und vergessen dabei nicht zu erwähnen, daß Sie bei Eintreffen der Reiseunterlagen von sich aus anrufen werden...

2.2.3 Reisevertrag

Das Ergebnis der Verkaufs- und Abschlußphase welches an den Veranstalter/Leistungsträger weiter geleitet wird, bezeichnet man kurz als Reisevertrag. Dieser Reisevertrag kommt zwischen Kunden und Reiseveranstalter zustande; das Reisebüro ist als Reisevermittler nur Erfüllungsgehilfe des Veranstalters. Da dies den Kunden oft nicht klar ist, versuchen wir, uns dies mit folgender Graphik zu verdeutlichen:

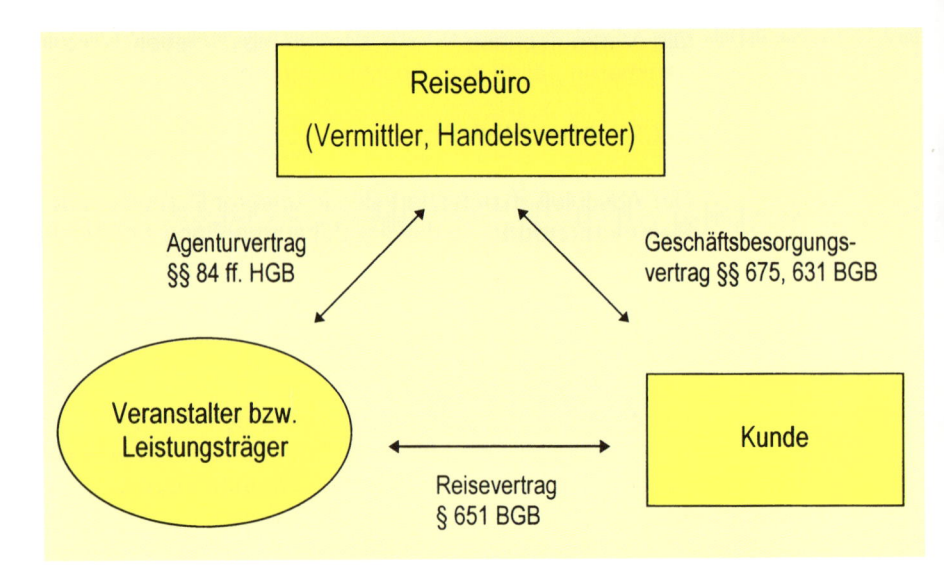

```
                    Reisebüro
            (Vermittler, Handelsvertreter)

  Agenturvertrag                    Geschäftsbesorgungs-
  §§ 84 ff. HGB                     vertrag §§ 675, 631 BGB


  Veranstalter bzw.                       Kunde
  Leistungsträger
                    Reisevertrag
                    § 651 BGB
```

Agenturvertrag:

Er wird zwischen Reisebüro und Reiseveranstalter/Leistungsträger vereinbart.

Aufgaben des Reisebüros (Reisevermittler):

- Übermittlung der Bestellung
- Weiterleitung des Reisepreises

Aufgaben des Reiseveranstalters/Leistungsträgers:

- Bestätigung der Bestellung
- Übersendung der Reiseunterlagen
- Provisionsgutschrift an das Reisebüro

Geschäftsbesorgungs-/Werkvertrag:

Er kommt zwischen Reisebüro und Kunden zustande.

Aufgaben des Reisebüros (Reisevermittler):

- Übermittlung der Bestätigung
- Aushändigung des Sicherungsscheines
- Aushändigen der Reiseunterlagen

Aufgaben des Kunden:

- Bestellung
- Anzahlung
- Bezahlung

Reisevertrag:

Er kommt zwischen dem Reiseveranstalter/Leistungsträger und dem Kunden zustande.

Aufgaben des Reiseveranstalters/Leistungsträger:

- Erfüllung des Vertrages (Haftungsverpflichtung)

Evtl. Inanspruchnahme durch den Kunden:

- Rechtsansprüche wegen Nicht- oder Schlechterfüllung des Reisevertrages

Die soeben aufgeführten Zusammenhänge sind dem Kunden nicht sofort klar, da aus seiner Sicht das Reisebüro sein Vertragspartner ist. Rechtlich tritt das Reisebüro/der Reisevermittler als Erfüllungsgehilfe des Reiseveranstalters/Leistungsträgers auf, weswegen Ansprüche wegen Nicht- oder Schlechterfüllung ausschließlich an den Reiseveranstalter/Leistungsträger zu richten sind.

Dennoch wird der Kunde mit Beschwerden zu dem ihm bekannten Reisebüro kommen. Dieses ist verpflichtet, die Beschwerden direkt an den Reiseveranstalter/Leistungsträger weiterzuleiten.

Gibt das Reisebüro jedoch falsche Auskünfte, so kann man es direkt wegen Verletzung der Sorgfalts- und Beratungspflicht haftbar machen. Es dürfte jedoch häufig für den Kunden sehr schwierig sein, dies schlüssig zu beweisen. Der Deutsche Reisebüro-Verband e. V. als Bundesverband Deutscher Reisebüros und Reiseveranstalter empfiehlt beim Abschluß von Verträgen die Anwendung sog. Allgemeiner Geschäftsbedingungen. Diese Geschäftsbedingungen sind in Anlehnung an das Reisevertragsgesetz entstanden und regeln z. B. Höhe und Zeitpunkt der Anzahlung und Restzahlung des Reisepreises, Rücktrittsrecht, Stornogebühren und Haftungsfragen. Informationen erhalten Sie beim DRV, Albrechtstr. 9-10, in 10117 Berlin.

2.2.4 Nachbereitung von Kundenkontakten und Reklamationsmanagement

Wenn der Kunde die Reiseunterlagen abholt, bitten wir ihn, nach seiner Reise noch einmal zu uns zu kommen, um über die Reise kurz zu berichten. Natürlich können wir auch fragen, ob wir ihn nach Rückkehr von seiner Reise diesbezüglich kurz anrufen dürfen.

Merksatz: Diese Nachbereitung von Kundenkontakten hält die Erinnerung an die schöne Reise und die gute Beratung wach und sorgt somit dafür, daß aus einem Laufkunden vielleicht ein Stammkunde wird.

Selbstverständlich nehmen wir ihn in unsere Kundendatei auf und informieren ihn über Angebote, die seinen künftigen Reisewünschen entsprechen könnten.

Allerdings kommt es auch vor, daß wir den Kunden nicht zu einem Gespräch einladen müssen, sondern daß er verärgert mit einer Reklamation direkt zu uns kommt. Wir müssen dann versuchen, richtig mit ihm umzugehen, damit wir die sicherlich negativ beginnende Gesprächsentwicklung zu einem positiven Ende führen können. Wie managen wir nun ein solches konfliktreiches Reklamationsgespräch? Klutmann[75] schlägt folgenden Ablauf vor:

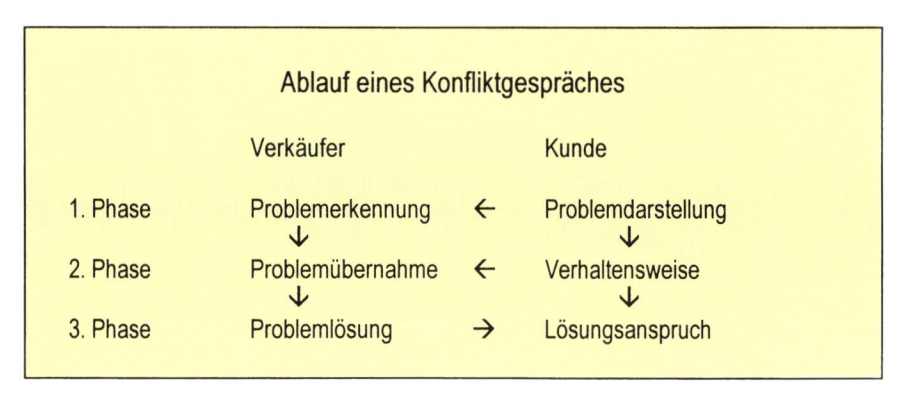

Ablauf eines Konfliktgespräches

	Verkäufer		Kunde
1. Phase	Problemerkennung	←	Problemdarstellung
	↓		↓
2. Phase	Problemübernahme	←	Verhaltensweise
	↓		↓
3. Phase	Problemlösung	→	Lösungsanspruch

In der 1. Phase müssen wir den Kunden ausreden lassen und ihm dabei zuhören (keine Unterbrechung, besser Kopfnicken o. ä.). Nur so können wir das Problem erkennen.

In der 2. Phase versuchen wir, das Problem anzunehmen. Wir identifizieren uns mit dem Kunden, nicht unbedingt mit dem Problem. (Sollte sich der Kunde zwischenzeitlich unbeherrscht zeigen, so müssen wir ihn freundlich aber bestimmt auf den bei uns üblichen gepflegten Umgangston hinweisen). Im Normalfall bringen wir unser Bedauern zum Ausdruck, und zwar unabhängig davon, ob der Kunde im Recht ist oder nicht. Wir versuchen, das Problem mit fachlichem Abstand anzunehmen, d. h. ohne Einsatz der eigenen Gefühle. Sollte uns eine Schuld treffen, so können wir uns hier sofort entschuldigen. Ist dagegen der Veranstalter schuld, so können wir nur unser Bedauern zum Ausdruck bringen.

In der 3. Phase geben wir uns Mühe, das Konfliktgespräch als eine Art Beratungsgespräch zu sehen, welches mit der Zufriedenstellung des Kunden enden sollte. Wir zeigen unsere Bereitschaft, dem Kunden zu helfen, auch wenn wir es für nicht sehr aussichtsreich halten. Ein Telefonat z. B. mit dem Veranstalter – möglichst im Beisein des Kunden – kann vielleicht etwas bringen. Auch wenn wir erfolglos waren, geht der Kunde mit dem Gefühl, daß wir alles versucht haben. Dies kann dazu beitragen, daß wir den Kunden nicht verlieren.

---

[75] vgl. Klutmann, Malte. Beraten und Verkaufen im Reisebüro. a.a.O.

Natürlich wird der Veranstalter auf die über uns weitergeleitete Reklamation/Beschwerde reagieren: entweder gibt es ein Entschuldigungsschreiben und/oder eine finanzielle Entschädigung. Auch dies führt dazu, daß der Kunde weiter bei uns buchen wird.

Heutzutage muß es aber nicht unbedingt zu einer Reklamation/Beschwerde über das Reisebüro an den Veranstalter kommen, denn die Veranstalter haben vor Ort – also im Zielgebiet – bereits Vorkehrungen getroffen, berechtigte Beschwerden abzustellen und berechtigt Reklamierende mit Bargeld zu entschädigen.

2.3 Kundenbindungskontakte, Direktmarketing des Ausbildungsunternehmens

Mit der Nachbereitung von Kundenkontakten (vgl. Kapitel 2.2.4) beginnt bereits die Kundenbindung. Eng damit verbunden ist der Aufbau einer Stammkundschaft, die aus zufriedenen Wiederholern bestehen sollte, die ständig informiert werden müssen.

2.3.1 Kundenbindungskonzepte

In einer Zeit, in der es mittlerweile zum guten Ton gehört, mit einer großen Anzahl von Kredit- und/oder Kundenkarten zu glänzen, haben sich viele Veranstalter und Leistungsträger diesen Trend zunutze gemacht und bieten Karten an, die Kundenbindungseffekte erleichtern.

Im Bereich der Fluglinien gibt es z. B. Karten, mit denen man

a) Meilen sammeln kann, um Freiflüge oder Upgradings zu erhalten
b) Kostenlose Platzreservierungen durchführen kann
c) Sportgepäck kostenlos befördern kann
d) Kreditkartenfunktionen wahrnehmen kann
e) Besondere Warteräume (Lounges) auf den Flughäfen benutzen darf

Aus dem Bereich der Veranstalter gibt es z. B. Karten, mit denen man

a) Kreditkartenfunktionen wahrnehmen kann
b) Vergünstigungen in Hotels und bei Autovermietern erzielen kann
c) Sich nicht mehr um Reiserücktrittskosten- und Reiseunfallversicherung kümmern muß
d) Sitzplatzreservierungen kostenlos vornehmen kann
e) Hochwertige Reiseführer erhält

Nicht nur Reiseveranstalter und Fluggesellschaften verfügen über Kundenbindungskonzepte, sondern auch z. B. Zielgebiete (-regionen) und Reisebüros. Zielgebiete und Ferienorte verleihen ihren Stammgästen z. B. Urkunden für 10, 20 oder 25 Jahre gehaltene Treue. Reisebüros können sich Bonussysteme für Stammkunden einfallen lassen, die bei wiederholten Buchungen zu Rabatten führen.

Da die Kommunikation mit dem Kunden in diesem Kapitel im Vordergrund steht, muß unbedingt noch etwas zum Direktmarketing gesagt werden.

2.3.2 Direktmarketing im Ausbildungsbetrieb

Im Rahmen der sog. indirekten Distribution wird der Kontakt zwischen Produzent (Reiseveranstalter/Leistungsträger) und Kunden durch eine Zwischenstufe (indirekt) von den Reisemittlern/Reisebüros wahrgenommen.

Wenn sich diese nicht nur im Namen der Veranstalter an die Kunden wenden, sondern insbesondere in ihrem eigenen Namen, so kann man auch hier von Direktmarketing sprechen, wobei die Betonung natürlich auf dem direct-mailing liegen dürfte.

Es geht bei dem sog. Direktmarketing der Reisebüros also um:

- Prospekte
- Kataloge
- Mailings

Prospekte und Mailings werden vom Reisebüro selbst erstellt, Kataloge übernimmt man vom Veranstalter. Ziel der Direktwerbung ist es, den potentiellen Kunden durch direkte Ansprache zu einer sofortigen Reaktion zu bewegen. Dazu ist es erforderlich, daß den o. g. Direktmarketinginstrumenten eine Antwortkarte bzw. Visitenkarte mit Telefonnummer beigefügt wird.

Der Erfolg solcher Maßnahmen hängt ganz besonders von der individuellen Gestaltung der Prospekte und Mailings ab und derjenigen des Begleitschreibens zum Katalog oder des Anschreibens mit der Bitte um Abholung des Kataloges. Hier kann noch eine Einladung hinzukommen; z. B. wer einen Katalog abholt, erhält zusätzliche Informationen und ein kleines Geschenk/Glas Sekt etc.

Die Briefe, mit denen die neuen Kataloge angekündigt werden, sowie Prospekte zu Spezialreisen und individuelle Mailings können im Ausbildungsbetrieb mit Hilfe des PC's erstellt werden. Natürlich kann man sich zur besseren Gestaltung zusätzlich einer Werbeagentur bedienen.

Zur Direktwerbung gehört heute auf jeden Fall auch die Telefonwerbung. Unsere Stammkunden freuen sich bestimmt über unseren Anruf. Allerdings sollte man nicht zu ungünstigen Zeiten anrufen (z. B. zwischen 13 und 15 Uhr sowie spätabends).

Selten – aber möglich – ist schließlich noch die Erstellung einer eigenen Kundenzeitschrift. Dies aber wird nur ganz großen Büros oder Ketten vorbehalten bleiben. Aus der Rücklaufquote von Antwortkarten und den Aufzeichnungen von Telefongesprächen kann man recht gut den Erfolg der Direktwerbemaßnahmen ablesen, so daß man kontrollieren und zugleich für die nächsten Maßnahmen Verbesserungen vornehmen kann.

Zur Wiederholung:

1. Nennen und erläutern Sie die Phasen eines Verkaufsgespräches.

2. Charakterisieren Sie die Begrüßungsphase im Rahmen eines Verkaufsgespräches.

3. Wodurch können die Wünsche eines Kunden beeinflußt sein?

4. Welche Fragen müssen Sie stellen, um den Bedarf eines Kunden zu ermitteln?

5. Wodurch können Sie Ihre Zielgebietskenntnisse erlangen?

6. Worauf müssen Sie im Rahmen der Verkaufsargumente unbedingt hinweisen?

7. Unterscheiden Sie produktbezogene von kundenbezogenen Einwänden seitens des Kunden.

8. Nennen und erläutern Sie die Verträge, die zwischen Reisebüro, Kunde und Veranstalter zustandekommen.

9. Schildern Sie den möglichen Ablauf eines Konfliktgespräches mit dem Ziel, den Kunden nicht zu verlieren.

10. Was zählt insbesondere zum Direktmarketing der Reisebüros?

11. Nennen und erläutern Sie Kundenbindungskonzepte
    a) aus Sicht der Fluglinien,
    b) aus Sicht der Veranstalter.

12. Welche Aufgaben hat das Reisebüro im Rahmen einer Kundenbeschwerde?

13. Was versteht man im Reisebüro unter sog. Zusatzverkäufen?

14. Welche Rolle kann der Internet-Zugang im Rahmen eines Verkaufsgespräches spielen?

3 Ganzheitliche, dienstleistungsgerechte und prozeßorientierte Anbieter-Marketingplanung sowie Leitbildentwicklung unter Einbeziehung der Interessen von Anbietern, Arbeitnehmern und Marktpartnern sowie von Gesellschaft und Umwelt[76]

Bereits bei der Definition des Tourismus Marketingbegriffes muß man einen kleinen historischen Abriß darbieten: Deckte sich der ursprüngliche Begriffsinhalt „Marketing" noch weitgehend mit dem deutschen Absatzbegriff – der den der Produktion nachgelagerten Tätigkeits- und Aufgabenkomplex umschrieb[77] –, so trat um 1975 eine bedeutende Wende ein.

In den beiden ersten deutschen Reisewellen von 1950 - 1960 sowie von 1960 - 1975 ging die Ausweitung des Angebotes langsamer vor sich als die Steigerung der Nachfrage nach Reisen. In der Wachstumsbranche Tourismus herrschte somit ein Produzenten- oder Verkäufermarkt vor, d. h. die Verkaufsfunktion bestand lediglich in der Hereinnahme von Aufträgen und in der Verteilung der knappen Kapazitäten. Erst ab 1975 begann die Branche mit Tourismuswerbung, Entwicklung von Angebotspaketen, Messeteilnahme und Gestaltung und Verteilung von Prospekten, man sprach vom sog. instrumentellen Marketing[78]. Dies wurde etwa 10 Jahre später durch das sog. konzeptionelle Marketing abgelöst. Reiseveranstalter änderten ihre Marketingpolitik, sie kooperierten und diversifizierten. Vertriebsbindungen wurden weitesgehend aufgehoben. Zielgebiete entwickelten Marketingkonzeptionen, es entstanden Kurortentwicklungspläne und es rückte der sog. „3.-Welttourismus" ins Blickfeld.

Weitere 10 Jahre später – also ab Mitte der 90er Jahre – begann dann das sog. professionelle Tourismus-Marketing mit den Schlagworten „modern, strategisch, konzeptionell, normativ". Es zeigten sich erste strategische Allianzen sowie Ansätze eines globalen Marketings, und zwar unter Einbeziehung gesellschaftlicher Werte.

Handelte es sich bis etwa 1975 um einen reinen Verkäufermarkt, so entwickelte sich der **Tourismus-Markt** danach langsam zu einem **Käufermarkt**.

---

[76] Über die Zukunftssicherung durch lebenslanges Lernen, Fort- und Weiterbildung als Anforderung an Unternehmer und Arbeitnehmer sollten Sie nachlesen in: Füth & Partner. Allgemeine Wirtschaftslehre für Reiseverkehrsunternehmen. DRV Service GmbH, Frankfurt, 1998/2001.
[77] Vgl. auch Hebestreit, Dieter. Touristik-Marketing. Berlin-Verlag, Berlin, 1992.
[78] Vgl. Freyer, Walter. Tourismus-Marketing. Oldenburg-Verlag, München – Wien, 1999.

Freyer liefert hierzu eine Definition: „Heute wird modernes Marketing als eine Konzeption der Unternehmensführung, als eine Unternehmensphilosophie, Denkrichtung, Leitidee oder Maxime angesehen, bei der im Interesse der Erreichung der Unternehmensziele alle betrieblichen Aktivitäten konsequent auf die gegenwärtigen und künftigen Erfordernisse der Märkte ausgerichtet werden."

Trotz dieser Definition, mit deren Inhalt wir uns noch näher beschäftigen werden, bietet der Tourismus das Phänomen, daß auch heute noch – je nach Saison – Verkäufer- und Käufermärkte nebeneinander bestehen.

So diktieren in Schulferienzeiten eher die Verkäufer und in der Vor- und Nebensaison eher die Käufer... Aber es können auch Verkäufer- und Käufermärkte zum selben Zeitpunkt existieren: während im Juli z. B. alle Flüge nach Malaga ausgebucht sind (Verkäufermarkt) gibt es zur gleichen Zeit noch freie Kapazitäten nach Manchester (Käufermarkt). Tourismusunternehmen müssen folglich bei ihren Marketingaktivitäten sowohl produzenten- als auch konsumentenorientiert vorgehen.

3.1 Marktanalyse

Im Rahmen der sog. Informations- und Analysephase der Marketingforschung beschäftigt man sich üblicherweise mit den touristischen Umwelt- oder Umfeldbedingungen, den Betrieben in der Tourismuswirtschaft und schließlich der eigentlichen Marktanalyse.

Die Umfeldanalyse beschäftigt sich dabei u. a. mit der Erforschung von Reisetrends, die Betriebsanalyse u. a. mit der Erforschung von Stärken und Schwächen der einzelnen Unternehmen und die Marktanalyse u. a. mit der Nachfrage- und Konkurrenzsituation am relevanten Markt sowie mit dem Marktvolumen. In all den vorgenannten Fällen geht es weniger um das reine Beschaffen von Informationen über Umfeld, Betrieb und Markt, sondern vielmehr um die zweckgerichtete Analyse der erhaltenen Informationen.

3.1.1 Informationsbeschaffung durch Marktforschung

Es ist klar, daß vor der eigentlichen Analyse die Beschaffung der erforderlichen Daten kommt. Diese Beschaffung ist meist sehr teuer, weswegen viele Unternehmer – insbesondere solche von Klein- und Mittelbetrieben – eher die hohen Kosten scheuen und sich auf ihre Erfahrungsdaten verlassen.

Dennoch bieten im voraus erhobene Daten eine bessere Grundlage für Unternehmerentscheidungen. Allerdings muß man sich dabei zwischen verschieden Möglichkeiten entscheiden[79]:

---

[79] Vgl. Freyer, Walter. Tourismus-Marketing. a.a.O.

- Fremd- oder Eigenforschung
- Interne oder externe Marktforschung
- Kleine oder große Marktforschung

Ob man **Fremd- oder Eigenforschung** betreibt hängt natürlich von den eigenen betrieblichen Möglichkeiten (Finanzen, Qualifikationen der Mitarbeiter etc.) ab. Als Vorteile der Eigenforschung werden u. a. angeführt: Vertrautheit der Forscher mit der Problemstellung und im Umgang mit den Mitarbeitern, geringeres Risiko der Weitergabe von Informationen an Dritte und bessere Kontrollmöglichkeiten über den Forschungsverlauf. Allerdings hat auch die Fremdforschung Vorteile: so wird u. a. die Forschung in der Regel objektiver (ohne Betriebsblindheit) durchgeführt, es besteht die Möglichkeit zu Kosteneinsparungen durch Synergieeffekte und die Mitarbeiter der Marktforschungsinstitute sind fachlich auf dem aktuellen Wissenstand.

Die Entscheidung für **interne oder externe Marktforschung** hängt dagegen mehr von der Problemstellung ab: bei der internen Marktforschung werden Daten des eigenen Unternehmens analysiert, bei der externen Marktforschung werden alle Daten berücksichtigt, die Informationen über den Markt, das Verhalten der Wettbewerber, die Zielgruppen und den Vertrieb enthalten.

Ob man sich für die **kleine oder große Marktforschung** entscheidet, ist davon abhängig, ob man lediglich einen Teilmarkt oder den Gesamtmarkt analysieren möchte.

Für die Marktforschung insgesamt kommen zwei Methoden zur Anwendung, und zwar die sog. **Schreibtischforschung** (desk research) – auch **Sekundärforschung** genannt – und die sog. **Feldforschung** – auch **Primärforschung** genannt. Bei der Sekundärforschung werden Daten ausgewertet, die bereits für einen anderen Zweck (primär) erhoben wurden, und bei der Primärforschung werden Daten ausgewertet, die man speziell für die zugrundeliegende Forschungsfrage ermittelt hat.

Folgende Daten stehen u. a. für **die Schreibtisch- oder Sekundärforschung** zur Verfügung:

aus eigenen Quellen:

- Unterlagen aus der Buchhaltung
- Kundenkarteien
- Absatzstatistiken
- sonstige betriebsinterne Aufzeichnungen

aus fremden Quellen:

- Statistisches Material der Landesämter und des Bundesamtes für Statistik
- Veröffentlichungen in der Presse, und zwar insbesondere in der Fachpresse
- Veröffentlichungen von Branchenverbänden (z. B. DRV), von branchentypischen Institutionen (z. B. DERDATA, F.U.R.) sowie Angaben in Adreßbüchern, Preislisten und Katalogen (der Konkurrenz)
- sonstige betriebsinterne zweckdienliche Veröffentlichungen

Kommt man mit den Quellen der Schreibtisch- bzw. Sekundärforschung allein nicht mehr weiter, so ist man zur Erlangung von Zahlen oder sonstigen Informationen auf die Feld- oder Primärforschung angewiesen.

Merksatz: Die Feldforschung hat die Aufgabe, fehlende Zahlen und sonstige Informationen durch Erhebungen für die Marktforschung zu beschaffen.

Dies kann man nun wieder allein durchführen, d. h. durch eigene Erhebungen der betrieblichen Marktforschungsabteilung, oder man kann damit Marktforschungsinstitute beauftragen. Letztere können Untersuchungen für eine Gruppe von Kunden durchführen oder exklusiv für ein Unternehmen. Bei den Methoden der Marktforschung unterscheidet man dann zwischen Befragung, Beobachtung und Experiment.

Beim **Experiment** kann man sog. Labor- von sog. Feldexperimenten unterscheiden. Im ersteren Fall untersucht man Testpersonen, im zweiten Fall Testmärkte.

Bei der **Beobachtung** konzentriert man sich entweder auf das Reisebüro oder den Urlaubsort.

Die **Befragung** unterteilt man in diejenige nach dem nicht repräsentativen Stichprobenverfahren (z. B. ad-hoc-Studie → Befragung von Passagieren, die gerade aus einem Flugzeug steigen) und diejenige nach dem repräsentativen Stichprobenverfahren (z. B. Panelbefragung und Einzelbefragung).

Zum Zwecke der längerfristigen Marktbeobachtung wird einerseits ein repräsentativ ausgewählter Kreis von Hausfrauen oder -männern im Rahmen des Panel-Verfahrens von einem Marktforschungsinstitut vertraglich dazu verpflichtet, über Jahre hinweg Einnahmen und insbesondere Ausgaben (Lebenshaltung, Urlaub etc.) aufzuschreiben, damit Veränderungen im Verbraucherverhalten festgestellt werden können. Andererseits kann ein repräsentativ ausgewählter Kreis von Personen im Rahmen von **schriftlichen Umfragen** (Fragebögen), **persönlicher Befragung** (face to face) und **telefonischer Befragung** (jeweils Interview mit Fragebogen oder computergestützt) **einzeln** um Auskunft gebeten werden.

Merksatz: Die übliche Form der Erhebung von Daten in der Marktforschung ist die **Repräsentativerhebung**, die sich auf einen Verbraucherkreis bezieht, der in verkleinertem Maßstab eine entsprechend große Verbrauchermenge widerspiegelt.

3.1.2 Methoden der Informationsauswertung

Wie wir soeben erfahren haben, wird die erste Phase der Marktanalyse „Informationsgewinnung" genannt.

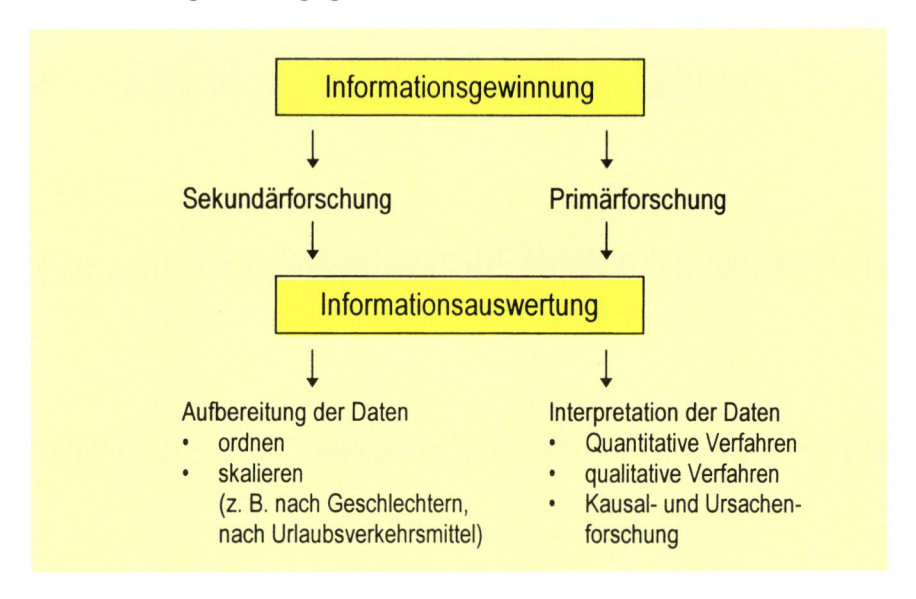

```
                    Informationsgewinnung
                    ↓                   ↓
            Sekundärforschung      Primärforschung
                    ↓                   ↓
                    Informationsauswertung
                    ↓                   ↓
         Aufbereitung der Daten    Interpretation der Daten
         • ordnen                  • Quantitative Verfahren
         • skalieren               • qualitative Verfahren
           (z. B. nach Geschlechtern, • Kausal- und Ursachen-
           nach Urlaubsverkehrsmittel)  forschung
```

Zu dieser Informationsgewinnung muß natürlich – wie aus der vorstehenden Skizze ersichtlich – auch die Informationsauswertung kommen.

Diese zweckgerichtete Auswertung wird von den Marktforschungsinstituten (einschließlich der freien Forschungsinstitute und derjenigen, die Universitäten angeschlossen sind), den Fachzeitschriften und den Verbänden vorgenommen.

Im Rahmen dieser allgemeinen Marktanalyse bleibt die Interpretation der Daten so offen, daß die Ergebnisse von vielen Unternehmen verwendet werden können.

3.2 Marketingstrategie

Bei den strategischen Aspekten des modernen Marketings geht es um die zukünftigen Wege, Ziele und Perspektiven, die durch Marketingaktivitäten zu erreichen sind.

Auch hierbei spricht man zunächst von einer strategischen Diagnose auf der Basis der durch die Marktanalyse gefundenen und allgemein interpretierten Daten. Hier werden die Erkenntnisse aus Abschnitt 3.1.2 aufgegriffen und weitergeführt.

Merksatz:
> Die **Strategiephase** des **modernen Marketing-Managements** besteht aus:
> - strategischer Diagnose
> - Bestimmung der Marketingziele
> - Entwicklung von strategischen Modulen

Strategisches Marketing befaßt sich mit der **Zukunftsentwicklung** eines Unternehmens / einer Destination, und zwar durch Annäherung des Ist- Zustandes an Soll-Zustand. Dabei geht es um **langfristige Entscheidungen**, für die man 5 bis 10 Jahre zugrunde legt (sog. **langfristiges Agieren**). Das Gegenteil wäre **taktisches Marketing**, bei dem **kurzfristiges Reagieren** auf Marktdatenveränderungen an der Tagesordnung ist.

3.2.1 Diagnose-Methoden

Im Rahmen des strategischen Marketings kommen üblicherweise 4 unterschiedliche Diagnose-Methoden zum Einsatz:

1. Chancen-Risiken-Analyse
2. Ressourcen-Analyse (Stärken-Schwächen-Profil)
3. Lebenszyklus-Analyse
4. Portfolio-Analyse

Es würde den Rahmen dieses Schulbuches sprengen, die einzelnen Diagnose-Methoden ausführlich darzustellen. Deswegen werden sie hier nur kurz charakterisiert.

Im Rahmen der **Chancen-Risiken-Analyse** untersucht man die eigenen betrieblichen Möglichkeiten, und zwar im steten Vergleich zu den generellen Entwicklungsmöglichkeiten des Umfeldes. Aber auch der Vergleich von Marktchancen und Marktrisiken auf speziellen Teilmärkten gehört hierher.

Die **Ressourcen Analyse** (Stärken-Schwächen-Analyse) zeigt dagegen vor allem die betrieblichen Stärken und Schwächen des eigenen Unternehmens im Vergleich zu dem auf, was man als marktüblich bezeichnen kann.

Wieder einen anderen Aspekt beleuchtet die **Lebenszyklus-Analyse**, die insbesondere das eigene betriebliche Angebot im Vergleich zu generellen Produkt- und Markttrends darstellt.

Gemäß Freyer[80] ist die **Portfolio-Methode** die umfassendste Analysemethode, weswegen wir diese etwas ausführlicher darstellen.

Sie verbindet die Teilüberlegungen der vorher dargestellten Methoden und bietet einen Ansatzpunkt für die sog. Gesamtbetrachtung der Informationsphase. In der Finanzwirtschaft versteht man unter einem Portfolio die Mischung verschiedener Investitions- und Geldanlagemöglichkeiten, wobei die einzelnen Teile des Portfolios Unterschiede im Hinblick auf Sicherheit und Risiko aufweisen.

Auch im Tourismusbereich besteht die Portfolio-Methode aus zwei grundsätzlichen Überlegungen:

1. Bestimmung der strategischen Geschäftseinheiten, die als Teilbereiche in das Portfolio eingehen

2. Diskussion innerhalb der Portfolio-Matrix über die jeweilige Ist-Position und die gewünschte Soll-Position

So sind beispielsweise „Strategische Geschäftsbereiche" für das Reisebüro die Abteilungen Flug, Bahn, Touristik und Back-Office usw. und für den Reiseveranstalter z. B. die Zielgebiete wie Balearen, Kanaren, Tunesien usw. Nach den Ergebnissen der Boston-Consulting-Gruppe sieht eine Portfolio-Matrix wie folgt aus:

---

[80] Vgl. Freyer, Walter. Tourismus-Marketing. a.a.O.

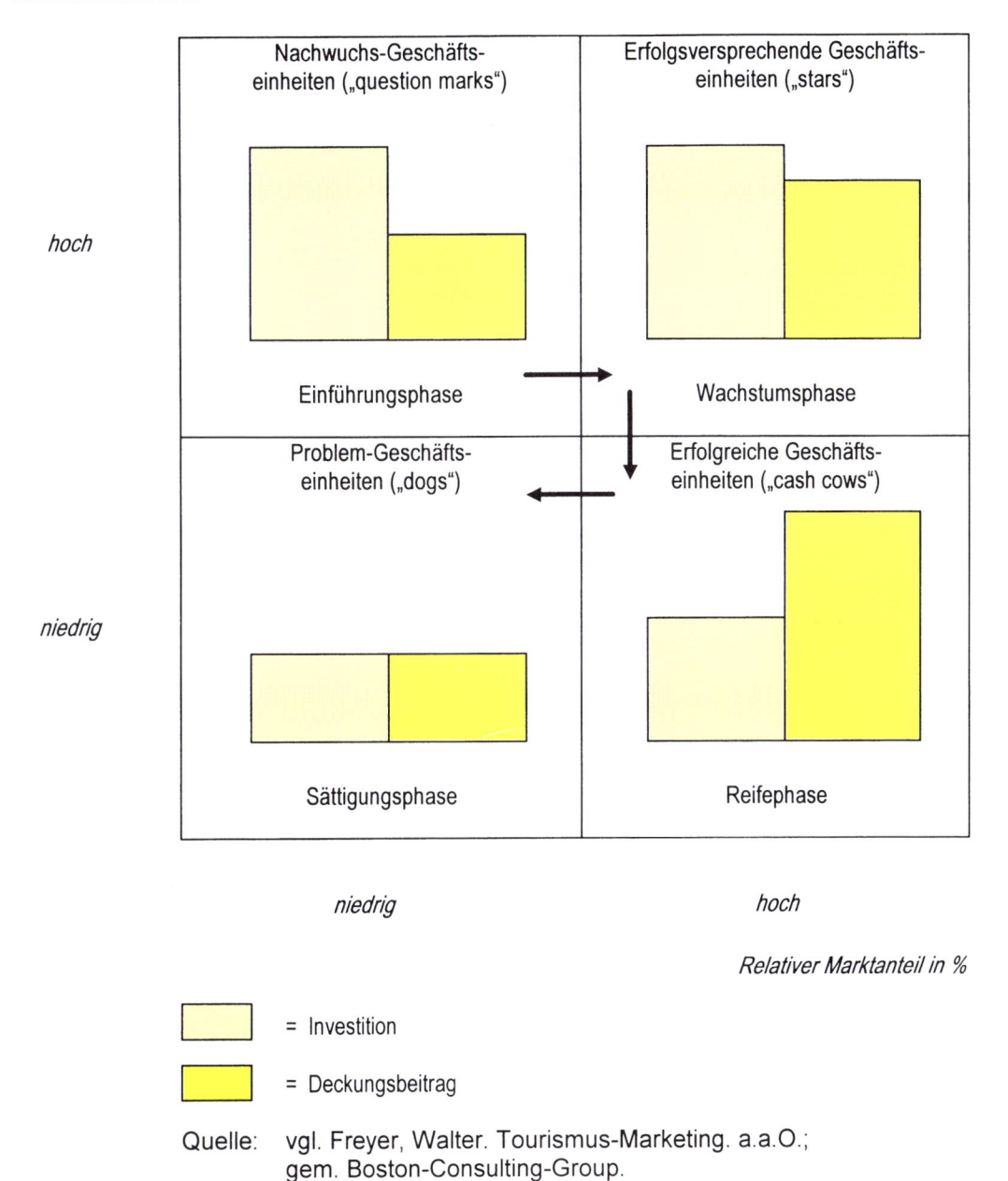

Marktwachstum in %

	Nachwuchs-Geschäfts-einheiten („question marks")	Erfolgsversprechende Geschäfts-einheiten („stars")
hoch	Einführungsphase →	Wachstumsphase ↓
niedrig	Problem-Geschäfts-einheiten („dogs") ← Sättigungsphase	Erfolgreiche Geschäfts-einheiten („cash cows") Reifephase

niedrig   *hoch*

Relativer Marktanteil in %

▢ = Investition

▢ = Deckungsbeitrag

Quelle: vgl. Freyer, Walter. Tourismus-Marketing. a.a.O.;
gem. Boston-Consulting-Group.

Bei den **„Nachwuchs – Geschäftseinheiten"** (question-marks) handelt es sich häufig um Investitionen in die Zukunft, die derzeit noch mit wenig Erträgen aufwarten können, an die man aber hohe Erwartungen knüpft (z. B. bei Reiseveranstaltern die Investition in eine neue Produktvariante wie Golf-Reisen etc.).

„Erfolgsversprechende Geschäftseinheiten" (stars) erfordern zwar auch noch hohe Investitionen, jedoch hat sich das Unternehmen in einem expandierenden Markt bereits einen recht hohen Marktanteil verschafft (z. B. eine neue Charterflug-Destination, die sich noch in der Wachstumsphase befindet).

Dagegen hat sich bei den **„Erfolgreichen Geschäftseinheiten"** (cash-cows) der Marktanteil im Erfolgsbereich gefestigt; es sind nur noch wenige Investitionen erforderlich. In einem Bereich ohne größere Marktdynamik dürfte man dann zu den Marktführern zählen (z. B. Condor und LTU im Charterflugbereich).

Bei den **„Problem-Geschäftseinheiten"** (dogs) – den sog. „armen Hunden" – sind sowohl Marktanteil als auch Wachstumsaussichten niedrig. Man überlegt bestenfalls, sich entweder aus dem Markt zurückzuziehen oder diesen Bereich lediglich zur Abrundung der gesamten Leistungspalette beizubehalten (z. B. Standarddestinationen, die Veranstalter aus Image-Gründen im Programm haben müssen).

3.2.2 Von der Analyse zu den strategischen Zielen

Hat man eine strategische Analyse z. B. nach der Portfolio-Methode durchgeführt, so kann man hieraus Schlüsse ziehen, die für die künftige Strategie von Bedeutung sein dürften. Sicherlich wird man nur wenige Produkte im Bereich der „Problem-Geschäftseinheiten" haben wollen, jedoch viele im Bereich „Erfolgreiche Geschäftseinheiten". Damit auch zukünftig wieder neue Produkte große Erträge bringen können, muß man zudem auch immer einige Produkte im Bereich der „Erfolgsversprechenden Geschäftseinheiten" haben. Aus diesen Überlegungen heraus ergeben sich aus der strategischen Analyse die notwendigen Folgerungen für Strategien (vgl. auch Freyer):

Strategische Geschäftseinheiten	Strategiefolgerungen
Nachwuchs-Geschäftseinheiten	wachsen, aufbauen, investieren, Warte-Strategie, Nischen-Strategie, Desinvestions-Strategie, Rückzug
Erfolgsversprechende-Geschäftseinheiten	wachsen, (re)investieren, erhalten
Erfolgreiche Geschäftseinheiten	Defensiv-Strategie (Liquiditätsmaximierung), „melken"
Problem-Geschäftseinheiten	Rückzug, eliminieren, Desinvestition, Nischen-Strategie

Insgesamt gesehen erscheint die Portfolio-Methode für die Darstellung komplexerer Zusammenhänge – wie sie gerade im Tourismus gegeben sind – besonders geeignet; sie erleichtert sie sog. Zielfindung im Tourismus-Marketing.

Merksatz: Ziele geben den angestrebten zukünftigen Zustand der Realität an.

Die **Mikro-Ziele im Tourismus**, die sich auf das einzelne Unternehmen beziehen – unterteilt in normative, strategische und operative Ziele –, sind in die überbetrieblichen Makro-Ziele des Tourismus eingebettet.

Da im Tourismus ein sehr großer Teil der Marketingaktivitäten von touristischen Einzelunternehmungen gestaltet wird, befassen wir uns insbesondere mit den Mikro-Zielen.

Hierbei bestimmen vor allem die **normativen Ziele** – die qualitativer Art sind – die Unternehmensphilosophie bzw. die Leitbilder eines Unternehmens oder einer Destination; sie sind Grundlagen für Stil und Verhaltensweisen.

Die **operativen Ziele** – die meist quantitativer Art sind – bestimmen eher Umfang und Ausmaß der Zielkonkretisierung, d. h. sie sind meist auf konkrete Bereiche und Maßnahmen gerichtet.

Strategische Ziele stellen dagegen das „Bindeglied" zwischen normativen und operativen Zielen dar. Sie geben die grundsätzliche Richtung an und beschreiben die Bereiche der Unternehmensentwicklung, zu deren Realisierung Maßnahmen des sog Marketing-Mix[81] zu ergreifen sind. Als „strategische Leitbilder" umfassen sie meist Elemente der operativen und normativen Zielebene.

Die **Makro-Ziele im Tourismus** binden die Ziele der verschiedenen touristischen Einzelbetriebe ein und berücksichtigen dabei lokale und (über)regionale tourismuspolitische Zielsetzungen, die die betriebliche Entscheidungsautonomie teilweise einschränken. So kommt der generellen Zielstruktur oftmals auch eine Leitbildfunktion zu, was insbesondere im bald vergangenen Jahrzehnt eine Rolle spielte bzw. spielt.

Gemäß Freyer[82] kann man die Leitbilder folgendermaßen definieren:

Merksatz: „Leitbilder sind zukunftsgerichtete Zielsetzungen für die Tourismuspolitik und das Tourismus-Marketing, die die generelle Entwicklungsrichtung angeben und das Verhalten auf dem Weg zur Zielerreichung prägen. Es besteht eine enge Verzahnung mit Begriffen (und deren Inhalten) wie Corporate Identity (vgl. Kap. 3.3), Visionen, Szenarien, (Unternehmens- bzw. Orts-)Philosophie und -Kultur."

---

[81] Vgl. Kapitel 3.3
[82] Vgl. Freyer, Walter. Tourismus-Marketing. a.a.O.

Kann beispielsweise das einzelne Unternehmen sich als Mikro-Ziel „Erhöhung des Tagestourismus um 5%" setzen, so muß sich jedoch das einzelne Unternehmen im Makro-Ziel „sanfter Tourismus" einordnen, wenn dies z. B. von einer Region als Oberziel ausgewählt wurde.

Grundsätzlich kann man (vgl. auch Freyer) bei Tourismusunternehmen u. a. folgende Ziele unterscheiden:

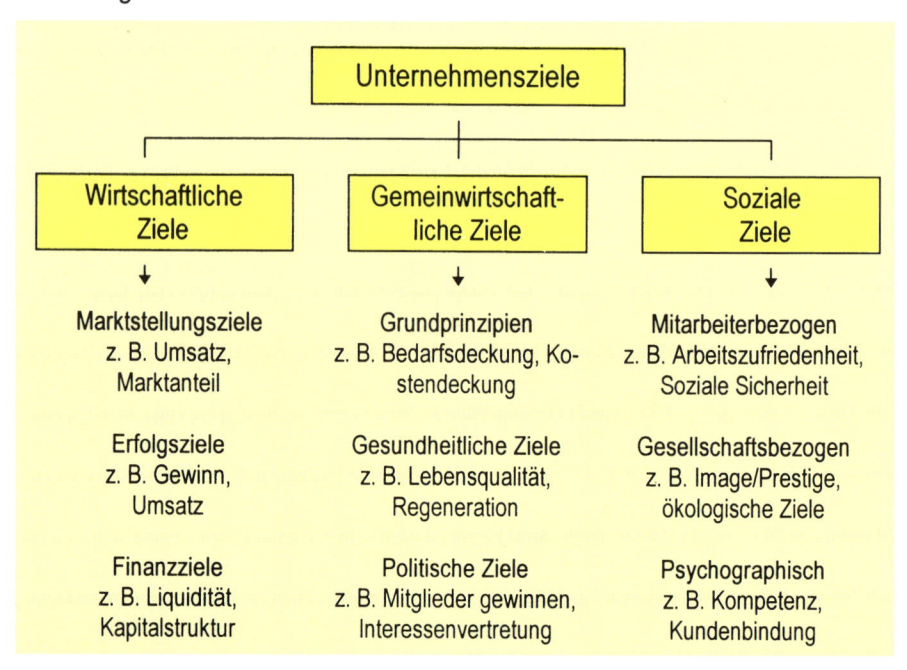

	Unternehmensziele	
Wirtschaftliche Ziele	Gemeinwirtschaftliche Ziele	Soziale Ziele
Marktstellungsziele z. B. Umsatz, Marktanteil	Grundprinzipien z. B. Bedarfsdeckung, Kostendeckung	Mitarbeiterbezogen z. B. Arbeitszufriedenheit, Soziale Sicherheit
Erfolgsziele z. B. Gewinn, Umsatz	Gesundheitliche Ziele z. B. Lebensqualität, Regeneration	Gesellschaftsbezogen z. B. Image/Prestige, ökologische Ziele
Finanzziele z. B. Liquidität, Kapitalstruktur	Politische Ziele z. B. Mitglieder gewinnen, Interessenvertretung	Psychographisch z. B. Kompetenz, Kundenbindung

3.3 Marketinginstrumente, strategisches Marketing-Mix

Vorab muß zunächst einmal darauf hingewiesen werden, daß die **Marketinginstrumente:**

- Produktpolitik (product)
- Preispolitik (price)
- Vertriebswegepolitik (place) und
- Kommunikationspolitik (promotion)

nur wirken, wenn sie aufeinander abgestimmt sind. Daher kommt dem **Marketing-Mix** als der optimalen Kombination dieser verschiedenen Marketing-Instrumente ganz besondere Bedeutung zu.

Widersprüche im Marketing-Mix führen stets zu Unsicherheit und Mißtrauen bei den Kunden: z. B. hoher Preis und geringe Qualität, niedrige Preise trotz hoher Qualität, marktschreierische Werbung für Exklusivprodukte...

Die zuvor genannten 4 Marketinginstrumente werden oft auch als die **4 P's im Marketing** bezeichnet (in Anlehnung an die angelsächsischen Begriffe).

Im Tourismus-Marketing werden diesen noch 7 weitere P's zur Seite gestellt[83]:

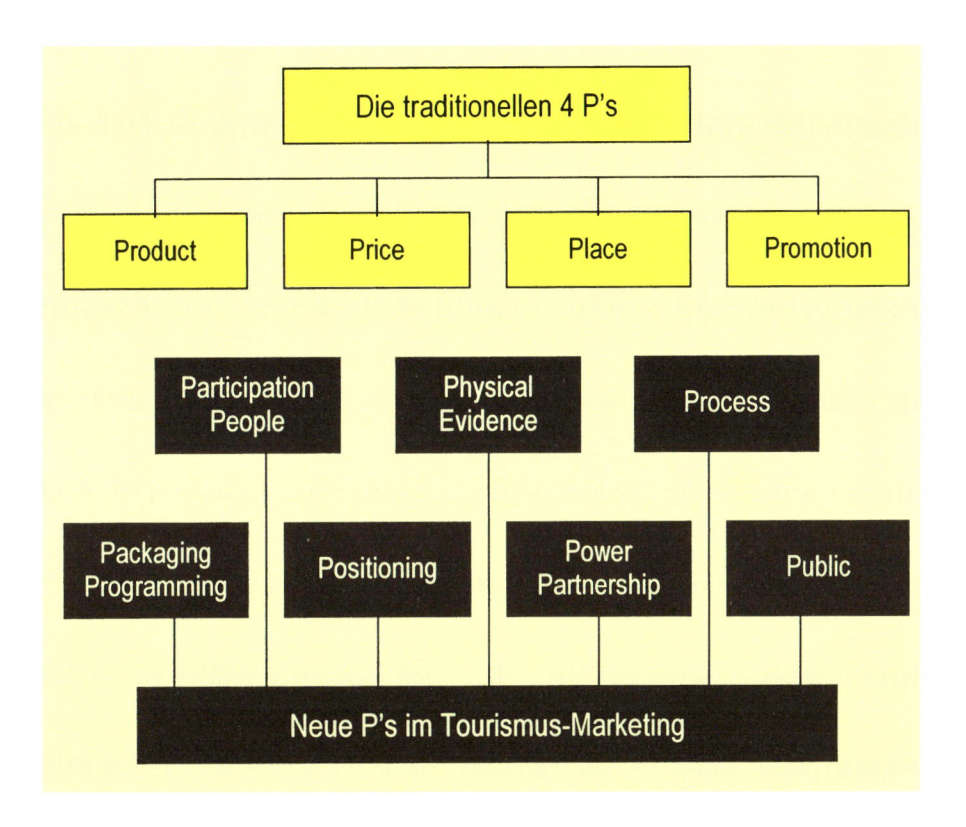

```
                    Die traditionellen 4 P's
        ┌───────────┬──────────┬──────────┐
     Product      Price      Place    Promotion

     Participation    Physical       Process
        People        Evidence

     Packaging                       Power
    Programming    Positioning    Partnership      Public

              Neue P's im Tourismus-Marketing
```

So versteht man unter:

1. **Participation/People** die Teilnehmer an touristischen Dienstleistungen (Touristen), die durch andere Menschen (people), die an diesen Dienstleistungen teilnehmen (participation), beeinflußt werden (also z. B. durch Mitreisende).

2. **Physical evidence** (Ausstattungspolitik) die Tatsache, daß die physische Erscheinung des Leistungsangebots eine bedeutende Rolle spielt (also z. B. landschaftliche Gegebenheiten, Architektur + Einrichtung, Ambiente, äußeres Erscheinungsbild der Mitarbeiter/innen, Mitgliedschaften wie DRV o. ä.).

---

[83] Vgl. Freyer, Walter. Tourismus-Marketing. a.a.O.

3. **Process** (Prozeßpolitik) den Hinweis, daß touristisches Marketing als zeitorientierter dynamischer Prozeß zu verstehen ist.

4. **Packaging/Programming** den Hinweis auf die Zusammensetzung des Tourismusproduktes aus vielen Teilangeboten verschiedener Hersteller bzw. die Entwicklung von Angebotsprogrammen, die über das eigentliche „Paket" hinaus auch zeitliche Aspekte zu berücksichtigen haben.

5. **Positioning** ein eigenständiges Marketinginstrument für instrumentübergreifende Maßnahmen (besondere Kombinationen der Leistungsqualität[84], der Preis-, Kommunikations- und Vertriebskomponente).

6. **Power/Partnership** die steigende Bedeutung von Marktmacht (insbesondere auf den immer größer werdenden internationalen Märkten), die u. a. durch Kooperationen und strategische Allianzen erreicht wird.

7. **Public** die Mitwirkung der Öffentlichkeit, d. h. u. a. die öffentliche Verankerung des touristischen Dienstleistungsgedankens.

Trotz dieser Erweiterung um 7 P's werden hier die Marketinginstrumente überwiegend im Rahmen der 4 ursprünglichen P's betrachtet.

3.3.1 Produktpolitik im Tourismus

Aufgrund der Vielzahl touristischer Leistungen recht unterschiedlicher Tourismusunternehmen (z. B. Reiseveranstalter mit dem Produkt Pauschalreisen, Reismittler mit dem Produkt Reiseberatung, Transportunternehmen/Carrier mit dem Produkt Transportleistung, Beherbergungsunternehmen mit dem Produkt Übernachtungsleistung) ist verständlicherweise auch die Ausgestaltung der Produktpolitik recht vielfältig.

Häufig wird in diesem Zusammenhang von einer touristischen Leistungskette gesprochen, deren Gesamtleistung in Vorleistungen (Potentialleistungen), Hauptleistungen (Prozeßleistungen) und Nachleistungen (Ergebnisleistungen) aufgegliedert werden kann. Freyer stellt die phasenorientierte Produktpolitik wie folgt dar:

---

[84] Vgl. auch Pompl, W.; Lieb, M. (Hrg.). Qualitätsmanagement im Tourismus. München – Wien, 1997.

```
                    Phasenorientierte Produktpolitik
        ┌──────────────────────┼──────────────────────┐
  Potentialphase  ▶      Prozeßphase  ▶       Ergebnisphase  ▶

• Vertrauensbildende    • Servicepolitik      • Nachbetreuung
  Maßnahmen: Kompetenz, • Kundenkontakt,      • Zufriedenheitspolitik
  Glaubwürdigkeit         Interaktion, Mitwirkung • Reklamationspolitik
• Bereitstellungsmaß-   • Binnen-Marketing    • Kundenbindung
  nahmen: Leistungsfähig- • Prozeßqualität    • Ergebnisqualität
  keit, Attraktivität
• Potentialqualität
• Markenpolitik, Positio-
  nierung
```

Wir müssen uns hier noch einmal vor Augen führen, daß das eigentliche Ergebnis einer Tourismusleistung ("die Reise") erst während oder nach ihrer Durchführung von Reisenden erkannt und beurteilt werden kann. Somit sind produktpolitische Maßnahmen in der **Potential- oder Bereitstellungsphase** in starkem Maße darauf ausgerichtet, dem potentiellen Kunden bereits vor dem eigentlichen Leistungsprozeß die möglichen Wirkungen der Leistung zu veranschaulichen (vgl. auch Kommunikationspolitik). Aufgrund des Überwiegens immaterieller Leistungen muß großer Wert auf **vertrauensschaffende Maßnahmen** (qualifiziertes Beratungspersonal) gelegt werden, um beim Kunden eine positive Einschätzung der jeweiligen Reiseangebote zu bewirken.

Dazu kommt als wichtige Aufgabe in der Potentialphase **die Bereitstellung** von Plätzen bzw. Kapazitäten durch touristische Leistungsträger. Hierbei geht es u. a. um Sicherheit, Zuverlässigkeit und Sauberkeit.

Potentialqualität bezieht sich somit auf vertrauensbildende Maßnahmen, Bereitstellung von Leistungskapazität sowie Markenpolitik. Erkennen kann man diesen Qualitätsaspekt z. B. durch Ambiente und Sauberkeit der Geschäftsräume, Schnelligkeit und Pünktlichkeit des Personals, die Art der Büroeinrichtung, die technische Ausstattung und vor allem die Freundlichkeit und Kompetenz des Beratungspersonals. Auf die Kompetenz weisen z. B. Urkunden bzw. Zertifikate über die Weiterbildung des Personals hin sowie Referenzen zufriedener Kunden. Schließlich ist im Rahmen der Potentialphase auch noch auf **Marken- und Positionierungspolitik** einzugehen.

Für die **Kunden** bedeutet Markenpolitik das **Kenntlichmachen bzw. die Kennzeichnung** von bestimmten Leistungen, damit diese unternehmenspolitisch (wieder)erkannt werden können. Den **Mitbewerbern** gegenüber erfordert Markenpolitik eine **Abgrenzung und Positionierung** der **Marke** im Angebotsraum, die zugleich den Kunden als Entscheidungsorientierung dienen kann.

Markenpolitik soll beim Kunden die Präferenz für eine bestimmte Marke bilden, wodurch Stammkundschaft aufgebaut und Kaufwiederholungen ermöglicht werden.

Die touristische Markenbildung entstand zu Beginn der 90er Jahre, als beispielsweise 1991 die TUI die ehemaligen Firmenmarken Scharnow, Dr. Tigges, Hummel. Trans Europa und Touropa zu einer übergreifenden Marke zusammenfaßte. Ähnliches war 1995 bei NUR (heute C&N) und 1996 bei den LTU-Veranstaltern festzustellen.

Die **Namensgebung** („branding") dient der Wiedererkennung, die durch **Markenzeichen** (Logos) und **Markendesign** (Farbe etc.) erleichtert wird.

Man unterscheidet bei der Markenpolitik die folgenden drei Grundstrategien:

1. **Einzelmarkenstrategie** (eine Marke = ein Produkt):
Lufthansa hat die Firmenmarke „Lufthansa" dem Linien- und Geschäftsreiseverkehr vorbehalten; für andere Aktivitäten – etwa Ferienreiseverkehr – wählt man entsprechend eine neue Firmenmarke.

2. **Markenfamilienstrategie** (Produktgruppenmarken):
differenziert ein Reiseveranstalter seine Angebotspalette mit Zusätzen wie ...-Fernreisen, ...-Seniorenreisen, ...-Sportreisen.

3. **Dachmarkenstrategie** (große Unternehmen mit breiter Leistungspalette):
TUI = Dachmarke (Club Robinson = Einzelmarke; TUI-Fernreisen, -Sprachreisen, -Spanienreisen = Markenfamilien)

Die eigentliche touristische Leistungserstellung findet dann in der **Prozeßphase** statt. Hier müssen im Rahmen der Produktpolitik die **Service-Qualität**[85] und das know-how des Dienstleistungspersonals, die Qualität der Speisen, die Funktionalität der Hoteleinrichtungen und der Transportmittel sichergestellt werden.

Da der Erfolg einer Reise in hohem Maße auch von der **Mitwirkung des Kunden** abhängt, führt dies zu einer Interaktion zwischen Produzenten und Konsumenten.

Da die Erstellung eines touristischen Gesamtproduktes zudem die Interaktion und Kooperation einzelner Produzenten erfordert, bezeichnet man diesen Vorgang oftmals als **Binnen-Marketing**.

---

[85] Vgl. auch Romeiß-Stracke, F.. Service-Qualität im Tourismus. München, 1995.

Schon öfter sprachen wir davon, daß es sich bei einer Reise um einen einmaligen Vorgang handelt, der so nicht wiederholt werden kann. Dies führt konsequenterweise dazu, eine Null-Fehler-Produktion anzustreben (**Prozeßqualität**).

In der **Ergebnisphase** werden die in der Potentialphase versprochenen bzw. erwarteten Ereignisse den in der Prozeßphase erlebten gegenübergestellt, wodurch sich Zufriedenheit bzw. Unzufriedenheit ergibt.

Die **Nachbetreuung** kann z. B. darin bestehen, daß wir den Kunden nach Rückkehr von der Reise anrufen. Hierbei können wir auf **Zufriedenheit** oder **Beschwerden** treffen, sofern der Kunde diese nicht schon sofort vorgebracht hat (vgl. auch Kapitel 2).

Wenn auch die Reklamationspolitik oftmals als unangenehm empfunden wird, so kann sie jedoch bei bedächtigem und sachgerechtem Eingehen auf die Beschwerdegründe dazu führen, daß der Kunde nicht verlorengeht.

Die Zufriedenheit des Kunden ist dagegen mit Bonussystemen (z. B. Miles & More) im Rahmen der **Kundenbindung** zu verstärken.

Die **Ergebnisqualität** ist für den Kunden erreicht, wenn Erwartungen und erlebte Leistungen übereinstimmen und für den Anbieter, wenn die Erwartungen bezüglich des Betriebsergebnisses (bzw. der Anzahl der Reklamationen usw.) erfüllt wurden.

Insgesamt gesehen kann sich die Produktpolitik auf das **Kernprodukt** und die **Zusatzprodukte** beziehen.

Unter **Kernleistung** versteht man die üblichen Basisleistungen der Tourismusunternehmen (z. B. Beherbergungs-, Verpflegungs-, Beförderungs-, Vermittlungsleistungen, Reiseleitung).

Bei den **Zusatzleistungen** unterscheidet man zwischen dem Vorstellungs-Marketing (V-Ebene) und dem Wahrnehmungs-Marketing (W-Ebene).

Im Rahmen der **Wahrnehmungsebene** (Designwerte) geht es um materielle oder immaterielle Nebenleistungen, die nicht unmittelbar bei der Kernleistung erwartet werden, aber durchaus eng mit dieser verbunden sind (z. B. Beförderung von Sportausrüstung, zusätzliches Freigepäck, Wahlmöglichkeiten bei Verpflegungsleistungen). Dazu kommen Aspekte der Service-Qualität (z. B. bestimmte Farbgebung, freundlicher Umgangston, besondere Düfte, besondere Ausstattung).

Die zweite Gruppe von Zusatzleistungen ist nicht mit den Sinnen wahrnehmbar, sondern bewegt sich auf der **Vorstellungsebene** (Erlebniswerte). Es geht um Empfindungen, Seele und Gefühl. Der Kunde möchte sich mit seiner Reise Träume erfüllen, er erhofft sich z. B. Glück, Erlebnis, Gastfreundschaft, Luxus, Entspannung.

3.3.2 Preispolitik

Bei der Preispolitik geht es insbesondere um die Festlegung des Verkaufspreises in Abstimmung mit den Marketing-Zielen und -Strategien. Unter dem Gesichtspunkt der **Zielorientierung** geht es dabei im wesentlichen um monetär-quantitative Ziele wie z. B. Gewinn, Umsatz und Rendite. Die **strategische Preispolitik** verfolgt eher die Ideen z. B. einer Positionierung an entsprechenden Märkten, einer aggressiven Preisstrategie und der Ansprache von Spar-Konsumenten oder Qualitäts-Konsumenten. Im Rahmen der **operativen Preispolitik** prüft man die Möglichkeiten der Preisbildung aufgrund interner und externer Faktoren.

Natürlich kann die Preispolitik nur im Rahmen der gültigen gesetzlichen Bestimmungen erfolgen (z. B. im Flugbereich im Rahmen der IATA-Vorschriften, der Vorschriften über Sondertarife wie APEX, IT und in den Zielorten z. B. bezüglich der Kurabgaben und der Zweitwohnungssteuer). Bei den Möglichkeiten der Preispolitik unterscheidet man insbesondere zwischen:

- kostenorientierter Preisbildung (intern)
- nachfrageorientierter Preisbildung (extern)
- konkurrenzorientierter Preisbildung (extern)

Die **kostenorientierte Preisbildung** verwendet als Basis der eigenen Preiskalkulation die im Unternehmen anfallenden Kosten der Leistungserstellung. Hier kann man entweder mittels der **Vollkostenkalkulation** die gesamten Kosten eines Unternehmens ermitteln und auf die verschiedenen Leistungen verteilen (**Einzelkosten/Gemeinkosten**) oder mittels der **Teilkostenkalkulation**, bei der man die Differenz zwischen den am Markt zu erzielenden Erlösen und den Selbstkosten – dem sog. **Deckungsbeitrag** – ermittelt, der dann für die Deckung der Gemeinkosten und für den Gewinn zur Verfügung steht[86].

Bei der **nachfrageorientierten Preisbildung** stehen vor allem die wertbezogenen Überlegungen der Nachfrage im Vordergrund, die sich an der subjektiven Einschätzung über den Wert und das Ausmaß der Bedürfnisbefriedigung durch eine bestimmte Leistung orientieren.

---

[86] Vgl. auch Füth/Walter. Rechnungswesen im Reisebüro. DRV Service GmbH, Frankfurt/M., 1993.

Die **konkurrenzorientierte Preisbildung** nimmt als Orientierungsgröße für die eigene Preispolitik die aus der Marktforschung gewonnenen Informationen über die Mitbewerber. Man kann in diesem Fall den gleichen Preis wie die Konkurrenz wählen, oder man setzt den Preis höher oder niedriger an, wenn man eine Hoch- oder Niedrigpreisstrategie gegenüber der Konkurrenz verfolgt.

Weitere Informationen zur Preisbildung und Preisfestsetzung finden Sie in: Füth & Partner. Rechnungswesen für Reiseverkehrs- und Tourismusunternehmen, Teil I Kaufmännisches Rechnen. und in: Füth & Partner. Allgemeine Wirtschaftslehre für Reiseverkehrs- und Tourismusunternehmen. Beide erschienen bei der DRV Service GmbH, Frankfurt/M., 1998/2001.

3.3.3 Vertriebswegepolitik

Grundsätzlich geht es im Tourismus um die Entscheidung, ob die Produkte (z. B. Reisen) **direkt** oder **indirekt** vermarktet werden sollen.

Historisch gesehen hat sich in Deutschland der **indirekte Weg** ergeben, bei dem sowohl Leistungsträger (z. B. Bahn, LH) als auch Veranstalter (z. B. TUI, C&N) ihre Leistungen über **Reisebüros** an den Endverbraucher verkaufen. Für diese Vermittlungsleistung erhalten die Reisebüros überwiegend von den Leistungsträgern bzw. Veranstaltern eine Provision (∅ ca. 10%); der Kunde zahlt den im Katalog ausgewiesenen Preis. Es handelt sich bei dieser Art des indirekten Vertriebs – also dem über selbständige Reisebüros – um sog. **branchenspezifischen Fremdvertrieb**. Dieser ist abzugrenzen von dem **branchenfremden Fremdvertrieb** z. B. über Warenhäuser, Banken und Vereine.

Da bei diesem indirekten Fremdvertrieb die Provision fällig wird, haben viele Leistungsträger und Veranstalter sich bereits einen indirekten Vertrieb in Form des sog. **Eigenvertriebs** aufgebaut. So gibt es veranstaltereigene Buchungsbüros (z. B. Filialen von C&N, Rewe), Buchungsstellen der Leistungsträger (z. B. Buchungsstellen der Bahn in Bahnhöfen) und Buchungsmöglichkeiten über Franchise-Unternehmen (z. B. TUC, LH-City-Center, DER-Part).

Der augenblickliche Trend scheint aber in Richtung **Direkt-Vertrieb** zu gehen, und zwar über Automaten und elektronische Vertriebsmedien (z. B. CRS, Online-Dienste wie Internet, interaktives Fernsehen).

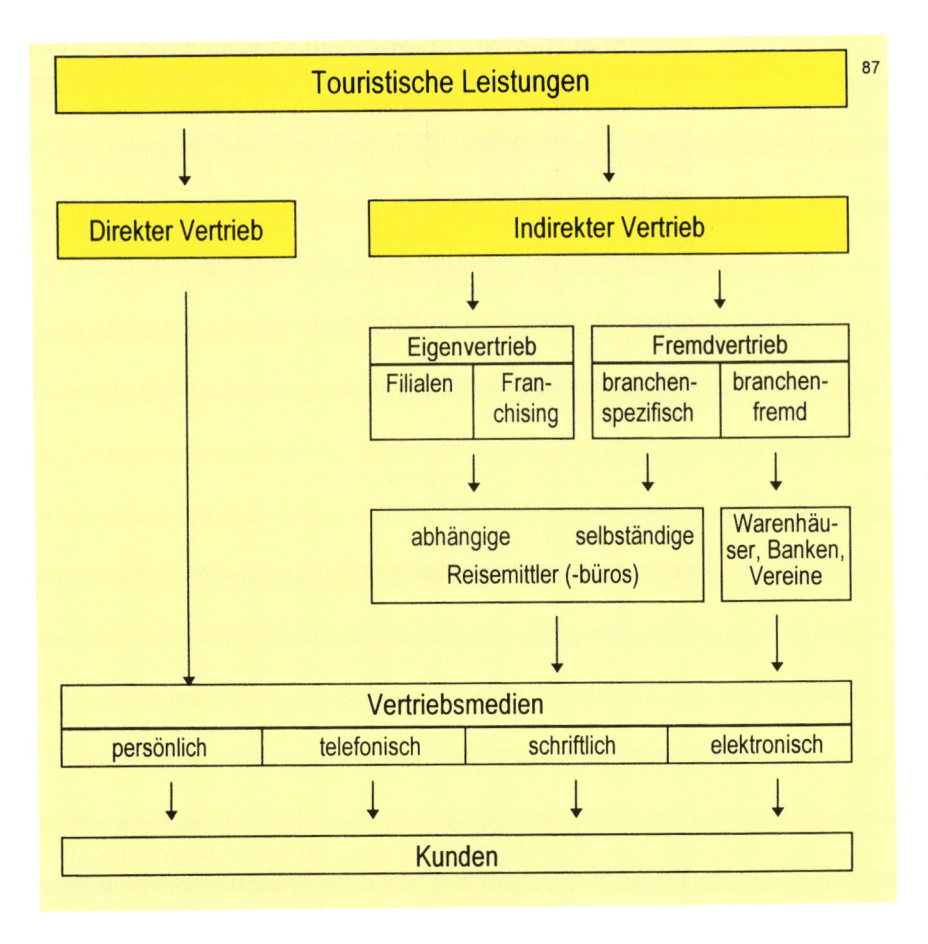

```
                    Touristische Leistungen                              [87]
                    ↓                    ↓
        ┌──────────────────┐    ┌──────────────────┐
        │ Direkter Vertrieb│    │ Indirekter Vertrieb│
        └──────────────────┘    └──────────────────┘
                                    ↓           ↓
                            ┌──────────────┐ ┌──────────────┐
                            │ Eigenvertrieb│ │ Fremdvertrieb│
                            │Filialen│Fran-│ │branchen-│branchen-│
                            │        │chising│ │spezifisch│fremd │
                            └──────────────┘ └──────────────┘
                               ↓       ↓         ↓
                            ┌──────────────────┐ ┌──────────┐
                            │ abhängige  selbständige │ │Warenhäu-│
                            │ Reisemittler (-büros)   │ │ser, Banken,│
                            │                          │ │Vereine   │
                            └──────────────────────────┘ └──────────┘
                                        ↓                    ↓
        ┌──────────────────────────────────────────────────────────┐
        │                   Vertriebsmedien                         │
        │ persönlich │ telefonisch │ schriftlich │ elektronisch    │
        └──────────────────────────────────────────────────────────┘
            ↓            ↓             ↓              ↓
        ┌──────────────────────────────────────────────────────────┐
        │                        Kunden                             │
        └──────────────────────────────────────────────────────────┘
```

3.3.4 Kommunikationspolitik

In Anlehnung an Lasswell/Freyer geht es bei der Kommunikation insbesondere um sechs Grundfragen:

- Wer   (Kommunikator, Sender, Quelle)
- sagt was   (Botschaft, „Message")
- in welcher Situation   („Umfeldbedingungen")
- zu wem   (Kommunikant, Empfänger, Rezipient)
- über welche Kanäle   (Kommunikationswege, Medien)
- mit welchen Wirkungen   (Kommunikationserfolg, Effekt)?

---

[87] Vgl. auch Freyer, Walter. Tourismus-Marketing. a.a.O.

Hierbei wird bereits deutlich, daß insbesondere der Zielrichtung und den Kommunikationsmitteln eine besondere Bedeutung zukommt:

Kommunikationspolitik	
Zielrichtung	Kommunikationsmittel
gesamte oder betriebsbezogene Öffentlichkeit	Öffentlichkeitsarbeit (Public Relation)
Zielgruppen	Werbung
Vertriebswege und -organe	Verkaufsförderung, persönlicher Verkauf
eigene Unternehmung, Organisation	Corporate Identity

Da wir uns mit dem Erscheinungsbild des eigenen Unternehmens erst in Kapitel 3.4. beschäftigen, folgen hier lediglich die Ausführungen über Verkaufsförderung, Öffentlichkeitsarbeit und Werbung.

Im Rahmen der **Verkaufsförderung** ist der **persönliche Verkauf** bei touristischen Leistungen das Hauptthema. Stark erklärungsbedürftige Leistungen – ein großer Teil der Tourismusleistungen – erfordern den persönlichen Kontakt des Verkäufers mit dem Käufer. Mögliche Bereiche des persönlichen Verkaufs sind:

- Counter im Reisebüro
- Telefonverkauf (Firmenkundengeschäft)
- Messeverkauf (Tourismusmessen)
- Top-Ebenen-Verkauf (Geschäftsleitung zu Geschäftsleitung)
- Außendienstverkauf (Anbahnung von Firmenkundengeschäften)

Zweifelsohne kommt heute dem Counter-Verkauf im Reisebüro immer noch die größte Bedeutung zu, das Kaufverhalten der Kunden wird hier maßgeblich durch die Beratungs- und Überzeugungsleistung des Personals beeinflußt, welches mit dem Kunden in direkten Kontakt kommt.

Bei der **Öffentlichkeitsarbeit** geht es um die Herstellung von Beziehungen zur Öffentlichkeit, dem denkbar größten Adressatenkreis. Man will Vertrauen zu einem Unternehmen / einer Destination und den zugehörigen Leistungsangeboten schaffen oder erhalten, d. h. ein möglichst positives Image in der Öffentlichkeit anstreben.

So wird beispielsweise die Reiseberichterstattung in den Medien als weitgehend objektiv angesehen, so daß oftmals auf diese Weise Meinungen geschaffen und Vertrauen gewonnen werden kann.

Die Kontakte zu Medien erfolgen über verschiedene Maßnahmen:

- Presse- oder Informationsdienste (Medienmitteilungen)
- Pressekonferenzen (Einladung ausgewählter Journalisten)
- Pressefahrten (Info-Reisen)
- Online-Informationsdienste (Medieninformation über elektronische Medien)

Natürlich geht es bei der Öffentlichkeitsarbeit auch um Kontakte zu Behörden, Investoren, Sponsoren, Lieferanten, Kooperationspartnern, Konkurrenz, indirekt Betroffenen, Multiplikatoren, Trendsettern und Kunden. Public-Relation-Mitteilungen befassen sich vornehmlich mit folgenden Themenbereichen:

- Neue Angebote (z. B. neue Ziegebiete, neue Produkte der Reiseveranstalter)
- Veränderung des Angebots (z. B. „jetzt noch preiswerter")
- Allg. Unternehmens- und Zielgebietsinformationen (z. B. Jahresberichte von touristischen Unternehmen)
- Spezielle Angebots- und Zielgebietsinformationen (z. B. Veranstaltungskalender)
- Stellungnahme zu gesellschaftlich wichtigen Themen (z. B. Umweltverschmutzung durch Tourismus, Sicherheit des Flugverkehrs)

Außer auf den Inhalt einer solchen PR-Mitteilung zu achten, muß auch dem Aufbau und der Form Aufmerksamkeit geschenkt werden.

Insgesamt gesehen kann man also feststellen, daß bei der Öffentlichkeitsarbeit nicht für ein bestimmtes Produkt geworben wird, sondern um öffentliches Vertrauen (z. B. „Die Bahn hat immer grün", „Die Bahn – alle reden vom Wetter, wir nicht").

Werbung ist das sicherlich bekannteste Instrument der Kommunikationspolitik. Freyer[88] definiert:

Merksatz: Werbung verkörpert alle bewußten Versuche, Menschen durch den Einsatz spezifischer Werbemittel im Sinne der Marketing-Ziele zu beeinflussen.

---

[88] Freyer, Walter. Tourismus-Marketing. a.a.O.

Welche Möglichkeiten ergeben sich nun dabei?

Übersicht über die Arten der Werbung	
Einzelumwerbung ↓ Einzelner Kunde	Einzelner Betrieb ↓ Einzelwerbung
Massenumwerbung ↓ Anonyme Kundenmenge	Mehrere Betriebe ↓ Gemeinschaftswerbung

Wir können die Werbung grundsätzlich nach zwei Gesichtspunkten einteilen:

1. **Nach der Zahl der Personen,** die durch die Werbung angesprochen werden soll, in Einzel- und Massenumwerbung.

   Die **Einzelumwerbung** wendet sich an den einzelnen Kunden. Der Werber hat hier die Möglichkeit, sich im Werbegespräch oder im Werbebrief ganz auf die individuellen Verhältnisse des zu beeinflussenden Kunden einzustellen.

   Bei der **Massenumwerbung** soll dagegen ein großer Personenkreis angesprochen werden, der gleiche Interessen und gleiche Verbrauchsgewohnheiten hat. Der Werber wendet sich hier an die anonyme Masse der Verbraucher.

2. **Nach der Zahl der Betriebe,** von denen die Werbung ausgeht, kann man von Einzel- und Gemeinschaftswerbung sprechen.

   Von **Einzelwerbung** spricht man, wenn ein einzelner Betrieb für seine Reisen wirbt. Dabei ist es unerheblich, ob er sich hierfür seiner eigenen Werbeabteilung oder einer Werbeagentur bedient. (Beispiel: "Entdecken Sie das Land der Weltentdecker – TAP".)

   Gemeinschaftswerbung liegt dagegen vor, wenn sich mehrere Betriebe zur Durchführung einer gemeinsamen Werbung zusammenschließen. (Beispiel: „Flugreisen – immer preiswerter" oder „Heutzutage reist man zweimal, fragen Sie Ihr Reisebüro".)

   Die Gemeinschaftswerbung bezieht sich also nicht auf die einzelne Reise eines Veranstalters, sondern auf einen ganzen Reisezweig. Die Gemeinschaftswerbung soll folglich erreichen, daß der Gesamtabsatz eines Reisezweiges gesteigert wird.

Die sich dann anschließende Einzelwerbung – Gemeinschaftswerbung schließt eine Konkurrenz der Einzelbetriebe nicht aus – hat dann das Ziel, einen möglichst großen Teil des Gesamtabsatzes auf den einzelnen Betrieb zu konzentrieren.

==Wie alle betrieblichen Maßnahmen, so muß auch die Werbung geplant werden.==

Vor der eigentlichen Durchführung (Werbekampagne) sind daher die nachstehenden Fragen zu beantworten:

1. **Streugebiet:** Auf welches Gebiet soll sich die Werbung erstrecken? (Bundesrepublik, Nordrhein-Westfalen, Düsseldorf usw.)
2. **Zielgruppe:** Welcher Personenkreis soll angesprochen werden? (Alle Haushaltungen, alle Fernsprechteilnehmer, alle Lehrer, alle Ärzte usw.)
3. **Streuzeit:** Wann soll die Werbung durchgeführt werden? (Werbung für Sommerreisen im Winter und nicht erst im Sommer usw.)
4. **Werbemittel:** Welche Werbemittel sollen für die Werbung eines bestimmten Reiseangebots benutzt werden? (Vgl. auch Abschnitt über Werbemittel!)
5. **Werbeetat:** Welche finanziellen Mittel können für die entsprechende Werbung aufgebracht werden?

Bei jeder Planung, also auch bei der Werbeplanung, werden nicht nur Entscheidungen getroffen, sondern zugleich auch die Aufwendungen veranschlagt. Es ist daher erforderlich, daß sich der plangemäßen Durchführung der Werbung eine **Erfolgskontrolle** anschließt.

Dabei ergeben sich jedoch erhebliche Schwierigkeiten, weil eine Änderung des Umsatzvolumens in den seltensten Fällen allein einer Werbemaßnahme zugeschrieben werden kann. In der Regel wirken viele Faktoren gleichzeitig auf die Verhältnisse am Absatzmarkt ein, wie Bedarfsverschiebungen, Preisveränderungen der Konkurrenz, Konjunktureinflüsse usw.

Der Erfolg der Werbung läßt sich also nur theoretisch ermitteln. In der Praxis ist man auf Schätzungen angewiesen. (Ausnahme: Kataloge, Briefsendungen o. ä., denen man gekennzeichnete Auftragskarten beifügt, die dann eine Kontrolle des Werbeerfolges möglich machen).

Mit Hilfe der Werbemittel werden die Werbebotschaften an die Zielgruppen übermittelt. Herkömmliche **Werbemittel** im Tourismus waren/sind Prospekte, Kataloge, Anzeigen, Plakate, Rundfunk- und Fernsehwerbung. Dazu kommen in der letzten Zeit immer häufiger Sponsoring, Product Placement (z. B. Kreuzfahrtschiff „Berlin" in der Fernsehserie „Traumschiff") und Events (z. B. Reisen zu „Musical"-Aufführungen o.ä.).

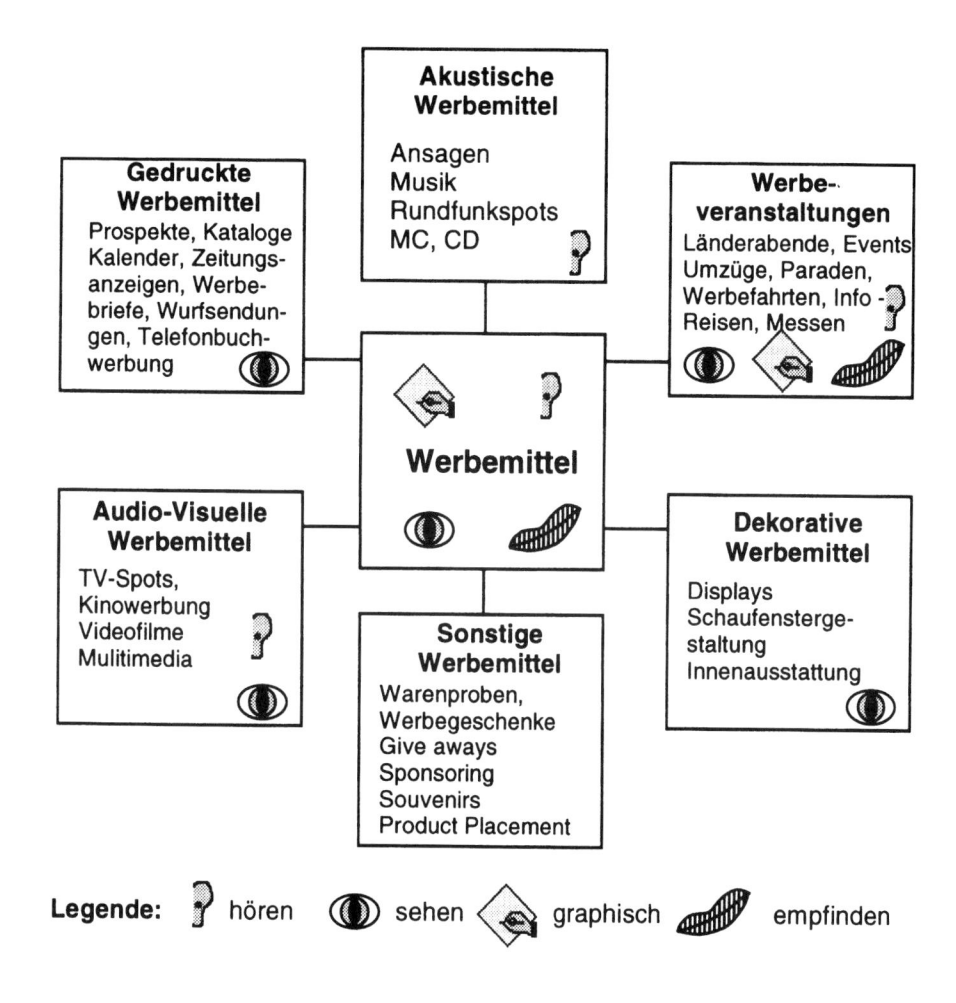

Freyer gliedert die Werbemittel insgesamt wie folgt:

Gedruckte Werbemittel
Prospekte, Kataloge Kalender, Zeitungsanzeigen, Werbebriefe, Wurfsendungen, Telefonbuchwerbung

Akustische Werbemittel
Ansagen
Musik
Rundfunkspots
MC, CD

Werbeveranstaltungen
Länderabende, Events
Umzüge, Paraden,
Werbefahrten, Info -
Reisen, Messen

Werbemittel

Audio-Visuelle Werbemittel
TV-Spots,
Kinowerbung
Videofilme
Mulitimedia

Sonstige Werbemittel
Warenproben,
Werbegeschenke
Give aways
Sponsoring
Souvenirs
Product Placement

Dekorative Werbemittel
Displays
Schaufenstergestaltung
Innenausstattung

Legende: hören   sehen   graphisch   empfinden

Damit ein Werbemittel entsprechende Werbewirkungen auslösen kann sollte es richtig gestaltet sein, psychologische Gesichtspunkte berücksichtigen und den nachstehenden Anforderungen genügen:

Das Werbemittel soll Aufmerksamkeit erwecken (z. B. durch auffällige Farbgestaltung).
Es soll im Gedächtnis des Umworbenen haften bleiben (z. B. durch Werbeslogans wie „Nebel und Schnee – die Bahn fährt immer" oder „Berlin ist immer eine Reise wert").
Es soll im Käufer der Wunsch geweckt werden, nur dieses eine Produkt, für das geworben wird, zu besitzen. (Beispiel: „Verlangen Sie einmal Condor hin und zurück, denn Sie haben Anspruch auf Komfort und Sicherheit" oder „Ferien für Anspruchsvolle – IT-Reisen/Air Bahama".)

Auf eine Formel gebracht lauten die Anforderungen an ein Werbemittel:

Merksatz:

A	=	Attention	(Aufmerksamkeit)
I	=	Interest	(Interesse)
D	=	Desire	(Besitzwunsch)
A	=	Action	(Kaufhandlung)

Jedes Werbemittel benötigt einen **Werbeträger**, d. h. eine Person oder Institution, die die Werbung an den Umworbenen heranträgt (z. B. Werbeträger für die Werbefunk- und Fersehsendungen sind die Rundfunk- und Fernsehanstalten).

Da sich für die verschieden Unternehmen im Tourismussektor jeweils ein unterschiedliches Marketing-Mix ergibt, soll dies hier noch einmal durch eine Tabelle veranschaulicht werden[89]:

Marketing-Mix in der Tourismuswirtschaft				
Beispiel	Produktpolitik	Preispolitik	Distributionspolitik	Kommunikationspolitik[1]
Hotel	Hotel- und Zimmergestaltung, Servicepersonal, z. T. Nebenleistungen (Konferenzservice, Fitneßcenter, Restaurant)	differenziert	direkt oder über Reisebüros, Fremdenverkehrsstellen, Reiseveranstalter, Fluggesellschaften	Medien-Anzeigen, Kleinanzeigen, Direktwerbung, Presse-Kontakte, Neue Medien
Reiseveranstalter	Produktpalette, Qualität der (Pauschal-) Reise	differenziert	direkt oder über Reisemittler	Prospekte, Plakate, Presse-Kontakte, Info-Fahrten, Anzeigen in Medien, Neue Medien
Reisebüro	Service, Beratung, Gestaltung des Büros, z. T. Agenturpolitik	sehr begrenzt, z. T. über Agenturauswahl (teuer, billig, exklusiv)	überwiegend direkt, z. T. Filialen z. T. Firmendienst	Schaufensterwerbung, Anzeigenwerbung, Flugblattaktionen, Direkt-Werbung, Neue Medien
Fluggesellschaft	Pünktlichkeit, Komfort, verschiedene Klassen, Servicepersonal	differenziertes Tarifwerk	über Reisemittler, z. T. eigene Verkaufsbüros	alle Medien, Anzeigen, Plakate, Presse-Kontakte
Fremdenverkehrsgemeinde	Gesamtgestaltung des Ortes, Freizeiteinrichtungen, Kultur- und sonstiges Angebot, Gastfreundschaft der Bewohner	begrenzt	über Reisemittler, Fremdenverkehrsämter, auf Messen, direkt	Medien-Anzeigen, Messen, Presse-Kontakte

1) Hier ist zumeist die ganze Palette der Kommunikationspolitik anzutreffen, im folgenden sind häufige Schwerpunkte aufgezeigt.

---

[89] Freyer, Walter. Tourismus-Marketing. a.a.O.

Insgesamt gesehen wollen die Unternehmen natürlich mittels der Werbung höhere Umsätze erzielen. Dabei ist es nur allzu verständlich, daß durch richtig praktizierte Markentechnik letztendlich unverwechselbare Marken- und Unternehmensnamen sich beim Verbraucher einprägen.

3.4 Erscheinungsbild des Anbieters
(Corporate-Identity, -Design, -Behaviour and -Communication)

Würde man Orientierungsziele einer Unternehmung mittels einer Zielpyramide darstellen, so käme an oberster Stelle der **Unternehmenszweck**. Hierbei gilt es zu klären, was überhaupt Sinn und Gegenstand eines Unternehmens ist und mit welchem Angeboten es an welchen Märkten aktiv werden will. Für ein Reisebürounternehmen z. B. müßte geklärt werden, ob nur Reisen vermittelt, oder ob es vielleicht auch Pauschalreisen veranstalten möchte, und ob es dies für alle Kunden tun will oder nur für die „55 +-Generation" oder „junge Familien". All diese Überlegungen gelten natürlich auch für jede Art touristischer Destination.

In der Zielpyramide würden darunter dann die **Unternehmensgrundsätze** folgen, die die jeweilige Unternehmenspolitik bestimmen. Diese Grundsätze legen die Verhaltensweisen gegenüber Mitarbeitern, Kunden, Mitwettbewerbern und ortsansässiger Bevölkerung fest. So kann ein Reisebüro, welches sich um die „55 +-Generation" kümmert, z. B. festlegen, keine Billigreisen zu vermitteln oder eine Tourismusdestination nicht anbieten, damit in ökologisch sensiblen Gebieten keine Tourismusbauten errichtet werden. Wenn also Unternehmenszweck und Unternehmensgrundsätze festgelegt worden sind, dann überlegt man sich, wie man in der Öffentlichkeit auftreten möchte, d. h. welches **Erscheinungsbild** die Unternehmung haben soll.

3.4.1 Corporate Identity (CI)

Vielfach bezeichnet man die Corporate Identity heutzutage als das zentrale Element des Marketing. Unternehmen sollen nach außen und innen ein einheitliches und klares Bild verkörpern, d. h. es muß deutlich werden, was ein Unternehmen von anderen unterscheidet. Man kann sich z. B. das Image eines „Qualitätsanbieters" geben oder dasjenige eines „Billiganbieters", sich konservativ oder progressiv darzustellen versuchen. Freyer[90] gibt hierzu folgende Definition:

> „Unter Corporate Identity versteht man das Erscheinen oder Auftreten (die „Persönlichkeit") einer Institution. Es soll möglichst einheitlich und in sich selbst stimmig und glaubhaft nach außen und innen gestaltet werden. Durch die abgestimmten Verhaltensweisen, die in der Corporate Identity zum Ausdruck kommen, werden Glaubwürdigkeit und Vertrauen in eine Organisation geschaffen und erhalten."

---

[90] Vgl. Freyer, Walter. Tourismus-Marketing. a.a.O.

„Corporate" bedeute dabei Unternehmen oder Institution, und „Identity" steht für Individualität, Stil oder Persönlichkeit. Man spricht in diesem Zusammenhang auch gern von Unternehmensstil oder -persönlichkeit bzw. von Unternehmensphilosophie, -ethik oder -kultur.

Bei der Corporate Identity spielen drei Elemente eine besondere Rolle, über die sich das jeweils Besondere einer Organisation (eines Tourismus-Unternehmens oder einer Tourismus-Destination) darstellt.

3.4.2 Elemente der Corporate Identity:
Corporate Design, Corporate Behaviour und Corporate Communication

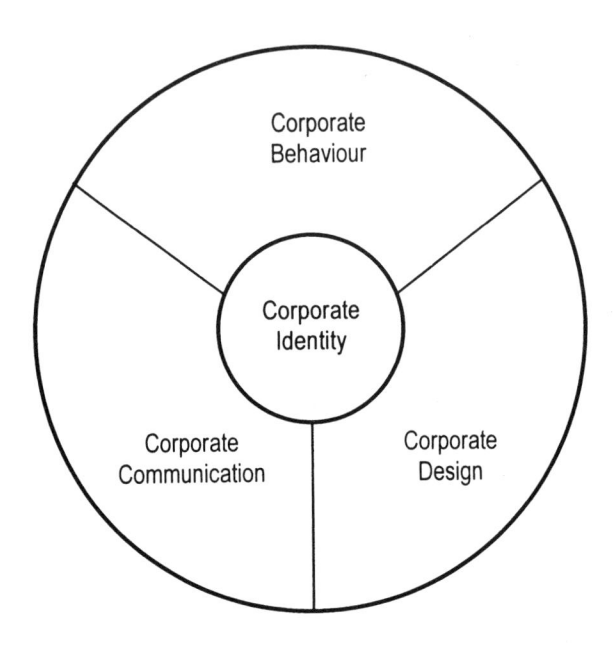

Die vorstehende Graphik soll verdeutlichen, daß die Corporate Identity sich über die drei dargestellten Elemente definiert:

- Corporate Design → Unternehmens- oder Orterscheinungsbild
- Corporate Behaviour → Unternehmens- oder Ortsverhalten
- Corparate Communication → Unternehmens- oder Ortskommunikation

Dabei ist das äußere, optimale oder visuelle **Erscheinungsbild (Corporate Design)** am bekanntesten, da sich die daraus resultierenden immer wiederkehrenden und möglichst gleichen optischen oder akustischen Elemente im Bewußtsein der Kunden besonders einprägen. Eigentlich einfache Elemente, wie einheitlicher Schriftzug sowie Signet bzw. Logo, die auf Geschäftspapier, in Werbeanzeigen, auf Plakaten, in Katalogen auf Souvenirs usw. immer wieder in Erscheinung treten, dienen dazu, daß über dieses Design automatisch das Unternehmen identifiziert wird.

Hier ergibt sich eine Verbindung zur Werbung, die solche Farbfestlegungen, Logos und Schriftzüge natürlich übernehmen muß.

So kann man beispielsweise den Lufthansa „Kranich" als Logo (Markenzeichen) im Rahmen der Corporate Design auf Briefbögen, Flugplänen, Flugzeugen und anderen Fahrzeugen, auf der Kleidung der Mitarbeiter, bei PR-Aktivitäten, auf Hauszeitschriften, auf Geschäftsberichten usw. stets wiedererkennen und stellt sofort die Verbindung zum Unternehmen LH her.

Bei dem soeben beschriebenen Corporate Design ging es um äußere Merkmale, beim **Corporate Behaviour** dagegen um Verhaltensweisen eines Unternehmens.

So kann ein Unternehmen beispielsweise verkünden: „Bei uns stehen die Wünsche unserer Kunden an erster Stelle". Das muß dann konsequenterweise zu entsprechendem Handeln der Mitarbeiter führen, damit die Kunden von diesem Corporate Behaviour auch überzeugt werden können.

Es geht hierbei um einheitliches Handeln z. B. in folgenden Bereichen: grundsätzlich intern und extern, sowohl als Leistungsanbieter als auch als auch als Arbeitgeber und in sozialen Belangen ebenso wie bei Informationsgelegenheiten (mit Medien).

Von letzterem Punkt ist eine gute Überleitung zur **Corporate Communication** gegeben. Es reicht nämlich nicht aus, sich ein bestimmtes Erscheinungsbild zu geben und bestimmte Grundsätze zu entwickeln, sondern man muß beide nach innen und außen zu übermitteln verstehen.

Corporate Communication befaßt sich daher nicht nur mit der Kommunikation mit den Medien, sondern insbesondere auch mit derjenigen mit den Mitarbeitern und den Marktpartnern.

==Insgesamt gesehen kann man feststellen, daß die **Corporate Identity** das „Selbstbild" einer Unternehmung darstellt und das sog. **Image** das „Fremdbild", welches außenstehende Betrachter haben.==

Selten besteht zwischen Selbst- und Fremdbild (Identität und Image) eine hundertprozentige Deckungsgleichheit. Oftmals ist das Image besser als die Realität, gelegentlich verhält es sich umgekehrt. So stellen die Tourismusverantwortlichen Mallorcas die Insel anders dar (Selbstbild) als die Urlauber sie sehen (Fremdbild).

Die Mallorquiner möchten sich gerne als Ziel des Qualitätstourismus sehen, für die Urlauber aber hat die Insel (in Teilbereichen) immer noch das Image eines „massentouristisch geprägten Urlaubsgebietes."

Zur Wiederholung:

1. Definieren Sie den Begriff „Marketing".

2. Begründen Sie, warum in der Touristik Käufer- und Verkäufermärkte nebeneinander existieren.

3. Unterscheiden Sie Primär- und Sekundärforschung und nennen Sie die Quellen, aus denen jeweils die Daten stammen.

4. Was versteht man unter einem Haushalts-Panel?

5. Skizzieren Sie die Portfolio-Methode und erläutern Sie die einzelnen Geschäftsbereiche.

6. Definieren Sie den Begriff „Leitbilder" im Tourismus.

7. Welche drei großen Zielgruppen unterscheidet man bei Tourismusunternehmen?

8. Nennen und erläutern Sie die vier Marketing-Instrumente.

9. Welche Phasen unterscheidet man bei der sog. phasenorientierten Produktpolitik?

10. Unterscheiden Sie anhand von Beispielen aus der Tourismusbranche die „Einzelmarkenstrategie" von der „Markenfamilienstrategie" und von der „Dachmarkenstrategie".

11. Was versteht man unter Kernprodukten und was unter Zusatzprodukten?

12. Welche Arten der Preisbildung kann man unterscheiden?

13. Es gibt direkte und indirekte Vertriebswege. Schildern Sie anhand von Beispielen die aktuelle Vertriebswegepolitik der Reiseveranstalter.

14. Was versteht man unter indirektem, branchenspezifischen Fremdvertrieb?

15. Geben Sie eine kurze Definition des Begriffes „Werbung", und nennen Sie die verschiedenen Arten von Werbemitteln.

16. Unterscheiden Sie anhand von Beispielen die Begriffe „Identität" und „Image".

4 Veränderungen und Branchentrends bei Tourismusunternehmen aufgrund von Änderungen in Wirtschaft, Technik und Gesellschaft

Neben der Telekommunikationsbranche gilt der **Tourismus weltweit** als **wachsender Markt**. Dieser Tourismusmarkt[91] wächst aber nicht einfach so weiter, wie er sich in der Vergangenheit präsentiert hat, sondern er wird von vielfältigen Veränderungen und Trends geprägt. Es ist allerdings unmöglich, all diese Einflußfaktoren in einem Buch aufzuzeigen, welches vornehmlich für die Ausbildung des touristischen Nachwuchses geschrieben wurde, so daß sich der Autor hier auf 3 besondere Aspekte beschränkt.

4.1 Wirtschaftliche Zusammenschlüsse von Tourismusunternehmen

Hier kann zunächst einmal auf die Ausführungen verwiesen werden, die man in Kapitel 4.3 des Buches Füth & Partner „Allgemeine Wirtschaftslehre für Reiseverkehrs- und Tourismusunternehmen" (DRV Service GmbH, Frankfurt/M., 1998/2001) vorfindet.

Vorangestellt sei dann die Tatsache, daß man sich darüber, ob Touristikunternehmen kooperieren oder selbständig bleiben soll, vortrefflich streiten kann. Ein leistungsfähiges Reisebüro mit einem adäquaten Angebot kann natürlich ebenso in einer bestimmten Region selbständig – und mehr oder weniger unangefochten – existieren, wie z. B. ein Spezialveranstalter in einer sog. Nische. Für ein Reisebüro kann z. B. ein bestimmter Einzugsbereich mit einem bekannten Kundenkreis eine Nische sein, und für den Veranstalter vielleicht ein Spezialangebot wie „Reisen für Fallschirmspringer".

Nun kann man entgegnen, daß es nicht unbegrenzt viele Nischen gibt und ebenfalls nicht unbegrenzt viele selbständige Reisebüros in nachfragekräftigen Regionallagen.

Da der größte Teil der Reisebüros in Konkurrenzlagen um Kunden zu werben hat – das gilt auch für die Veranstalter –, ist heutzutage überwiegend ein Kooperations- oder Konzentrationsprozeß zu beobachten.

In der *fvw*-Dokumentation über Ketten und Kooperationen (09.06.2000) wird deutlich gemacht, daß 53% des Gesamtumsatzes auf dem Reisebüromarkt von Ketten und Franchisern, 36% von Kooperationen und nur noch 11 % von sog. Einzelbüros (ungebundene Reisebüros) erwirtschaftet werden.

---

[91] Vgl. auch Bleile, G.. Tourismusmärkte. München – Wien, 1995.

4.1.1 Kooperationen

Auch diejenigen, die eigentlich lieber ganz selbständig bleiben wollten, erkennen häufig, daß zumindest die Zusammenarbeit in dem einen oder anderen unternehmerischen Teilbereich von Vorteil ist. Sie schließen sich dann beispielsweise zusammen, um gemeinsam die Angebote von Leistungsträgern und Veranstaltern einzukaufen. Dabei spielt es eine besondere Rolle, gemeinsam gewisse Mindestumsätze zu überschreiten, um dann die so erzielte höhere Staffelprovision auf die Kooperationsmitglieder (zusätzlich zur Grundprovision) verteilen zu können.

Beispielhaft für den Reisebürobereich sei hier das RCE in Memmingen genannt, welches idealtypisch zunächst mit dem gemeinsamen Einkaufsaspekt seine Mitglieder geworben hat (ca. 575 Vertriebsstellen).

Heute kommen Beratungs- und Backoffice-Software hinzu, die einerseits auf Eingabe von Suchdaten konkrete Angebote mit Preisangaben und -vergleichen liefert, sowie Buchungsmasken auszufüllen hilft und andererseits Versicherungspakete anbietet sowie das sog. „vollautomatische Reisebüro", mit dessen Hilfe Probleme der Rationalisierung, der Buchhaltung und der Last-Minute-Angebote gelöst werden können.

Bekannter ist natürlich DERPART, eine Kooperation mit ca. 450 Vertriebsstellen, die allerdings schon sehr weit bezüglich der Entwicklung in Richtung „Kette" gediehen ist. Das wird besonders deutlich durch die Schwerpunkte: Sortimentspolitik, EDV-technische Sortimentssteuerung, Geschäftsreisen, zentrales Marketing und Mitarbeiterqualifikation bis hin zur generellen Unterstützung in den Bereichen EDV, Buchhaltung, Organisation, Personalfragen, Umbauplanung, Materialbeschaffung, Pressearbeit sowie zu umfangreichen Betriebsanalysen und Unternehmensberatungen. Bei DERPART kann man von einem flächendeckenden Service-Netz sprechen.

Allerdings können Kooperationen auch eine größere Chance auf dem Weltmarkt bieten. Vor dem Hintergrund der **Globalisierung** sei hier stellvertretend für Leistungsträger und Veranstalter[92] die Kooperation „Star Alliance" aus den Informationen der Lufthansa Unternehmensgruppe dargestellt:

---

[92] Mundt, J. W. (Hrg.). Reiseveranstaltung. München – Wien, 1996.

Kooperationen prägen unsere Zukunft[93]

„Lufthansa hat inzwischen einen Verbund von Partnern aufgebaut, der derzeit weltweit seinesgleichen sucht. Ein Höhepunkt dieser Politik war im Mai 1997 der Zusammenschluß mit United Airlines, SAS, Thai Airways und Air Canada zur „Star Alliance", der im Oktober des gleichen Jahres auch die brasilianische VARIG beigetreten ist. Seit April bzw. September 2000 gehören weitere 9 Fluggesellschaften dazu. Mit den neuen Partnern Air New Zealand, Ansett Australia, All Nippon Airways, Singapore Airlines, der Austrian Airlines Gruppe mit Austrian Airlines, Tyrolean Airways und Lauda Air sowie British Midland und Mexicana Airlines ist das Angebot der Star Alliance noch attraktiver geworden. Die Star Alliance ist heute das größte integrierte Luftverkehrssystem der Welt mit einem Netz, das Flüge zu über 800 Zielen bietet und jährlich 282 Millionen Passagiere befördert. Nur solche Alliancen haben auf Dauer noch eine Chance, im Weltluftverkehr eine maßgebliche Rolle zu spielen. Für die Kunden bringen Kooperationen Vorzüge: Durch Abstimmung mit den Partnern und sogenanntes Codesharing entstehen zusätzliche Nonstop und Direktflüge sowie koordinierte Flugpläne. Der Gepäcktransfer wird bei Anschlußflügen innerhalb der Alliance mit oberster Priorität durchgeführt.

Verstärkt wird auch die zeitsparende Möglichkeit des „Durchcheckens" angeboten, bei dem die Passagiere ihre Bordkarten und Sitzplätze, die bis zum Erreichen des Zielflughafens gelten, bereits beim ersten Einchecken erhalten. Am Boden sind die Airlines der Star Alliance bemüht, auf den bedeutendsten Flughäfen auch räumlich zusammenzurücken, um Passagieren mit Anschlußflügen ein einfacheres Umsteigen zu ermöglichen. Weltweit genießen die berechtigten Fluggäste heute Zugang zu ca. 200 Lounges der Partnergesellschaften – das sind mehr Lounges als jede andere Airline oder Airline-Gruppe zu bieten hat.

Vielflieger können sich für das Vielfliegerprogramm einer Gesellschaft entscheiden und erhalten dort ihre Meilengutschriften für jeden planmäßigen Flug mit einer Airline, die der Star Alliance angehört. Auch die Prämienflüge können zwischen den Star Alliance Partnern frei gewählt werden.

Damit die lokalen Partner die Anfragen und Wünsche von Kunden aller Star Alliance Airlines erfüllen können, wurde ein spezielles Mitarbeiter-Schulungsprogramm entwickelt. Weitere Verbesserungen im Kunden-Service sind in Vorbereitung. Ein anderer wichtiger Aspekt ist die

---

[93] Aus: Lufthansa. Unsere Unternehmensgruppe und ihre Partner. Frankfurt, 1998. Sowie Presseveröffentlichungen in 2000.

Gewährleistung von einheitlichen Sicherungsstandards und von einer gleichbleibenden Produkt- und Servicequalität aller Partner.

Kooperationen stellen auch aus ökologischen Gründen eine sinnvolle Lösung dar, denn sie tragen dazu bei, unnötige Verbindungen zu reduzieren und unbegrenztes Wachstum zu vermeiden. Besonnenheit und Zurückhaltung bei neuen Belastungen für Mensch und Natur – das ist eine Handlungsmaxime der Lufthansa-Gruppe generell.

Zur Zeit bereiten die Star Alliance-Fluggesellschaften eine gemeinsame Umwelterklärung vor, in der ein gemeinsamer Standard im Umweltmanagement erreicht werden soll, der für alle Partner bindend ist. Dem Ziel der Abfallvermeidung und dem Recycling soll in der Erklärung ebenso Rechnung getragen werden wie der Absicht, mit Zulieferern, Behörden etc. zusammenzuarbeiten, um Umweltbelastungen zu verringern.

Für Lufthansa wirken sich die Partnerschaften in Ertragszuwächsen, Risiko-Teilung und Kostenbegrenzung aus – ein wichtiger Aspekt an dem mit einem hohen Kostenniveau belasteten Standort Deutschland. Zudem werden Synergien geschaffen, indem Flughafeneinrichtungen und Verkaufsbüros ebenso gemeinsam genutzt werden können wie günstige Einkaufskonditionen für Flugzeuge, Ersatzteile oder Treibstoff. Kapitalbeteiligungen an den jeweiligen Allianzpartnern hat die Lufthansa nicht angestrebt und erworben. Jedes Unternehmen behält seine eigene Identität."

Natürlich kann eine solche Allianz, die z. Z. aus 15 Partnern besteht, nur Bestand haben, wenn die Kunden alle Partner als einigermaßen gleichwertig akzeptieren. Wie wir wissen, verfügt die LH beispielsweise über eine sehr junge Flugzeugflotte (bereits in 1999 mehr als 50% Airbus-Flugzeuge):

Lufthansa Passage Airline	**1999**
Boeing 747	34
Airbus A340	22
Airbus A300	13
Airbus A310	6
Airbus A321	21
Airbus A320	33
Airbus A319	20
Boeing 737	76
Total	**225**

Lufthansa City Line   **1999**

Avro RJ 85	18
Canadair Jet	33
Total	**51**

(Dazu kommen 10 Fokker 50, die an Contact Air untervermietet sind.)

Andere Alliance-Partner werden Mühe haben, hier mitzuhalten.

Dies zur technischen Seite; aber die Passagiere möchten auch wissen, wie sich der Service während des Fluges unterscheidet. Die nachfolgende Abbildung einer Star-Alliance Veröffentlichung für die Mitarbeiter aller Partner-Air-Lines - eine Auswahl - gibt hier einen guten Überblick:

IN-FLIGHT

Products / Airline	AC	LH	SK (SAS)	TG	UA	RG
Airshow / Moveable Map	as	ds	co, ic, ds	co, ic, as	–	as
Amenities Kit	cs, in	cs, ic	cs, ic	ds, cs	cs, ds	cs
Arrival Information	ds	ds, ic	ic, ds	ds	ds	ds
Bassinets for Infants	as	as	as	as	ds, as	●
Blankets	●	● ic	● ic	● ic	●	●
Children's Kits	●	●	●	ds	ds	in, ●
Children's Programming	● ds	ic	ic	cs, ic	ds, as	–
Complimentary Beverage Service (Spirits)	cs ● in	●	ds	●	ds	●
Destination Specific Language Films	in	ds, ic	ds	ds	cs, ds, in	ds
Destination Specific Language Magazines	● in	●*	●	co, ic	in, ds	ds
Destination Specific Language Newspapers	● in	ds	ds	co, ic	in, ds	ds
Duty Free	in, tb	co, ic	ds	co, ic	in, rs	in, ●
In-Flight Magazine	●	●	●	●	●	●
In-Flight/On-Board Telephone	●	as, ic	as	as	ds, as	–
In-Flight Video	as	ds, co, ic	as, ic	co, ic, ds	ds, as	in, ●
In-Seat Satellite Telephone	as	–	as	as	ds, as	–
In-Seat Video	do, in, as, cs	cs, ic	–	as	ds, as	as
Moveable Class Dividers MCD	–	as, co	●	as	●	–
Non-Smoking	●	ds	●	ds	●	ds
On-Board Wheelchair	as	as, ic	as	as	as	●
Pillows	●	● ic	●	●	●	●
Pre-Boarding (Specific Customers)	●	●	●	●	●	●
Portable Video	–	–	cs, ic	as, ic	as, ds, cs	as, cs
Programmed Entertainment	as	co, ic, ds	ic, ds	co, ic, ds	ds	ds
Quilt Covers	–	–	cs, ic	–	–	–
Sleeper Seats	as, ds	–	cs, ic	as	as, rs	–
Special Meals	●	cs, ds	ds	●	rs	●

This grid details individual Star Alliance network carrier in-flight products and services. Please consult your respective carrier's information systems prior to processing Star Alliance network customers.

LH / SK / TG:
co continental flight
ic intercontinental flight
* German & English for F, C, Y Class on ic flights and for C Class on co flights

AC / UA / RG:
do domestic (in Canada)
in international
tb transborder

AC / LH / SK / TG / UA / RG:
as aircraft type specific
cs class specific
ds destination specific
rs route specific
● for all
– not available

4.1.2 Ketten

Werden nicht nur eine oder wenige unternehmerische Funktionen gemeinsam ausgeübt, sondern neben dem Einkauf z. B. auch die Buchhaltung, das Marketing oder die Mitarbeiterschulung, und gibt man letztendlich auch seinen eigenen Namen auf, so handelt es sich um eine Kette. In solchen Ketten hat das sog. **Kettenmanagement** nahezu alle unternehmerischen Entscheidungen[94] übernommen, wozu derzeit insbesondere die Festlegung des Kernsortiments und die zentrale Verkaufssteuerung zählen. Beispielhaft sei hier First in Düsseldorf genannt, eine Kette (zur TUI/Preussag gehörend), die mittlerweile ein fast flächendeckendes Netz über Deutschland ausgebreitet hat, und zwar mit ca. 660 Vertriebsstellen.

Im Bereich Business Travel tritt First als reine Kette auf und in der Touristik als Kette und Franchise-Geber.

Mit 450 Vertriebsstellen ist die Atlas Reisebürokette ebenfalls ein fast überall präsenter Anbieter.

Anders als bei den Kooperationen kann man bei den Ketten einen **einheitlichen Marktauftritt** feststellen (vgl. auch Kapitel 3).

4.1.3 Franchising

Hatten sich – wie zuvor dargestellt – im Rahmen von Kooperationen und Ketten selbständige Unternehmen freiwillig lockerer oder enger zusammengeschlossen, so versucht im Rahmen des Franchising der **Franchisegeber**, Unternehmer zu finden, die als sog. **Franchisenehmer** in erster Linie seine Produkte verkaufen sollen. Der Leitveranstalter oder -leistungsträger ist damit von vornherein festgelegt. Dazu kommt aber auch noch die gemeinsame Corporate Identity, bei der es um die einheitliche Firmenbezeichnung, die einheitliche Gestaltung der Geschäftsräume und Druckunterlagen usw. geht (vgl. auch Kapitel 3.4).

Beispielhaft seien hier Lufthansa-City-Center und TUI-Reise-Center genannt. Während es bereits ca. 520 LH-City-Center gibt, bringen es die TUI-Reise-Center (TUC) immerhin schon auf ca. 370 Vertriebsstellen.

Nimmt man einmal Kooperationen, Ketten und Franchiser zusammen, so ergibt sich für den deutschen Reisevertrieb folgendes Bild:[95]

---

[94] Vgl. auch Kirstges, T.. Management von Tourismusunternehmen. München – Wien, 1994.
[95] Spielberger M., Lanz, I.. „Reisebüroketten und Kooperationen". *fvw*, Hamburg, 2000.

Die TOP TEN im deutschen Reisevertrieb
1999 (Umsatz in Mrd. EUR gerundet)

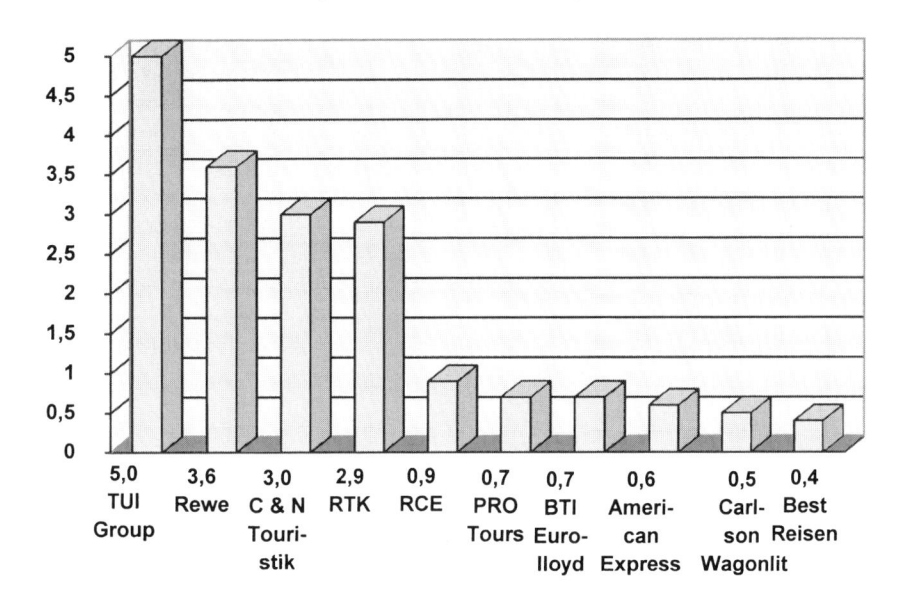

Unternehmen	Umsatz
TUI Group	5,0
Rewe	3,6
C & N Touristik	3,0
RTK	2,9
RCE	0,9
PRO Tours	0,7
BTI Euro-lloyd	0,7
American Express	0,6
Carlson Wagonlit	0,5
Best Reisen	0,4

TUI Group: Seit Mai 1999 ist der Eigenvertrieb der TUI Group organisatorisch in TUI Leisure Travel und TUI Business Travel gegliedert.
Rewe: Die Rewe-Gruppe hat zum 01.01.2000 das DER übernommen, das an der Kooperation DERPART 50% hält.
Quelle: nach „fvw Reisebüro-Ketten und Kooperationen", Juni 2000

4.1.4 Konzentrationen

Wie wir bereits an anderer Stelle erwähnten, trägt die **Tourismuswirtschaft in Deutschland** ca. 8% zur Entstehung des Volkseinkommens bei und bewirkt etwa **2,6 Millionen Arbeitsplätze**. Bei den deutschen Reisebüros und Reiseveranstaltern sind ca. 65.000 Mitarbeiter beschäftigt; der größte Anteil entfällt folglich auf den Hotel- und Gaststättenbereich.

Laut Bundesbank wurden ca. 43 Mrd. EUR von Deutschen im Ausland ausgegeben und ca. 11 Mrd. EUR von Ausländern in Deutschland eingenommen.

In der „Allgemeinen Wirtschaftslehre für Reiseverkehrs- und Tourismusunternehmen" stellten wir bereits in Abschnitt 4.3.3 dar, daß sich Reiseunternehmen in ihrer Konzentrationsabsicht entweder mehr zum Abnehmer hin (Vorwärtskonzentration) oder mehr in Richtung Produktion (Rückwärtskonzentration) entwickeln können. Die nachfolgenden Übersichten über Unternehmensbeteiligungen sollen diese Aspekte noch einmal an Beispielen belegen:

Die strategischen Geschäftsfelder des Lufthansa Konzerns

Passage	Logistik	Technik	Catering	Touristik	IT Services	Ground Services
Deutsche Lufthansa AG[1] Köln — EUR Mio. 976,9	Lufthansa Cargo AG Kelsterbach 100% DM Mio. 190,0	Lufthansa Technik AG Hamburg 100% DM Mio. 300,0	LSG Lufthansa Service Holding AG Kriftel 100% DM Mio. 109,0	C&N Touristic AG Frankfurt/Main 50%* DM Mio. 220,0	Lufthansa Systems GmbH Kelsterbach 100% DM Mio. 25,0	GlobeGround GmbH Frankfurt/Main 100%* DM Mio. 40,0
Lufthansa CityLine GmbH Köln 100% DM Mio. 50,0	DHL International Ltd. Bermuda 25%* EUR Mio. 0,086	Lufthansa Airmotive Ireland Holdings Ltd. Dublin 100%* USD Mio. 27,1	LSG Lufthansa Service Deutschland GmbH Frankfurt/Main 100% DM Mio. 60,0	Condor Flugdienst GmbH Kelsterbach 10%* DM Mio. 140,0	START AMADEUS GmbH Frankfurt/Main 66% DM Mio. 18,1	GlobeGround Berlin GmbH Berlin 49%* DM Mio. 12,0
Lauda Air Luftfahrt AG Wien 20%* ATS Mio. 590,0	Airmail Center Frankfurt GmbH Frankfurt/Main 40%* DM Mio. 0,5	Lufthansa A.E.R.O. GmbH Alzey 100%* DM Mio. 20,0	LSG-Food & Nonfood Handel GmbH Frankfurt/Main 100% DM Mio. 1,0		AMADEUS Global Travel Distribution S.A. Madrid 31,86%*[3] EUR Mio. 37,3	Hudson General LLC New York, N.Y. 99,89% USD Mio. 39,6
Luxair Société Luxembourgeoise de Navigation Aérienne S.A. Luxemburg 13%* LUF Mio. 550,0		Condor/Cargo Technik GmbH Frankfurt/Main 30%* DM Mio. 1,5	LSG Lufthansa Service Europa/Afrika GmbH Kriftel 100% DM Mio. 0,05		Lufthansa AirPlus Servicekarten GmbH Neu-Isenburg 48,8%* DM Mio. 2,1	Hudson General Aviation Services Inc. Montreal, Kanada 99,89% CAD Mio. 14,2
Air Dolomiti S.p.A. Linee Aeree Regionali Europee Ronchi dei Legionari 26% ITL Mrd. 22,0		Shannon Aerospace Ltd. Shannon 50%* IEP Mio. 33,0	LSG SKY Chefs Europe Holding Ltd. London 50% GBP Mio. 42,5		DERDATA Informationsmanagement GmbH Frankfurt/Main 100%* DM Mio. 1,7	Lufthansa Engineering and Operational Services GmbH Frankfurt/Main 100%* DM Mio. 5,0
		Aircraft Maintenance and Engineering Corp. Peking 40%* USD Mio. 87,5	LSG Lufthansa Service Asia Ltd. Hongkong 100% HKD Mio. 98,2		Lufthansa Consulting GmbH Köln 100%* DM Mio. 0,5	
		Lufthansa Technik Logistik GmbH Hamburg 100%* DM Mio. 4,0	LSG Lufthansa Service USA Corp. Wilmington, Delaware 100% USD Mio. 19,8		Lido GmbH Lufthansa Aeronautical Services Frankfurt/Main 100%* EUR Mio. 1,4	**Weitere Servicegesellschaften** Lufthansa Commercial Holding GmbH, Köln
		HEICO Aerospace Holdings Corp. Hollywood, Florida 20%* USD Mio. 45,0	Onex Food Services Inc. Dover, Delaware 48%*[2] USD Mio. 77,8		Lufthansa Process Management GmbH Neu-Isenburg 100%* DM Mio. 0,5	Lufthansa Flight Training GmbH, Frankfurt/Main Delvag Luftfahrtversicherungs-AG, Köln
		Lufthansa Bombardier Aviation Services GmbH Berlin 51%* DM Mio. 2,5	Autobahn Tank & Rast Holding GmbH Bonn 31,1%* DM Mio. 10,0			
		AirLiance Materials LLC Wilmington, Delaware 40,25%* USD Mio. 15,0				

Die Beteiligungsübersicht zeigt ausgewählte konsolidierte und nichtkonsolidierte (*) Gesellschaften mit ihrem Nominalkapital und dem Lufthansa Anteil in Prozent, bei nordamerikanischen Gesellschaften zusätzlich das „additional paid-in capital". Stand: 31.12.1999

[1] *Die Deutsche Lufthansa AG ist Obergesellschaft des Konzerns, in der die Passage Airline als selbstständiger Geschäftsbereich geführt wird.*

[2] *Onex Food Services Inc., Dover, hält 100 Prozent der Anteile an Sky Chefs International Services Inc., Arlington.*

In der nebenstehenden Graphik über die strategischen Geschäftsfelder des Lufthansa Konzerns kann man gut erkennen, daß neben Passage, Technik und Logistik insbesondere die Touristik und das Catering einen hohen Stellenwert repräsentieren.

Somit hat die Lufthansa nicht nur den Produktionsbereich ausgeweitet, sondern geht insgesamt auch näher an den Kunden heran.

Wie sich der Konzentrationsprozeß bei den deutschen Reiseveranstaltern augenblicklich (Okt. 2000) darstellt, zeigen die nachfolgend abgebildeten Organigramme der sog. „Big Five" (aus Reisebüro Bulletin, Oktober 2000), d. h. Preussag, C&N, Rewe, FTI und Alltours.

Hatte man in 1999 noch geglaubt, der Konzentrationsprozeß bei den deutschen Reiseveranstaltern sei nun abgeschlossen, so brachte das Jahr 2000 noch einmal umwälzende Veränderungen.

Allseits bekannte Namen wie LTU-Gruppe, DER-Konzern oder ITS sind auf einmal verschwunden, und Namen wie Preussag und Rewe tauchen dagegen im Reiseveranstaltergeschäft als die Nummern 1 und 2 auf.

Durch die enorme Konzentration der ersten Vier der „Big Five" konnte Alltours, an sich immer noch ein Veranstalter mit mittelständischer Struktur, auf Platz 5 vorrücken.

Da mittlerweile auch gute Branchenkenner den Überblick über die Beteiligungen der „Big Five" verloren haben, bilden wir auf den nachfolgenden Seiten die Konzerne mit den zugehörenden Beteiligungen ab.

Bemerkung:
Aufgrund einer Auflage der EU-Kartellbehörde muß die TUI Group Thomas Cook verkaufen, da sie bereits einen anderen in Großbritannien ansässigen Veranstalter - nämlich Thomson - übernommen hat. Sollte C&N Thomas Cook erwerben, so wäre C&N der zweitgrößte deutsche und europäische Reiseveranstalter...

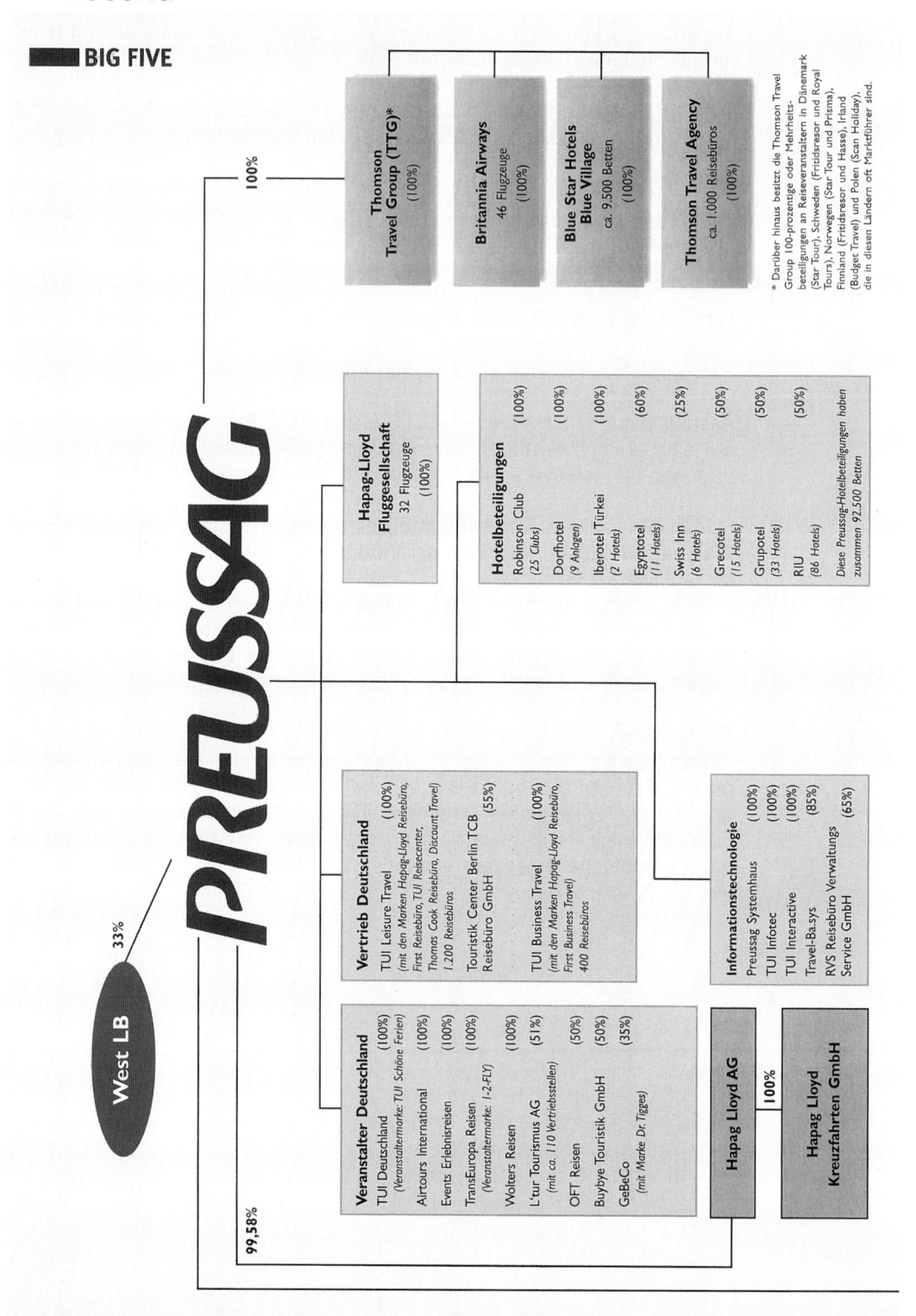

PREUSSAG

■ BIG FIVE

Thomson Travel Group (TTG)* (100%)
Britannia Airways
46 Flugzeuge (100%)
Blue Star Hotels
Blue Village
ca. 9.500 Betten (100%)
Thomson Travel Agency
ca. 1.000 Reisebüros (100%)

100%

* Darüber hinaus besitzt die Thomson Travel Group 100-prozentige oder Mehrheitsbeteiligungen an Reiseveranstaltern in Dänemark (Star Tour), Schweden (Fritidsresor und Royal Tours), Norwegen (Star Tour und Prisma), Finnland (Fritidsresor und Hasse), Irland (Budget Travel) und Polen (Scan Holiday), die in diesen Ländern oft Marktführer sind.

PREUSSAG

West LB — 33%

99,58%

Hapag-Lloyd Fluggesellschaft
32 Flugzeuge (100%)

Hotelbeteiligungen
Robinson Club (100%) *(25 Clubs)*
Dorfhotel (100%) *(9 Anlagen)*
Iberotel Türkei (100%) *(2 Hotels)*
Egyptotel (60%) *(11 Hotels)*
Swiss Inn (25%) *(6 Hotels)*
Grecotel (50%) *(15 Hotels)*
Grupotel (50%) *(33 Hotels)*
RIU (50%) *(86 Hotels)*

Diese Preussag-Hotelbeteiligungen haben zusammen 92.500 Betten

Vertrieb Deutschland
TUI Leisure Travel (100%)
(mit den Marken Hapag-Lloyd Reisebüro, First Reisebüro, TUI Reisecenter, Thomas Cook Reisebüro, Discount Travel) 1.200 Reisebüros
Touristik Center Berlin TCB Reisebüro GmbH (55%)
TUI Business Travel (100%)
(mit den Marken Hapag-Lloyd Reisebüro, First Business Travel) 400 Reisebüros

Informationstechnologie
Preussag Systemhaus (100%)
TUI Infotec (100%)
TUI Interactive (100%)
Travel-Ba.sys (85%)
RVS Reisebüro Verwaltungs Service GmbH (65%)

Veranstalter Deutschland
TUI Deutschland (100%)
(Veranstaltermarke: TUI Schöne Ferien)
Airtours International (100%)
Events Erlebnisreisen (100%)
TransEuropa Reisen (100%)
(Veranstaltermarke: 1-2-FLY)
Wolters Reisen (100%)
L'tur Tourismus AG (51%)
(mit ca. 110 Vertriebsstellen)
OFT Reisen (50%)
Buybye Touristik GmbH (50%)
GeBeCo (35%)
(mit Marke Dr. Tigges)

Hapag Lloyd AG
100%
Hapag Lloyd Kreuzfahrten GmbH

Schweiz

TUI Suisse AG (51%)
(Marken: TUI Schöne Ferien, Vögele, Imholz)

(60 Reisebüros)

Österreich

TUI Austria (100%)
(Veranstaltermarken: TUI Schöne Ferien, 1-2-FLY)

TUI Reisecenter Austria GmbH (100%);
(Marken: Terra Reisen, Dr. Degener Reisen)

Tiroler Landesreisebüro (100%)

Gulet Touropa Touristik (75%)

(45 Reisebüros)

Belgien

TUI Belgium (50%)
— VTB-VAB Reizen N.V. (100%)
— JetAir (100%)
— BIT TUI-Travel Center (100%)

(140 Reisebüros)

Niederlande

Travel Unie International Nederland N.V. (91%)
(Veranstaltermarken: Holland International, Arke Reizen, Kras Stervakanties)

(365 Reisebüros)

Polen

TUI Polska Sp.z.oo (100%)
(Veranstaltermarke: TUI Schöne Ferien)

(15 Reisebüros)

Zielgebietsmanagement

TUI Service AG	(100%)
TUI Contracting AG	(100%)
Militours, Faro	(100%)
Tantur Turizm Seyahat Ltd.Sti., *Istanbul*	(100%)
Ultramar Express, *Spanien*	(99%)
Ultramar Dominicana S.A.	(97%)
Travel Partner Bulgarien OOD	(95%)
TUI Hellas	(78%)
Holiday Services S.A.	(50%)
Travco, *Kairo*	(50%)
Tunisie Voyages S.A.R.L.	(50%)
Aeolos Travel Ltd. Partnership, *Zypern*	(49%)
Pollman's Tours and Safaris Ltd, *Kenia*	(10%)
Ranger Safaris, *Tanzania*	(10%)

Über Beteiligungen von Tochtergesellschaften zusätzliche Incoming-Aktivitäten in Israel, Österreich, den Niederlanden, dem Libanon und den Vereinigten Arabischen Emiraten

In dieser Grafik ist die Beteiligung an Thomas Cook Holding Ltd. (50,1%) nicht enthalten, da durch den Kauf der Thomson Travel Group (mit Wirkung für die Struktur der Preussag zum 1.1.2001) die Firma Thomas Cook zum Verkauf ansteht. Die Anteile an Thomas Cook sind bei einem Treuhänder geparkt.

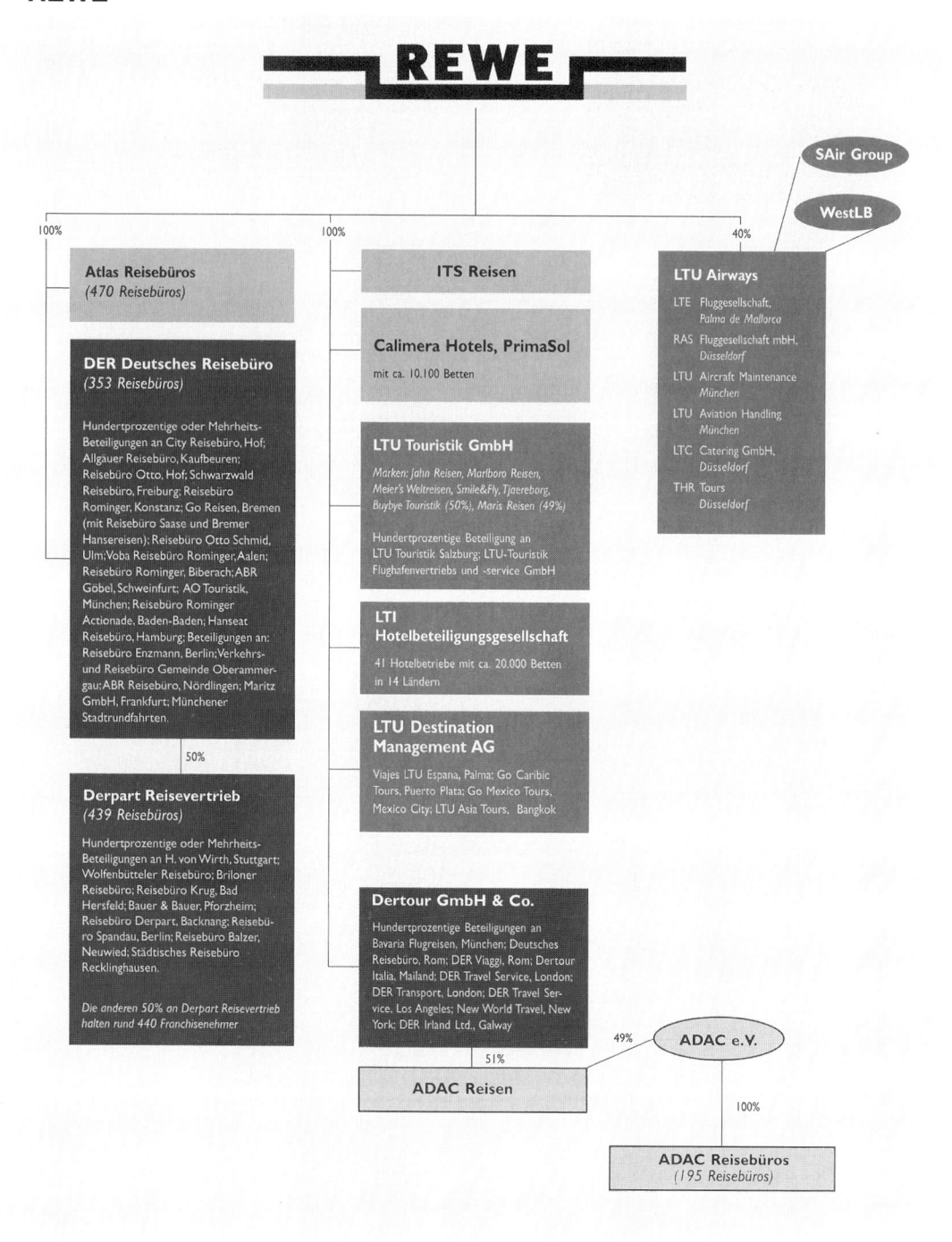

REWE

REWE

Atlas Reisebüros (100%)
(470 Reisebüros)

DER Deutsches Reisebüro
(353 Reisebüros)

Hundertprozentige oder Mehrheits-Beteiligungen an City Reisebüro, Hof; Allgäuer Reisebüro, Kaufbeuren; Reisebüro Otto, Hof; Schwarzwald Reisebüro, Freiburg; Reisebüro Rominger, Konstanz; Go Reisen, Bremen (mit Reisebüro Saase und Bremer Hansereisen); Reisebüro Otto Schmid, Ulm; Voba Reisebüro Rominger, Aalen; Reisebüro Rominger, Biberach; ABR Göbel, Schweinfurt; AO Touristik, München; Reisebüro Rominger Actionade, Baden-Baden; Hanseat Reisebüro, Hamburg; Beteiligungen an: Reisebüro Enzmann, Berlin; Verkehrs- und Reisebüro Gemeinde Oberammergau; ABR Reisebüro, Nördlingen; Maritz GmbH, Frankfurt; Münchener Stadtrundfahrten.

50%

Derpart Reisevertrieb
(439 Reisebüros)

Hundertprozentige oder Mehrheits-Beteiligungen an H. von Wirth, Stuttgart; Wolfenbütteler Reisebüro; Briloner Reisebüro; Reisebüro Krug, Bad Hersfeld; Bauer & Bauer, Pforzheim; Reisebüro Derpart, Backnang; Reisebüro Spandau, Berlin; Reisebüro Balzer, Neuwied; Städtisches Reisebüro Recklinghausen.

Die anderen 50% an Derpart Reisevertrieb halten rund 440 Franchisenehmer.

ITS Reisen (100%)

Calimera Hotels, PrimaSol
mit ca. 10.100 Betten

LTU Touristik GmbH
Marken: Jahn Reisen, Marlboro Reisen, Meier's Weltreisen, Smile&Fly, Tjaereborg, Buybye Touristik (50%), Maris Reisen (49%)

Hundertprozentige Beteiligung an LTU Touristik Salzburg; LTU-Touristik Flughafenvertriebs und -service GmbH

LTI Hotelbeteiligungsgesellschaft
41 Hotelbetriebe mit ca. 20.000 Betten in 14 Ländern

LTU Destination Management AG
Viajes LTU Espana, Palma; Go Caribic Tours, Puerto Plata; Go Mexico Tours, Mexico City; LTU Asia Tours, Bangkok

Dertour GmbH & Co.
Hundertprozentige Beteiligungen an Bavaria Flugreisen, München; Deutsches Reisebüro, Rom; DER Viaggi, Rom; Dertour Italia, Mailand; DER Travel Service, London; DER Transport, London; DER Travel Service, Los Angeles; New World Travel, New York; DER Irland Ltd., Galway

51% / 49%

ADAC Reisen — **ADAC e.V.**

100%

ADAC Reisebüros
(195 Reisebüros)

LTU Airways (40%) — SAir Group, WestLB
- LTE Fluggesellschaft, *Palma de Mallorca*
- RAS Fluggesellschaft mbH, *Düsseldorf*
- LTU Aircraft Maintenance *München*
- LTU Aviation Handling *München*
- LTC Catering GmbH, *Düsseldorf*
- THR Tours *Düsseldorf*

FTI

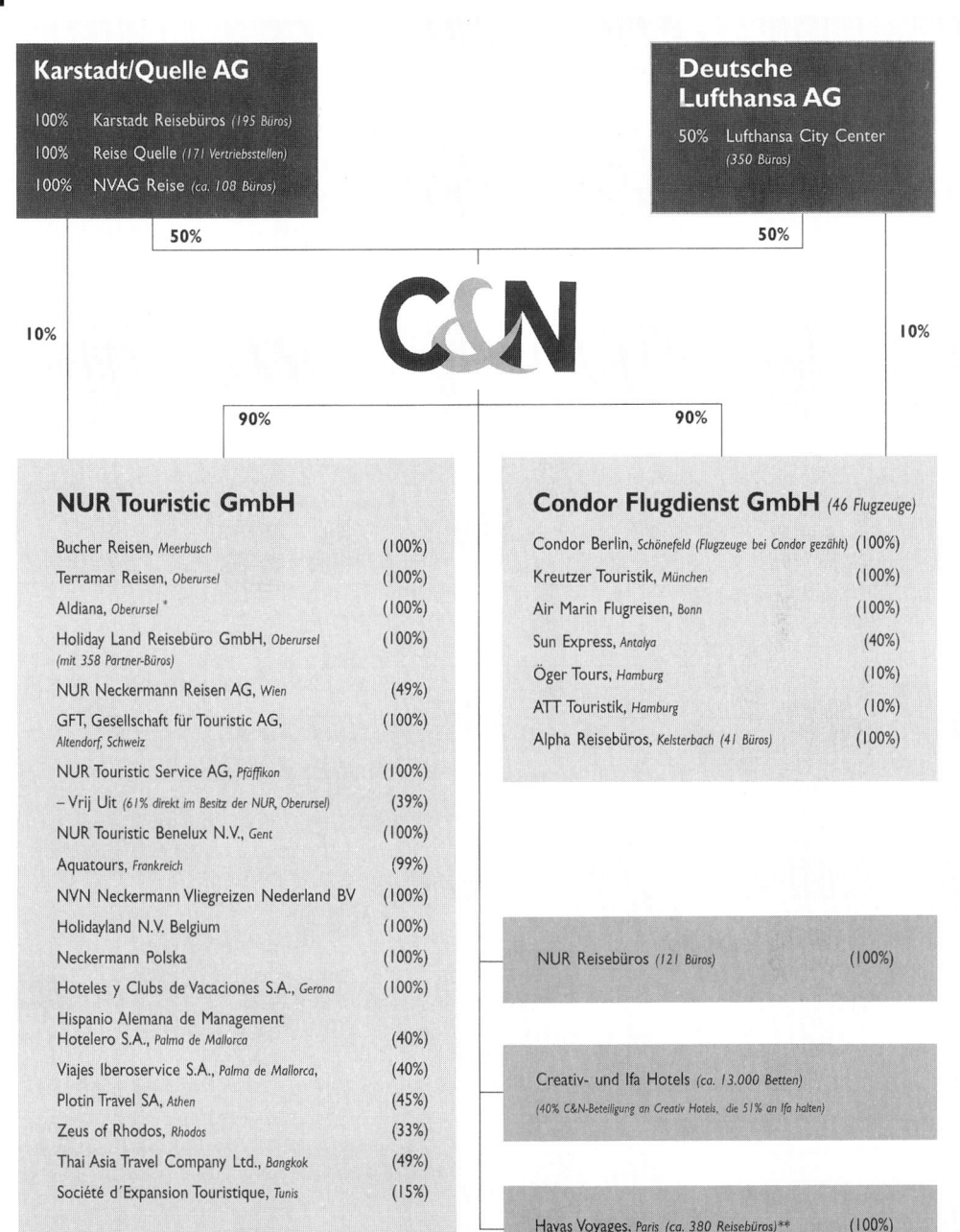

Karstadt/Quelle AG

100%	Karstadt Reisebüros	(195 Büros)
100%	Reise Quelle	(171 Vertriebsstellen)
100%	NVAG Reise	(ca. 108 Büros)

Deutsche Lufthansa AG

50%	Lufthansa City Center	(350 Büros)

Karstadt/Quelle AG — 50% → C&N
Deutsche Lufthansa AG — 50% → C&N
Karstadt/Quelle AG — 10% (to NUR Touristic GmbH side)
Deutsche Lufthansa AG — 10% (to Condor Flugdienst GmbH side)
C&N — 90% → NUR Touristic GmbH
C&N — 90% → Condor Flugdienst GmbH

NUR Touristic GmbH

Bucher Reisen, Meerbusch	(100%)
Terramar Reisen, Oberursel	(100%)
Aldiana, Oberursel *	(100%)
Holiday Land Reisebüro GmbH, Oberursel (mit 358 Partner-Büros)	(100%)
NUR Neckermann Reisen AG, Wien	(49%)
GFT, Gesellschaft für Touristic AG, Altendorf, Schweiz	(100%)
NUR Touristic Service AG, Pfäffikon	(100%)
– Vrij Uit (61% direkt im Besitz der NUR, Oberursel)	(39%)
NUR Touristic Benelux N.V., Gent	(100%)
Aquatours, Frankreich	(99%)
NVN Neckermann Vliegreizen Nederland BV	(100%)
Holidayland N.V. Belgium	(100%)
Neckermann Polska	(100%)
Hoteles y Clubs de Vacaciones S.A., Gerona	(100%)
Hispanio Alemana de Management Hotelero S.A., Palma de Mallorca	(40%)
Viajes Iberoservice S.A., Palma de Mallorca,	(40%)
Plotin Travel SA, Athen	(45%)
Zeus of Rhodos, Rhodos	(33%)
Thai Asia Travel Company Ltd., Bangkok	(49%)
Société d'Expansion Touristique, Tunis	(15%)

Condor Flugdienst GmbH (46 Flugzeuge)

Condor Berlin, Schönefeld (Flugzeuge bei Condor gezählt)	(100%)
Kreutzer Touristik, München	(100%)
Air Marin Flugreisen, Bonn	(100%)
Sun Express, Antalya	(40%)
Öger Tours, Hamburg	(10%)
ATT Touristik, Hamburg	(10%)
Alpha Reisebüros, Kelsterbach (41 Büros)	(100%)

NUR Reisebüros (121 Büros)	(100%)

Creativ- und Ifa Hotels (ca. 13.000 Betten) (40% C&N-Beteiligung an Creativ Hotels, die 51% an Ifa halten)	

Havas Voyages, Paris (ca. 380 Reisebüros)**	(100%)

* Darüber hinaus bestehen in den Zielgebieten weitere Gesellschaften, die Betreiber der Anlagen von Aldiana sind.
** Die touristischen Havas-Reisebüros erzielten im Geschäftsjahr 1999 einen Umsatz von rund 2 Milliarden Mark

Frosch Touristik GmbH

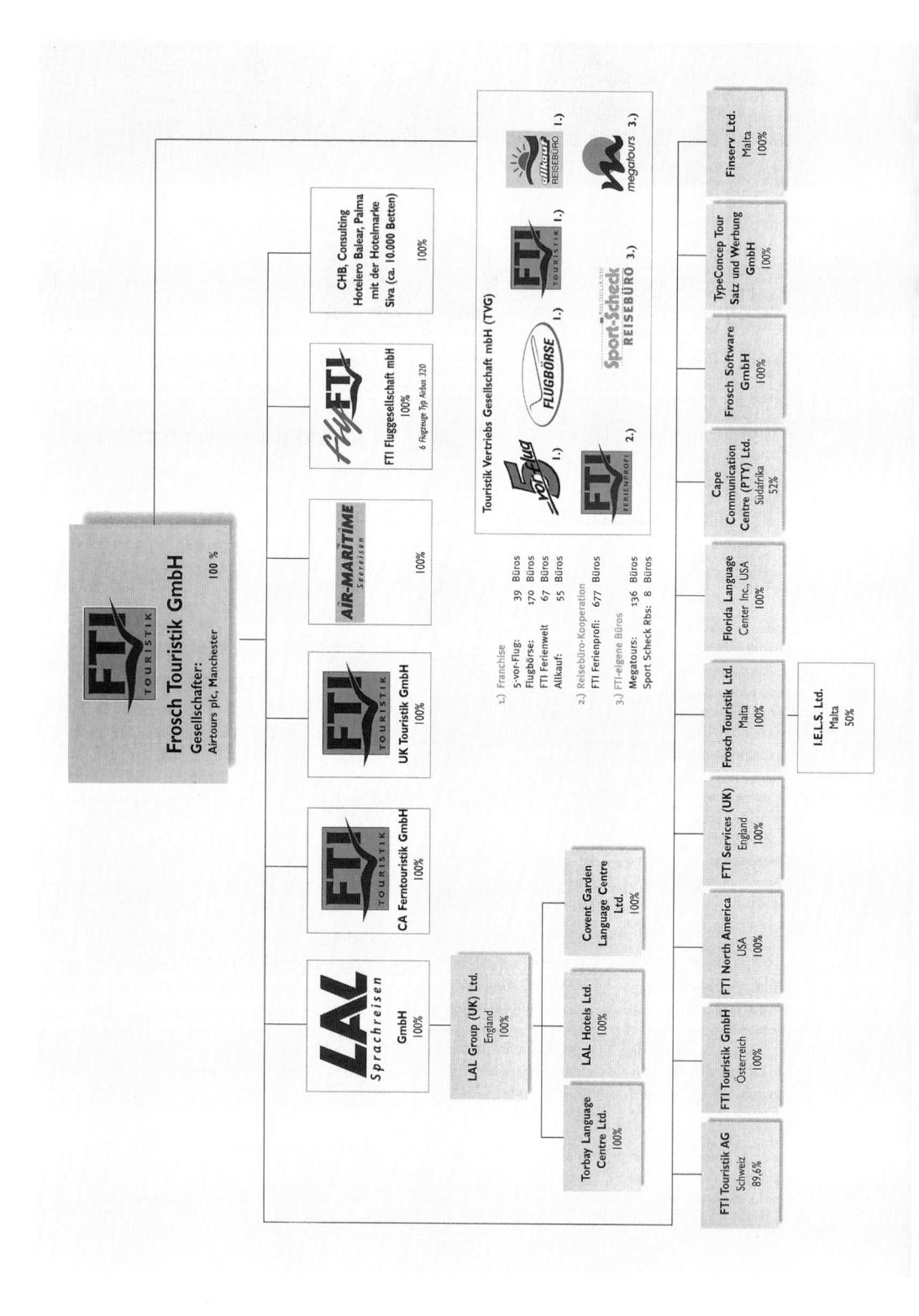

Gesellschafter:
Airtours plc, Manchester 100 %

Tochtergesellschaften

- **CA Ferntouristik GmbH** — 100%
- **UK Touristik GmbH** — 100%
- **AIR-MARITIME Seereisen** — 100%
- **FTI Fluggesellschaft mbH** — 100% (6 Flugzeuge Typ Airbus 320)
- **CHB, Consulting** — Hotelero Balear, Palma mit der Hotelmarke Siva (ca. 10.000 Betten) — 100%

Touristik Vertriebs Gesellschaft mbH (TVG)

- 5-vor-Flug 1.)
- Flugbörse 1.)
- FTI Touristik 1.)
- alltours Reisebüro 1.)
- FTI Ferienprofi 2.)
- Sport-Scheck Reisebüro 3.)
- megatours 3.)

1.) Franchise
- 5-vor-Flug: 39 Büros
- Flugbörse: 170 Büros
- FTI Ferienwelt: 67 Büros
- Allkauf: 55 Büros

2.) Reisebüro-Kooperation
- FTI Ferienprofi: 677 Büros

3.) FTI-eigene Büros
- Megatours: 136 Büros
- Sport Scheck Rbs: 8 Büros

LAL Sprachreisen GmbH — 100%

LAL Group (UK) Ltd. — England 100%
- Covent Garden Language Centre Ltd. — 100%
- LAL Hotels Ltd. — 100%
- Torbay Language Centre Ltd. — 100%

Weitere Beteiligungen

- **FTI Touristik AG** — Schweiz — 89,6%
- **FTI Touristik GmbH** — Österreich — 100%
- **FTI North America** — USA — 100%
- **FTI Services (UK)** — England — 100%
- **Frosch Touristik Ltd.** — Malta — 100%
  - **I.E.L.S. Ltd.** — Malta — 50%
- **Florida Language Center Inc., USA** — 100%
- **Cape Communication Centre (PTY) Ltd.** — Südafrika — 52%
- **Frosch Software GmbH** — 100%
- **TypeConcep Tour Satz und Werbung GmbH** — 100%
- **Finserv Ltd.** — Malta — 100%

ALLTOURS

alltours

Alltours Flugreisen GmbH	Reisecenter Alltours GmbH	Viajes Allsun S.L.	C.G. Canarias S.L.	Allsun Touristika S.L.	Alltours España S.L.
Reiseveranstalter	Reisebürokette 118 Reisecenter	Incoming-Agentur, Mallorca	Verwaltungs-gesellschaft	Hotel-Verwaltungs-gesellschaft (Allsun Hotels)	Immobiliengesellschaft (Allsun Hotels)

Trotz all' dieser erfolgten Konzentrationen ist der Prozeß als solcher noch nicht abgeschlossen; so meldete die *fvw* am 15.11.2000:

EU erlaubt Preussag die NF-Beteiligung

„Die EU-Kommission hat die geplante Beteiligung der Preussag am französischen Veranstalter Nouvelles Frontières freigegeben. Dies teilt die Preussag mit. Der deutsche Konzern wird bis 2002 schrittweise 34,4 Prozent an dem vertikal integrierten französischen Unternehmen erwerben.

Bereits in der kommenden Woche soll nach Angaben von Preussag-Chef Dr. Michael Frenzel mit der 'Definition von Synergiefeldern' begonnen werden. Preussag hat eine Option auf eine Mehrheitsbeteiligung. Darüber soll 'einvernehmlich nach dem Jahr 2002 entschieden' werden. Frankreich ist nach Deutschland und Großbritannien der drittgrößte Outgoing-Markt in Europa."

4.2 Einsatzmöglichkeiten moderner Kommunikationsmittel

Bezüglich dieses Themenkreises beobachtet man häufig entweder strikte Ablehnung oder grenzenlose Euphorie.

Es geht hier insbesondere um die Medien CD-ROM, Online Dienste, Internet und TV-Kommunikation (interaktives Fernsehen) usw., denn CRS dürfte ja weitgehend bekannt sein.

Dennoch sollen dem CRS einige Zeilen gewidmet werden, da wir bei allen Überlegungen und Visionen bedenken sollten, daß dem Reisebüro – wenn auch in gewandelter Form – weiterhin große Bedeutung zukommen wird, und zwar gerade im Hinblick auf moderne Kommunikation und deren Praktikabilität.

4.2.1 Computer-Reservierungs-Systeme (CRS)

Merksatz: Gemäß Freyer[96] sind CRS **elektronische Medien zum Vertrieb von Reiseleistungen, die den Nutzer über Leistungen, Preise und Vakanzen informieren und ihm den Kauf** (Buchung, Reservierung) **über ein Terminal ermöglichen**.

Ging es bei den CRS zunächst nur um die Verwaltung vorhandener Plätze, so entwickelten sie sich mittlerweile zu einer **Sonderform der touristischen Distributionswege**[97].

Die touristischen Reservierungssysteme sind in Deutschland vornehmlich durch das **START-System** geprägt, welches aus vernetzten Rechnern mit zugehöriger Software, Betrieb, Kommunikationsdiensten, Schulung und Beratung besteht. Über START ist aber der Zugriff auf die verschiedensten nationalen und internationalen Reservierungssysteme bei Leistungsträgern und Reiseveranstaltern sowie auf den Back-Office-Bereich (z. B. DER DATA) möglich, weswegen START ein wichtiges Glied im „Global-Ring" der weltweiten CRS darstellt.

Obwohl die CRS für Anbieter und Nutzer zahlreiche Vorteile bringen, ist ihre Bedeutung nicht unumstritten:

- es bleibt zwischen Anbietern und Nutzern strittig, wer die größeren Vorteile hat und sich konsequenterweise stärker finanziell beteiligen müßte...

- es besteht aus Sicht der herkömmlichen Reisebürounternehmen die Gefahr, daß der Reisevertrieb über CRS an den Reisemittlern vorbei direkt an Geschäftsreisestellen von anderen Unternehmen und an sonstige Endverbraucher gelenkt werden könne...

---

[96] Freyer, Walter. Tourismus-Marketing. a.a.O.
[97] Vgl. auch Hebestreit, Dieter. Touristikmarketing. a.a.O.

- es ist fraglich, ob ein „Global-Ring" von Universalreservierungssystemen die Leistungen noch zu angemessenen Preisen bewältigen können, oder ob es vielleicht doch besser ist, regional operierende Low-Cost-Systeme einzusetzen...

- es wird vermutet[98], daß Reisebüros weitgehend vom Markt verdrängt werden, so daß die Leistungskette nicht mehr über die Mittler, sondern direkt an den Kunden verliefe, und zwar über CRS, Multimedia und Online-Dienste...

Daß in Zukunft verstärkt ein Direktvertrieb über die modernen Medien stattfinden wird, zweifelt wohl heute niemand mehr an; jedoch ist damit nicht gesagt, daß die Reisebüros allzusehr verdrängt werden.

Heute arbeiten bereits einige Leistungsträger und Veranstalter mit **Call-Centern**, an die sich der Kunde direkt wenden kann. Aufgrund der vielfach zu beobachtenden längeren Warteschleifen, in denen der Anrufer mit Musik vertröstet wird, führt dieses System eher wieder zu einer verstärkten **Hinwendung** zu dem **persönlichen Kontakt** in Reisebüros.

Neuerdings gibt es bereits Überlegungen[99], Reisen erst dann zusammenzustellen, wenn der Kunde es wünscht bzw. der Vertriebsweg es fordert. Die touristischen Teilleistungen müßten demgemäß nach Einkaufspreisen kategorisiert werden. Man nennt dies „dynamic-packaging". Die Distribution erfolgt dann entsprechend über CD-ROM, Internet usw.

4.2.2 Online Dienste / Internet usw.

Zunächst darf hier bemerkt werden, daß Online-Transaktionen im Tourismus (z. B. über START) schon seit Jahren selbstverständlich sind. Durch die neuen Netzwerke ergeben sich natürlich zusätzliche Möglichkeiten[100]:

- Systeme, die die Leistungsträger den Verbrauchern bisher nur zum Informationsabruf angeboten haben (Fahrpläne, Flugpläne etc.), werden zunehmend auch für Online-Reservierung und -Buchung geöffnet (z. B. Standardstrecken).

- Andere Anbieter (Fremdenverkehrsbetriebe, Hersteller von Geldausgabeautomaten etc.) denken daran, bestehende Informationssäulen in einem zweiten Schritt für Transaktionsleistungen (z. B. Kartenverkauf) zu öffnen.

- Steigende Zahlen touristischer Anbieter im Internet, die zur Zeit in erster Linie Informationsangebote machen, können in einem nächsten Schritt als Makler zur Vermittlung von Buchungen auftreten.

---

[98] Kreilkamp, E.. Tourismusmarkt der Zukunft. Frankfurt/M., 1995.
[99] Vgl. Krupka, B., Tilemann, B.. Surfing on the Tourism-Net. 1996.
[100] Vgl. Kubicek, H.. Neue Netze – neue Verantwortungen. 1995.

Während die Nutzer derzeit über CD-ROM oder Festplattentechnik multimedial hochwertige interaktive Daten abrufen können, fehlen dem Internet momentan noch die **technischen Voraussetzungen**, dynamische Elemente von Multimedia sicher, attraktiv, schnell und qualitativ hochwertig anzubieten. Außerdem behaupten viele Nutzer, daß die Informationsflut im Internet so groß sei, daß es ihnen schwerfalle, die richtige Auswahl zu treffen, weswegen sie sich – dann allerdings aktuell informiert – lieber wieder im Reisebüro beraten ließen...

Für die Berater im Reisebüro ergibt sich dann die Verpflichtung, ebenfalls aktuelle Informationen über Internet abrufbereit zu halten, um den Kunden gegenüber nicht uninformiert dazustehen.

Also geht es hier nicht darum, ob über Internet oder Reisebüro gebucht wird, sondern eher darum, **wie Kunde und Berater den Informationsgehalt des Internets für ihre jeweilgen Belange zu nutzen verstehen**.

Vielleicht noch ein Satz zum **interaktiven Fernsehen**: es wird noch ca. 10-20 Jahre dauern, bis hier zufriedenstellende Leistungen angeboten werden können. Man geht davon aus, daß die bislang bekannten PC's langsam verschwinden, und der 24-Stunden-Verkauf von zu Hause aus künftig eher mittels eines aufgerüsteten Fernsehgerätes erfolgen wird. Die dazu notwendigen **set-top-Boxen** werden zwar nicht soviel wie herkömmliche PC's können, das aber, was sie können viel sicherer und schneller. Lassen wir uns überraschen...

Für die Werbung spielt das Fernsehen allerdings heute schon eine wichtige Rolle: es gibt viele Sendungen mit Reiseinformationen[101] und Reiseserien (z. B. „Traumschiff"), in denen touristisches product placement an der Tagesordnung ist.

Langsam ist die Zeit dafür reif, daß die Sender Reisekanäle anbieten, in denen Veranstalter und Leistungsträger sich Sendezeiten mieten können, um gezielt Werbung zu betreiben. So hat sich die TUI am britischen Reisekanal TV Travel Shop Germany beteiligt und wird in 2001 auf Sendung gehen. C&N startet ab 16.12.2000 eine Pilotphase mit dem ersten deutschen TV-Reisekanal Via 1.

4.3 Wandel der Kaufgewohnheiten und Reaktionsmöglichkeiten der Reisemittler

An anderer Stelle war in diesem Buch bereits von einem Wandel vom Verkäufer- zum Käufermarkt die Rede, und zwar mit der Einschränkung, daß zu Saisonzeiten beide Marktarten nebeneinander existieren können. Dennoch ist festzustellen, daß insgesamt eher die **Situation des Käufermarktes** gegeben ist, und es soll hier sowohl auf die **geänderten Kaufgewohnheiten** als auch auf die **Reaktionen der Reisemittler auf diese Änderungen** eingegangen werden.

---

[101] Vgl. auch Dreyer, A. (Hrg.). Kulturtourismus. München – Wien, 1996.

4.3.1 Wandel der Kaufgewohnheiten / Kaufangebote

Waren wir es jahrzehntelang gewöhnt, die Reisen nur in Reisebüros zu kaufen und Flugtickets ebenfalls dort in einem großen Umfang, so stellen wir heute fest, daß sich die Kaufgewohnheiten zu ändern beginnen und natürlich auch die Kaufangebote.

Der Kunde ist nicht mehr bereit, sich für einfache touristische Dienstleitungen (Flugtickets, Fahrkarten, Auskünfte usw.) lange an einen Counter oder Schalter zu stellen, sondern er akzeptiert es, unpersönlich – jedoch schneller – über den Bildschirm und Automaten bedient zu werden.

So kann man heute bereits Tickets über Automaten buchen, dort einchecken und bargeldlos zahlen. Auskünfte erhält man über den eigenen PC im häuslichen Bereich, buchen kann man über Call-Center.

Je jünger die Kunden sind, desto eher bedienen sie sich dieser neuen Möglichkeiten. Aufgrund dieser Tatsache vermutet man übrigens, daß sich diese Scheu vor Touch-Screen und Automaten innerhalb des nächsten Jahrzehnts legen wird.

Aber, wie gesagt, dies gilt für Leistungen, die ohne Änderungen – wie angeboten – gebucht werden können.

Für alle mehr erklärungsbedürftigen Leistungen ist sicherlich künftig ein noch höherer Beratungsbedarf erforderlich.

Es gilt einerseits, das Informationsknäuel aus dem Internet zu entwirren und anderseits, die **Erfahrungen und Kenntnisse einer qualifizierten Beratung** einzubringen. Ob dies weiterhin so erfolgen muß, daß der Kunde ins Reisebüro kommt, oder ob der Reiseberater zum Kunden kommt, das wird die Entwicklung zeigen.

4.3.2 Reaktionen der Mittler

Eine intensive Beratung im Büro ist einerseits an den Einsatz aller modernen Kommunikationsmittel gebunden und anderseits abhängig von dem „Fachgeschäft"-Ambiente, welches für den Kunden zu schaffen ist. Bei einem größeren Kauf – eine beratungsintensive Reise ist meist eine teurere Reise – ist es der Kunden aus anderen Branchen gewöhnt, mit kleineren Knabbereien und/oder Getränken versorgt zu werden.

Die Kaufgewohnheiten haben sich geändert, man will nicht mehr „im Stehen" abgefertigt werden, sondern man möchte in **angenehmer Atmosphäre** beraten werden.

Das erfordert natürlich die entsprechenden Einrichtungen seitens der Mittler. Um den Kunden ihre Reiseträume und Urlaubswünsche erfüllen zu können, muß man versuchen, sich in ihre Ideen, Wünsche und Pläne

hineinzuversetzen. Man muß sie nicht nur über die Vielfalt der Möglichkeiten informieren, sondern sie auch mit maßgeschneiderten Angeboten überzeugen.

Kunden möchten sich angenehm an die schönsten Tage des Jahres erinnern; wenn wir alles tun, um dies zu erreichen, werden wir den Aufwand nicht bereuen.

Zur Wiederholung und Aktualisierung:

1. Lassen Sie sich das neueste Informationsmaterial zu Kooperationen, Ketten und Franchising zusenden und untersuchen Sie, wie die Entwicklung fortgeschritten ist.

2. Lassen Sie sich das neueste Informationsmaterial von Preussag und Rewe zusenden und versuchen Sie herauszufinden, wie sich der Konzentrationsprozeß entwickelt hat.

3. Versuchen Sie herauszufinden, welchen Anteil der Verkauf über Internet am Gesamtumsatz der Veranstalter erreicht hat.

(Anschriften finden Sie ggf. im TID – Niedecken Verlag, Hamburg.)

Sachwortverzeichnis

A

Abschlußphase 105
access 88
ADAC-Reisen 152
ad-hoc-Studie 115
Agenturvertrag 106
Agieren, langfristiges 117
Alltours 155
amenities 88
Analysephase 113
Anbieter, Erscheinungsbild 137
Angebot, abgeleitetes 87
   -, touristisches 87
   -, ursprüngliches 87
Angebotsphase 99
Angebotstechnik 101
Anzahlung 105
Argumentation 101
Atlas Reisebüros 152
attractions 88
Ausreiseverkehr 28
Ausschlußfristen 74
Automaten 159
Autovermieter 92

B

Back-Office-Bereich 156
Bedarfsermittlungsphase 98
Bedürfnis 9
Bedürfnisskala 13
Befragung 115
Begrüßungsphase 97
Beherbergungsindustrie 90
Beobachtung 115
Beratungsgespräche 96
Beratungsphase 99
Betriebsanalyse 113
Big Five 149
Binnenreiseverkehr 28
Branding 126
Buchungsfrage 104
Busunternehmen 81

C

Calimera 152
C+N Touristik AG 148, 153
Call-Center 157
Caravaning 94
CD-ROM 101, 156
Chancen-Risiken-Analyse 117
Charterflugverkehr 83
Computer 101
Condor 152
Consolidator 84
Corporate Behaviour 139
Corporate Communication 139
Corporate Design 138
Corporate Identity (CI) 137
CRS 156

D

Dachmarkenstrategie 126
Deckungsbeitrag 128
demographische Kriterien 26
DER DATA 156
DER 152
DERPART 142, 152
Designwerte 127
desk research 114
Destinationen 88
Diagnose-Methoden 117
Direktmarketing 110
Direkt-Vertrieb 129
dynamic-packaging 157

E

Eigenforschung 114
Eigenvertrieb 129
Einreiseverkehr 28
Einwand, kundenbezogen 102
   -, produktbezogen 102
Einzelkosten 128
Einzelmarkenstrategie 126
Einzelumwerbung 133

Einzelwerbung 133
Erforschung von Stärken und Schwächen 113
Ergebnisphase 125
Erlebniswerte 127
Erscheinungsbild 138
ESBT-Prüfung 96
Events 134
Experiment 115

F

Feldforschung 114
Fernsehen, interaktives 156
Firmendienst 62
First 146
Forschungsgemeinschaft Urlaub und Reisen e. V. (F.U.R.) 34
Franchisegeber 146
Franchisenehmer 146
Franchising 146
Freizeit 25
Freizeitpark 89
Fremdbild 139
Fremdenverkehrsdestinationen 85
Fremdenverkehrsorte 85
Fremdforschung 114
Fremdvertrieb,
-, branchenfremder 129
-, branchenspezifischer 129
Frosch-Touristik 154
FTI 154

G

Gemeinkosten 128
Gemeinschaftswerbung 133
Geschäftsbereiche, strategische 118, 148
Geschäftsbesorgungsvertrag 75, 106
Geschäftsreisende 20
Globalisierung 142
Gütergemeinschaft Buskomfort e. V. 82

H

Haftung 73
Haftung als Vermittler 78
Handelsvertetervertrag 77
Handelsvertetervertrag (Agenturvertrag) 76
Haupt-Urlaubsreisen 36
Hapag Lloyd 150
Hotellerie 91

I

IATA-Reisebüro 64
Identität 139
Image 139
Informationsphase 113
Informationssystem 101
Infromationsauswertung 116
interaktives Fernsehen 158
Internet 101, 156
Internet-Zugang 101
ITS-Reisen 152

K

Kalkulationsschema 54
Karstadt 153
Käufermarkt 112
Kennzeichnung 125
Kernleistung 127
Kernsortiment 146
Ketten 146
Kettenmanagement 146
Kommunikation, non-verbale 98
-, verbale 98
Kommunikationsmittel, moderne 156
Kommunikationspolitik 130
Kommunikations-Signale 99
Kommunikationstechniken 96
Konfliktgespräch 108
Konkurrenzsituation 113
Kontaktphase 97
Konzentrationen 147
Kooperationen 142

Kunde 68, 75
Kundenberatung 96
Kundenbindungskonzepte 109
Kundenkontakte, Nachbereitung 107
Kündigung 71
Kurzurlaubsreisen 35

L

LAL-Sprachreisen 154
Lebenszyklus-Analyse 118
Leistungsbündel 46
Leistungsstörungen 70
Leistungsträger 67
Leitbilder 119
Linienflugverkehr 83
Logos 126
LTU-Gruppe 152
Lufthansa-City-Center 146
Luftverkehr 83

M

Makro-Ziele im Tourismus 119
Maßnahmen, vertrauen-
  schaffende 125
Marke 126
Markendesign 126
Markenfamilienstrategie 126
Markenpolitik 125
Markenzeichen (Logos) 126
Marketing, strategisches 117
  -, taktisches 117
Marketinginstrumente 120
Marketing-Mix 120, 136
Marketingstrategie 117
Marktanalyse 113
Marktauftritt, einheitlicher 146
Marktbeobachtung 53
Marktforschung 113
  -, externe 114
  -, interne 114
  -, modernes 113
Marktpreise 83
Maslow'sche Bedürfnishierarchie 13
Massenumwerbung 133
Mehrbereichsreisebüro 63
Minderung 70
Motivation 10

N

Nachfrage, Einflußfaktoren 11
Nachfragesituation 113
Nachfragetyplogisierung 16
Nachkalkulation 58
Namensgebung (branding) 126
Nebenerwerbsreisebüro 63
NEGO-Fares 83
Non-IATA-Reisebüro 64
Null-Fehler-Produktion 127
NUR Touristik 153

O

Öffentlichkeitsarbeit 131
Online Dienste 156

P

Panel-Verfahren 115
Parahotellerie 91
Pauschalreisen 40
Phasenplan, betrieblicher 59
Portfolio-Methode 118
Positionierungspolitik 125
Potentialphase 125
Präsentationstechniken 96, 101
Preisbildung,
  -,konkurrenzorientierte 129
  -, kostenorientierte 128
  -, nachfrageorientierte 128
Preispolitik 128
  -, operative 128
  -, strategische 128
Preussag 150
Primärforschung 114
Product Placement 134
Produktpolitik, phasenorientierte 125
Produzentenmarkt 112
Prozeßphase 125

Q

Quelle 153

R

Reagieren, kurzfristiges 117
Reisbüros 129
Reiseanalyse 34
Reiseanmeldung 105
Reiseausgaben 41
Reisebedingungen, allgemeine 80
Reisebüro 67, 68, 75, 76
   - als Vermittler 75
   - und Kunde 61
   - und Reiseveranstalter 61
   -, klassisches 63
   -, markengebundenes 63
   -, veranstaltereigenes 63
Reisebüros, Arten und Anzahl 63
Reisekanal 158
Reisekonzerne, europäische 53
Reisemittler 60
Reisemittler, eigenständige 63
Reisemonitor, europäischer 41
Reisemotive 9
Reiserecht 66
Reisestatistik 28
Reisetrends 113
Reiseveranstalter 51
   -, Vertriebswege 53
Reiseverkehrsmittel 39
Reiseversicherungen 92
Reisevertrag 105, 107
Reisevertragsgesetz 66
Reisewellen 112
Reiseziele 37
Reklamationsmanagement 107
Repräsentativerhebung 116
Reservierungsanfrage 54
Reservierungssystem 101
Ressourcen-Analyse 118
REWE 152
RIU-Hotels 150
Robinson Club 150
Routen, touristische 89
Rücktritt 70
RCE 142

S

Schaden, immaterieller 73
   -, materieller 72
Schadenersatz 70, 72

Schreibtischforschung 114
Sekundärforschung 114
Selbstbildnis 139
Service-Qualität 126
set-top-Boxen 158
Sicherungsschein 105
Spezialreisebüro 63
Sponsoring 134
Star Alliance 142
START-System 156
Statistisches Bundesamt 29
Straßenverkehr 81
Strategiephase 117
Streugebiet 134
Streuzeit 134
Studienkreis für Tourismus e. V. (StfT) 34

T

Teilkostenkalkulation 128
Thomson 150
Touch-Screen 159
Tourismus, Erscheinungsformen 26
   -, Geschichte 20
   -, Grundformen 28
   -, Mikroziele 119
   -, Produktpolitik 124
   -, Rahmenbedingungen 23
Tourismusangebot 46
   -, Einflußfaktoren 46
   -, Strukturen 46, 49
Tourismusarten 9, 16
Tourismusformen 16
Tourismuspolitik, Ziele 24
Tourismuswirtschaft im engeren Sinne 49
   -, ergänzende 50
Touristik-Büro 64
Travel Shop 158
TUC 146, 150
TUI 150
TUI-Reise-Center (TUC) 146, 150
TV-Kommunikation 156
TV-Reisekanal 158

U

Ultramar 151
Umfeldanalyse 113

Unternehmensziele 120
Unternehmensphilosophie 138
Upsell-Strukturen 85
Urlauber-Typen 19
Urlaubsreise, Organisationsform 40
Urlaubsreise-Intensität 35
Urlaubsreisen 35
 -, Anzahl 36
 -, zusätzliche 36
Urlaubsreisende 19

V

Veranstalter 76
 -, Haftung 69
Veranstaltung, Durchführung 58
verhaltentsorientierte Merkmale 26
Verjährung 74
Verkäufermarkt 112
Verkaufsargumente 100
Verkaufsförderung 131
Verkaufsgespräch, Phasen 96
Verkaufsphase 103
Verkehrsträger 81
Vermarktung, direkte 129
 -, indirekte 129
Versicherungsart 93
Vertriebswegepolitik 129
Vollkostenkalkulation 128
Voll-Reisebüro 63, 64
Vorstellungsebene (Erlebniswerte) 127

W

Warnehmungsebene (Designwerte) 127
Warschauer Abkommen 73
Welttourismusorganisation (WTO) 28
Werbeetat 134
Werbemittel 134,
 -, Anforderungen 136
Werbung 132
 -, Erfolgskontrolle 134
Werkvertrag 106

Z

Ziele, gemeinwirtschaftliche 120
 -, normative 119
 -, operative 119
 -, soziale 120
 -, strategische 119
 -, wirtschaftliche 120
Zielgruppe 134
Zusatzleistungen 134
Zusatzverkäufe 105